American History
and
the Story
of the Black Book

From Abraham Lincoln to Modern China
American Politics and History as Experienced
by Five Generations of An American Family

美国历史
和黑皮书的故事

从林肯到现代中国　五代人的经历和启迪

[美]艾德莱·伊·史蒂文森三世（Adlai E. Stevenson III）◎著

赵　玥◎译

中国社会科学出版社

图字:01 - 2015 - 2413 号

图书在版编目(CIP)数据

美国历史和黑皮书的故事/（美）史蒂文森三世著；赵玥译 . —北京：中国社会科学出版社，2016.4（2016.5 重印）

书名原文:The Black Book

ISBN 978 - 7 - 5161 - 7579 - 8

Ⅰ.①美…　Ⅱ.①史…②赵…　Ⅲ.①政治—历史—研究—美国
Ⅳ.①D771.29

中国版本图书馆 CIP 数据核字（2016）第 022451 号

出 版 人	赵剑英	
责任编辑	喻　苗	
特邀编辑	王　衡	
责任校对	朱妍洁	
责任印制	王　超	

出　　版	中国社会科学出版社
社　　址	北京鼓楼西大街甲 158 号
邮　　编	100720
网　　址	http://www.csspw.cn
发 行 部	010 - 84083685
门 市 部	010 - 84029450
经　　销	新华书店及其他书店

印　　刷	北京君升印刷有限公司
装　　订	廊坊市广阳区广增装订厂
版　　次	2016 年 4 月第 1 版
印　　次	2016 年 5 月第 2 次印刷

开　　本	710 × 1000　1/16
印　　张	19.25
字　　数	326 千字
定　　价	59.00 元

艾德莱·伊·史蒂文森三世（Adlai E. Stevenson Ⅲ, 1930— ）

艾德莱三世的高祖父杰西·菲尔（Jesse Fell，1808–1887 年）

艾德莱二世出生那年和祖父艾德莱一世的照片（1900年）。艾德莱一世（1835—1914年）为克里夫兰任职时期的副总统，居住在伊利诺伊州布鲁顿市（由伊利诺伊州麦克林县历史博物馆提供）。

照片是艾德莱家当时在伊利诺伊州布鲁顿市的住宅（由伊利诺伊州麦克林县历史博物馆提供）。

艾德莱二世 26 岁从西北大学毕业时的照片。

艾德莱二世的父亲路易斯（Lewis Green Stevenson，1868–1929 年），和艾德莱二世（1900–1965 年）以及他的姐姐芭菲（Elizabeth Davis Stevenson, 1897–1994 年）（由普林斯顿大学西里·玛德珍稀文稿资料图书馆提供）。

艾德莱二世的母亲海伦（Helen Elizabeth Davis，1868—1935 年），一位显赫的伊利诺伊州人。她把自己对大自然的热爱也灌输给了她的孩子们（由伊利诺伊州麦克林县历史博物馆提供）。

艾德莱二世（右二）和大儿子艾德莱三世（左一），二儿子波顿（右一）和小儿子菲尔（右三）。

艾德莱三世、他的夫人南茜和他们的四个孩子

艾德莱三世和林顿·约翰逊总统（Lyndon Baines Johnson, 1908—1973 年，美国第 36 任总统）

艾德莱三世和休伯特·汉弗莱（Hubert Horatio Humphrey, Jr., 1911—1978 年，美国第 38 任副总统）

在白宫，艾德莱三世和吉米·卡特（Jimmy Carter, 1924— ，美国第 39 任总统）

在空军一号，艾德莱三世和尼克松（Richard Milhous Nixon, 1913—1994 年，美国第 37 任总统）

艾德莱二世登上 LIFE 杂志封面。

艾德莱二世登上 LIFE 杂志封面。

1975 年，艾德莱三世首次访问中国，在长城留影。

1975 年，参观长城时巧遇观光的中国军人。

1975 年，史蒂文森夫人南茜女士在北京参观幼儿园。

1975 年，艾德莱三世和少先队员的合影。

1975年，艾德莱三世（后排左三）随美国国会首批访华代表团和时任国务院副总理邓小平（前排左四）、时任外交部长乔冠华（前排左二）的合影。

2004 年 9 月在北京召开的"中美中西部经济合作论坛"上，史蒂文森先生作为美国中西部美中协会理事长就加强两国中西部经济合作的问题进行演讲。

序　言

　　编写本书并对美国的政治和未来进行评论花费了我9年的时间。尽管本书的编撰占据首要地位，编撰的进展还是被日常琐事耽搁。我们家族的政治传统源于伊利诺伊州中部，史料记载的首位参政人是我的高祖父杰西·菲尔（Jesse Fell），林肯（Abraham Lincoln）的举荐人。本书的出版险些变成没有结局的过程，而我个人也不可能越活越年轻。因此，我在2008年年初终止了本书的编写工作。自那以后，各类事件接踵而至，但并没有削弱本书的价值：对后来的信贷危机以及岌岌可危的全球失衡，书中的"金钱和经济"一章早有预见。除颇为准确地警示了恐怖主义事件外，本书还预见到伊拉克战争的发展进程，证实了普鲁士将军卡尔·封·克劳塞维兹（Carl von Clausewitz）所述"战争永远无法取代政策"的真理。乍看起来，本书不太可能以中国主题结尾，但在今天却是不容置疑的事实。为了给本书的编写工作画上句号，我决定不再反复增补近期发生的事件。本书描绘的经验及其价值将会经久不衰。自2008年年初决定之后，本书的修改均为订辑之需用。由于收入的内容和题材难以归类，寻找出版社的事宜再度搁置。关键时刻，以我爱子沃威克（Warwick）为首的家人踊跃地承担起本书的出版重责，对此我心存感激。

　　贝拉克·奥巴马（Barack Obama）成功当选美国总统的佳讯自然值得称道。他的获选标志了美国民众重归政治生活的新动向，尤其是年轻人的参与，当然，连同祖母辈的南茜·史蒂文森（Nancy Stevenson）也为争取选票重返选区，而且参与其中的不止她一个人。针对艰难时代和政策失误造成的历史间隔，各种反映层出不穷，选举只是反映形式的一种，不过却标志了政治能量和理想主义的复苏。但是，隐藏在全国欢呼雀跃的喜庆场面背后的是奥巴马当选之际，美国由于宗教、区域、种族和性别不同而产生的四分五裂的现实。中伤诋毁奥巴马的谣言众多且十分恶毒。他失去了美国男性白人选民的多数投票。经过两年多的竞选和募捐，他竞选和就职典礼的花费将达 10 亿美元之巨。他拒绝了联邦政府对竞选资金的限制，在大选期间的费用是那些"笨拙"的共和党对手的 2 倍。考虑到乔治·W．布什（George W．Bush）以及极右派屡屡失误的因素，他获选的总票数与落选者相差无几。

本书所述年代的政治制度和价值观念不可能通过一次选举得到恢复。美国曾经拥有牢固的政治机构，党派组织是这一机构的组成部分之一。让政治个性化和社会化的互联网可能逐渐破坏了美国之前稳固的政治结构，包括现存的党派组织。在电子化的冲击下，传统媒体已经失效。而党派结构自身也如本书"媒体"一章所述，正在逐渐消亡。金钱仍然统治一切。为了争夺联邦预算，金钱正在从院外活动家、捆绑式募捐人、公司财团以及利益集团那里源源不断地流进华盛顿的政治银箱。K 街①的生意欣欣向荣。国会近半的退休人员要么成为政治说客、咨询专家或顾问，要么加盟前雇员开设的机构，以数倍于官职的薪水留居华盛顿谋生。在本书描述的我从政的时代，国会成员不会在退休之后从事院外活动和咨询职业。

金钱统治了各级政府——所有政府都债台高筑。芝加哥市把市区的停车收费权也出让给了私人公司。2009 年 1 月，因明显的政治交易，特别是为出售参议院席位要价被捕并被弹劾后，罗德·布拉戈耶维奇（Rod Blagojevich）还指定了参议院奥巴马位置的继承者。

奥巴马的获选，标志着华盛顿向理性的回归。在布什当权，教条主义、原教旨主义和无知盛行多年之后，奥巴马通过呼吁美国人民的良知和正义获胜。奥巴马能言善辩、聪颖睿智。和我的父亲艾德莱·史蒂文森（Adlai Stevenson）一样，奥巴马也被抱怨为"光头"②型的知识分子，因为他们过于机智雄辩、过于理想；记者也一再就相关的抱怨和猜测要我发表自己的看法。因为和美国人民讲道理，同时相信他们的良知和善意，奥巴马和艾德莱二世一样，都被贴上"精英派"的标签。

"黑皮书"在乔治·布什（George Bush）、新保守派及其支持者和策

---

① 院外政治活动机构的集中地。——译者注
② "光头"：egghead，指受过高等教育的人、理论家、书呆子。——译者注

略一并造成的绝望中结束。不过，绝望已经被史蒂文森州长①体现的优秀品质战胜，尽管胜利成果受到历史的限制。1952年，在民主党当政多年之后，华盛顿面临所谓的混乱，艾森豪威尔将军以实行改革的承诺投身竞选之中。如史录记载，史蒂文森最终输给胜利归来的战争英雄，但改革则由前者实现。

以令人赞赏的激情和速度，奥巴马总统及时采取行动，组建了一个看上去富有能力、经验和理性的执政队伍。在我2009年1月底完成此书时，美国和世界的宏伟规划已经形成。但面对中东及中亚地区的暴力及和平这类生死攸关的问题，尤其是巴勒斯坦问题时，该规划没有提出针对性的解决方案，也没有就全球经济设计一整套的货币政策体系，为金融产品和机构建立监控机制。而多边主义、加强联合国的力量、遍布各个地区的维和、救助行动和机构都在等待行动。根据凯恩斯经济原则制定的大量补救措施，明智地集中于基础设施的建设、卫生、科学、社会契约——但好像丝毫没有触及个人或国家的债务问题，包括上万亿美元的联邦赤字以及视野之外的未来必须偿还的债务，而涉及美元、利息、国际货币体系以及全球经济的长期债务，目前还没有资金准备。已经破裂的债务泡沫可以用更大的泡沫来补救吗？油税可以提高。武装系统可以从膨胀的国防预算里消除。要加强军力，有可能要建立包括义务兵在内的全民兵役制。祝贺奥巴马总统当选的喧闹平息之后，我们面临的是严峻的责任和负担。

奥巴马政权正处在初始阶段。本书认为，希望是永恒的；希望正在复苏。奥巴马当选总统使世界各地民众对美国重燃希望。我们面临的挑战令人畏惧。历史的力量、民族和帝国的生命周期是无情的。但我们仍然可以重新展望——期盼恢复理性的统治、期盼美国的价值观念重归美国政治、期盼团结一致的美国。本书不仅提醒人们不要忘记历史和经验教训，还会向接替美国未竟事业并为之奉献的人们提出要求——敦促他们接过领袖人物的接力棒，率领全人类以合作、法制及理性为基础，继续向和平的世界秩序演进。

---

① 作者的父亲，艾德莱二世。——译者注

中文版序言

　　本书记载的是史蒂文森家族五代人积极参与美国政治亲身体察的历史。每代人无一不受前辈的影响和激励。我的曾祖父，艾德莱一世，担任过美国副总统。他的孙子，同时也是我的父亲，艾德莱二世，担任过伊利诺伊州州长、美国驻联合国大使，并两度被推举为美国民主党的总统候选人。对他影响至深的前辈，有他的曾祖父，当年说服林肯竞选总统的杰西·菲尔。杰西是毕生为社区和国家事业奉献的榜样人物。身为世界公民，我父亲早在孩提时代就不断地周游各国，研究世界，将一生倾注于世界和平共处的大业，但从没有机会访问中国。1965年他去世时，美国和中国尚未实现邦交正常化。

　　我的祖父路易斯·史蒂文森在1894—1895中日甲午战争期间作为报社记者去过中国和日本；他后来成为伊利诺伊州州务卿。我是我们家族中第一个频繁访问中国的人。我的涉外生涯始于1945年战乱中的伦敦，一生中的大部分时间和精力都倾注在世界事务的探究上。当时，包括我父亲在内的一群人，兴致勃勃地云集伦敦，为联合国（当时的国际联盟）的成立奠定基础，也在为建立一个以法制、外交、多边机构和援助发展中国家为基础的世界新秩序铺路。但他们当中既没有来自欧洲殖民统治之下的非洲大陆代表，也没有来自南美洲或亚洲的代表。此后，联合国及其机构并没有进行应有的改革来反映当今的世界。

　　1953年第一次登临亚洲时，我是美国驻朝鲜海军陆战队坦克排排长。当时，中国人一直在抗击进军鸭绿江的美国军队。我一生中的很多时间都在东亚地区度过，涉及不同领域的事务，有些涉及政府或非官方政策，有些涉及商业或法律。

　　1975年，国会首次派代表团访华，我以联邦参议员的身份参访，第一次前往中国。那时的中国和现在截然不同。在那个年代，普通中国人不敢与我们这些"洋人"接触。记得我们前去访问过一个村庄，在我们到达前，村民已被安排回避，只剩下空荡荡的村舍。而我这个曾经的"资本主义走狗"后来成为中国人民大学的荣誉教授，在中国的几所大学里做过演讲。

首次访华期间，我们在北京见到了邓小平先生。一同前往的代表团成员包括乔治·H.布什，当时的美国驻华联络员，后来的美国总统。在热情欢迎代表团来访的开场白里，邓小平赞扬了尼克松总统。轮到我发言时，我直言不讳，邓小平和我的同事听后都大为诧异。后来，尼克松因"水门"事件被迫下台。不过，他确实开启了中美外交关系正常化的大门。作为一个强硬的反共派，尼克松利用美国与苏联之间的紧张关系，争取到国会的支持，实现了美国与当时的敌对国——中华人民共和国的邦交正常化。

20世纪80年代，我以非官方的身份再次访华。记得当时见到了时任国务院总理赵紫阳先生。他衣着休闲，坐在一张椅子上。向大家表示欢迎之后，他询问了我们各自的职业。轮到我回答时，我告诉他我是律师。他接应说："那刚好是中国需要的，中国应有更多的律师。"听到此话，我同行的美国朋友一阵唏嘘，他们可能在暗自思忖，应该把美国剩余的律师都输出到中国。我揣测，尊贵的赵先生其实是在说，中国需要更多经过法律知识培训的公务员——中国传统上一流的公务员。在当时，中国已经在进行法治建设了。今天，中国新任领导人习近平主席正在大力推行行政改革，依法治国已成为最重要的内容之一。

多年来，我见过许多高级官员。在中南海与时任国务院总理李鹏先生会见时的情景依然清晰。李鹏与赵紫阳风格不同。他表情严肃，不苟言笑。在谈话中，他提到了中国人很少吃牛肉的话题。他的话，让身为养牛场主人的我感到困惑，难道他是冲我来的？尽管我觉得他不会知道我有个养牛场。其实，当时的中国人多数都买不起牛肉。我记得在中国的第一个麦当劳快餐店里，顾客最初好像都只吃薯条。如今，麦当劳快餐店遍布中国。

旅行不仅让我历险探奇，还让我积累了经验。本书将有更多有关旅行的描述。在中国旅行时，我尽量乘坐火车。如今的列车服务无可挑剔。就城市之间的交通而言，火车比飞机要便捷得多。我最早在中国旅行，乘坐的是苏联的飞机。要想观察中国，最好实地走访，而不是高高在上。

1991 年，我以非官方身份代表美国参加在上海举办的一次国际会议。我几经周折到达上海，正赶上大会主办的晚宴，并且在主桌就座，邻座是当时的上海市市长，后来的中国总理朱镕基。这次会议的主题是开发东亚区域性货币体制和金融市场。身为太平洋经济合作理事会美国委员会主席和东亚金融市场开发项目的联合主席，许多年来，我一直致力于推动建立东亚金融市场和东亚货币体制，参与这一工作的中国官员包括后来担任中国银行业监督管理委员会主席的刘明康以及中国证监会主席的周道炯。如今，我们以往支持的地区主义正在被中国引领的新型的全球化赶超。

以美国为首的西方国家，并没有根据第二次世界大战后的世界新情况对世界银行和国际货币基金组织等多边金融机构进行相应的调整。印度、巴西和日本是联合国安理会非常任理事国。在中国的带领及其他国家的参与下，金砖国家正在为世界创立一家新的开发银行。东亚国家也在建立亚洲基础设施投资银行，以此补充亚洲开发银行的职能，而亚洲开发银行向来被认为受美国和日本的掌控。为了资助建立连接中亚、欧洲和印度洋三大区域的国际铁路运输系统，中国正在创建"丝路基金"。美国正在努力推行把中国和俄罗斯排除在外的跨太平洋伙伴关系协定（TPP），而此时一项东亚贸易协定（EAFTA）正在协商形成。

本书的后记部分论述了国家命运的兴衰，书尾的落点刚好是正在崛起的中国。作为一个国家和民族，中国文明以其独特的方式经历了 4000 多年的演变，而且还在逐步继续向前发展。19 世纪末，中国移民在美国的矿山、铁路和棉花地里辛苦劳作，而且多年来一直是暴力和臭名昭著的"排外"法律的受害者。那种日子如今已经成为过去。今天的中国令人敬畏。作为一个自豪和多元化的民族，他们不会再遭受剥削和凌辱。

然而，美国的未来并不明确，而且还受到政治形势的困扰，它已经不再是"二战"后的世界领袖，重温美国历史上丰富的经验教训，正是我撰写本书的目的所在。尽管美国创始人深受欧洲数百年来的战争和宗教冲突的教化和制约，但他们毕竟是西方启蒙运动和理性的产物。而当今的美国，唯意识形态论、原本主义以及宗教原旨主义颇有销路。政治上，党派意识日趋极端。20 世纪 70 年代是美国转型的 10 年。

不了解中国历史和文化的西方人，凭直觉把自己的价值观转移到中国身上。我希望，通过回顾美国自身的历史，本书能够帮助美国人更好地了解和尊重中国。尽管当今的中国在与世界和平相处，遵循的是不干涉他国内政的外交政策，已经解决或缓解了众多的领土争端，但有些美国人还是觉得，中国对人权问题不闻不问，并且咄咄逼人。《世界人权宣言》为人权提供了宽泛的定义，包括人们拥有免受战乱和贫困侵害的权利。从没有其他国家像中国那样迅速地帮助众多国民摆脱贫困。现在，中国正在伸出援助之手，协助其他发展中国家的人民脱贫，国家的影响和权威也在随之扩展。中美双方应当求同存异，以法制、人权、外交、自由贸易以及开发援助为基础，通过多边机构，联合优势，推动人类建立多元化的世界秩序。与此同时，通过本书，我希望中国人民能够更好地了解美国，了解那些造就美国并备受美国人民珍视的价值观。今天，摆脱党派意识，恢复美国政治生活的价值之本是许多美国人努力的目标。就中国现状而言，珍视和崇尚言论自由同样适用。

多年来，我荣幸地得到我的助手、南京人赵玥的帮助。根据中国友人的看法，她的沟通交流能力强。除承担本书的翻译重任外，她还为本书在中国的出版提供帮助。最后，我要感谢我的朋友，史蒂文森民主中心的同事——薛雨川先生。他对本书中文版的编辑提出了许多建设性的意见，他的引荐使《黑皮书》中文版得以由深受敬重的中国社会科学出版社出版发行。

前　言

见过世面的人将逸事箴言视为丰富宝藏，因为他知道怎样在交谈时恰如其分地引用前者，或是在妥帖的场合回忆后者。

歌德（Goethe）

通过把机智、智慧和奇趣集为一体，《黑皮书》[①] 呈现了一个半世纪的美国公众生活历史。最初的《黑皮书》只是一个棕色的活页文件夹。在担任县审判长、国会议员、副邮政总管以及格罗弗·克里夫兰（Grover Cleveland）当政时的副总统职位期间，我的高祖父艾德莱·伊·史蒂文森一世（Adlai E. Stevenson I, 1836—1914）用同样的文件夹收集了众多的逸事、箴言、故事和俗语。他的儿子路易斯当选伊利诺伊州州务卿期间，《黑皮书》并没有增添新内容。直到路易斯的儿子——周围的亲朋好友习惯以"州长"（the Guv）来称呼的艾德莱二世的年代，《黑皮书》的内容才得到扩充。所有资料，从他在罗斯福和杜鲁门政府任职期间，在伊州担任州长，1952 年和 1956 年两度作为民主党的总统候选人，以及肯尼迪和约翰逊执政时他作为美国派驻联合国大使期间增添的内容，都被集中收存在一个黑色的大文件夹里。

从此，文件夹开始有了《黑皮书》的名称。文件夹里塞满了"州长"以及艾德莱一世积攒的丰厚的笔记，笔记零散地书写在菜单、餐位牌、餐巾或是其他唾手可得的纸片上。撰写《黑皮书》的消息一经传开，我们的支持者和朋友纷纷献上他们手中的资料。"州长"和我后来的助手都参

[①] 本书的英文版书名为 *The Black Book*，直译为《黑皮书》。其书名源自史蒂文森家族记载收集在黑色文件夹里的资料。中文版正文中提及本书时沿用英文版书名。——编者注

加了校正和组编工作。除笑话、逸事、精辟言论和犀利评议外，《黑皮书》还收录了一些忙乱中没有标明出处的安慰和激励类的话语，他们一并组成信手可取的演讲调料。除了把《黑皮书》里的其他资料和艾德莱一世的原始文件夹一起继承外，我还为《黑皮书》增添了新内容，所有新资料都来自我的切身体验：从作为海军陆战队队员、伊州最高法庭的法律文员、一家大型律师事务所的合伙人，到两度作为伊州民主党州长候选人，乃至后来作为农场主、国际投资银行家、天生的环球旅行家和公共政策活动家的各种经历。

　　和我的先辈们一样，我也利用日益丰厚的《黑皮书》里的资料来丰富自己的演讲。而我的演讲比他们更需要《黑皮书》的帮助。同他的祖父一样，我父亲也以机智和口才著称，而我则相形见绌。就这点，马克·罗伊科（Mike Royko）① 在《芝加哥太阳报》里提供了佐证：

　　　　在我们的政治生活中，最危险的因素是个人魅力。因为魅力会让人迷茫，让人的脑子空空如也，让人狂奔乱叫，莫名其妙地击掌称赏。艾德莱三世从来不会让人产生那样的反应。他只让人昏昏欲睡。他的头发越来越稀少，他的口才只有几何老师的水平。他的服饰看上去像是停尸间里弄来的。即使感觉良好时，他看上去也像是患了流感一样。我们不需要让人热血沸腾的政治家。

　　《黑皮书》给我的帮助仅此而已。

　　《黑皮书》倒是欠亚伯拉罕·林肯不少的情。他是杰西·菲尔，"州长"母亲这边的高祖父的朋友。菲尔是最先敦促林肯寻求总统提名的友人之一。他建议通过林肯—道格拉斯的辩论把全国选民的注意力集中到林肯身上。善于和听众交友，并通过故事阐明观点是林肯的天赋。他的影响和表达方法遍布《黑皮书》的各个篇章：《黑皮书》本身体现了史蒂文森家族世世代代对参与政治的敬重，即便是略有瑕疵的政治生活。

　　伍德罗·威尔逊（Woodrow Wilson）的影响不甚明显，但却无处不在。威尔逊是一位学者，先后担任过普林斯顿大学校长、新泽西州推崇改革的州长以及美国总统。威尔逊担任校长期间，我父亲刚进校门；1922

―――――――――――――――

　　① 《芝加哥太阳报》的著名专栏作家。——译者注

年，他从学校毕业。第一次和威尔逊见面时，他还是一个由父亲路易斯陪伴身边的男孩。不论作为州长还是总统，威尔逊的革新精神、开明的国际主义思想以及他为建立国际联盟所做的努力，无一不给"州长"留下深刻的印象。"一战"结束后不久，"州长"就走访了欧洲战场和军人墓地；后来，身为年轻的通讯记者，他目击了俄国内战遗留下的"狼孩"在大街上像动物一样抢夺残羹剩饭的情景。在"二战"以及随后的灾难中，作为海军部长特别助理，"州长"在履行其他职责的同时经历了更多的战难。和威尔逊一样，艾德莱二世是一个乐观主义者。对于他这样的知识分子，战争毫无诱惑。和威尔逊不同的是，他脚踏实地汲取了历史的经验教训。他是个知识分子，但不是学者。尽管媒体称他为"光头（学者）"，但他实际上是个务实的国际主义者，一个硬铮铮的"光头"文人。为了继承威尔逊在国际联盟创立的未竟的事业，他成为"二战"后包含联合国在内的国际秩序的设计师。联合国保存了和平，而"州长"造就了和平。

我们家族的根深深地扎在伊州中部，先后得益于政治、种植、法律以及新闻业的滋养。不过我父亲和我的研究领域遍布整个世界。从他还是一个年轻的报社特派记者时起，"州长"就一直在研究世界，不停地探访街市和棚户区，了解人们的生活和苦难，在古迹和纪念碑里寻觅他们的过去，倾听并吸收他们的历史。他的观点是他深入研究历史和现实世界的结果。为此，他不仅亲临实地，而且往往置身前沿阵地，和那些躲在象牙塔内闭门造车、纸上谈兵的战略家和辩论家大相径庭。他的思想既不空洞，也不狂热，空洞与狂热只是真知灼见和实践经验的肤浅便利的替代品。

我追随我的父亲，有时也会与他同行。我在北美以外的全球性访问自1945年开始。那时，我父亲正好在伦敦。自那时至今的60个年头里，我访问的国家和地区有80多个。"到实地去，到现实世界去"成了《黑皮书》的副歌，而这样做的主要目的是把美国过去和现在的观点作一个对比：过去以理性为主导，而现在则讲究从众随俗、意识形态和策略。

按照《黑皮书》的观点，政治是所有行业里最尊贵的一种，因为它行使善恶的潜能大于其他任何行业。《黑皮书》反映的政治是被人忘却了的一种：获胜不是政治斗争唯一的目标。在民主体制里，一个人只有以正当的手段获胜才可能以正当的方式为人民服务。政治运动的目的是通过把事实昭示给民众，让他们做出明智的判断。"州长"说，"相信人民，相信他们的常识，他们的公正、意志和信念。把事实交代给他们。让他们做重大的决定⋯⋯靠什么获胜比谁获胜来得更重要"。如格罗弗·克里夫兰（Grover Cleveland）总统在1887年所述，"要是你没有信守，当选或是再次当选又有何用？"克里夫兰首次竞选就是因为反对保护性关税而失败，但他却在1892年和他的副总统候选人艾德莱一世，本书的另一位合作者，在第二次参选时获胜。

在政治交锋中获胜来之不易，且拥有幽默、机智以及自在的政治生活要归功于诚信和对事业、本能及政党的信念。正如《黑皮书》见证的那样，当年的政治很少存在假正经或欺骗。竞选运动负责人只要询问参选人即可了解参选人的宗旨。如今的实际情况是，参选人让民意调研人和咨询家决定自己的竞选宗旨。

　　　　当看到美国的绅士们把名望当成通向成功的道路，我有时会格外地注意。在这样一个判断公正的伟大国度里，你能公开声明，除上帝和他最后的审判外，你不怕任何人，那才是成功之路。

　　　　　　　　　　　　　　　　　　　　　　　　　伍德罗·威尔逊
　　　　　　　　　　　　　　　　　　　　　　　　　1914年7月4日

现今的政治趋向集中在个体受欢迎的程度和政治计谋上：谁支持谁，民意调查，筹集竞选资金的数额，性格高于事实，表象重过政策。意识形态，甚至宗教原旨主义取代了理性。美国人要么从腐败的竞选过程中撤退，要么各自据守政治分界，远离民主对话——远离生死攸关的大是大非和政策的制定。在艾德莱一世的年代里，人们会步行或是骑马远道前去给候选人鼓劲，分享他们的政治生活。历史学家理查·诺敦·史密斯（Richard Norton Smith）告诉我们，1896年威廉·詹宁斯·布莱恩（William Jennings Bryan）的演讲以及他和威廉·麦金利（William Mckinley）在后者家屋前的走廊上进行的针锋相对、唇枪舌剑式的辩论，当时吸引的听众超过了一个世纪以后倾听比尔·克林顿（Bill Clinton）、鲍伯·窦尔（Bob Dole）和罗斯·佩罗（Ross Perot）辩论的人数。

1956年，美国《纽约每日邮报》（*The New York Daily Post*）头版头条报道称，1956年年末，35万人站立纽约街头倾听艾德莱二世竞选总统的演说。1960 年，成千上万的艾德莱追随者汇集旧金山，冲进民主党的竞选大会，要求第三次提选他为总统候选人。在我参政的年代里，在竞选后期，成千上万的人高举海报横幅，沿着芝加哥大街前往芝加哥的老会堂参加政治集会，连附近的街道也被挤得水泄不通。《黑皮书》反映了激烈的党派竞争。政治活动是各个市警行政分区必须通过辩论和辛苦才能解决的差事，绝不是脱口秀每天的诋毁或娱乐节目，更不是募捐集资或是市场推销。人们表现得既严肃又快乐，他们的参与不是演戏装样。《黑皮书》里的警言逸事突显了美国创始人的政治理想和现实之间的差距。而在几次突发的开明政治运动中，这类差距会缩小，就像威尔逊时期、罗斯福"新政"时期以及"二战"后初期一样。但目前的差距却比艾德莱一世活跃的第一个"镀金时代"更加鲜明。在当今的"镀金时代"，政治理念已经从巧言善辩里淡出，雄辩也失去了曾经的精彩和幽默。公众以前对政治持有的健康的怀疑态度已经沦为不健康的厌恶情绪。政治理念不过是"自由"、"民主"、"保守主义"、"革新"、"希望"以及"价值"一类的陈词滥调。无论如何不受欢迎，《黑皮书》里的政治理念所表达的良知、个人的信念及主张，均植根于现实主义和历史的土壤。这些理想和调查测获的民意、尼克松"万事皆宜"的道德观与金钱没有任何干系。《黑皮书》描述的政治过程产生了雄辩，这类雄辩源自既能交流传达，又能唤起民众热情的原则。在爱国精神变成政治家衣领上灿烂辉煌的勋章之前，爱国主义原本是"州长"所说的"毕生沉静而坚定的奉献精神"。

　　我出版并不断增补《黑皮书》的目的之一，就是提醒读者重视政治生活的历史、潜能和现状。记忆是短暂的。不同时代的人不仅相互没有关联，他们和丰富的美国传统也无缘。有些人会说，一切历来如此，而且，美国的政治正如杜立先生（Mr. Dooley）① 所说的那样，从来就不是众人任意踢打的"沙袋"。

　　通过我的回忆，我想说明，伊利诺伊州的政治老将们都清楚党派纪律的要求以及美国政治的阴暗面。《黑皮书》经历了 19 世纪 70 年代和 20 世纪 20 年代风暴的锤炼。我们习以为常的腐败既老套又普遍。选票和好处

----

　　① 美国幽默作家芬利·唐恩（Finley Peter Dunne）（1867—1936）以虚构的杜立先生写了一系列的文章论述当时的政治和社会问题。1898 年将文章收集成册，出版了《和平与战争下的杜立先生》。——译者注

可以交易和收买，但国家的安全利益从未被外国利益、宗教本旨主义或是没有现实经验的教条主义破坏，战争时期也没有发生。党派组织及其纪律强大有力，但时常被滥用，因为各党派均有逾越权限的企图。政策以理性为精髓，不是意识形态或宗教迷信的产物，不是拿来买卖交易的。而《黑皮书》蕴含的是美国的理性时代。

在准备《黑皮书》的出版过程中，我收录了我们家族在伊利诺伊州初期的历史和背景的章节，添加了我父亲的讲话，去除了一些常见的，包括不少源自《圣经》的资料，保留了即便在今天看来政治上不合理，但反映了当时民众心态的内容，有些并不具备种族敏感性，根据个人经历，我增加了注解，目的是把《黑皮书》反映的较传统的政治和当今的政治作一个对比，在明确美国所面临的挑战的同时，草拟迎接挑战的行动方案。

把以上的不同资料有序地组织并划分为两大部分并不容易。第一部分主要是叙述，包括从黑色文件夹中摘录的内容，集中讨论与政治、决策、自由、法律、正义、金钱和经济、媒体、林肯以及家庭纽带等相关的主题。这部分的内容反映了较早时期的政治和政治家的生存环境，包括过去对未来的影响和意味。

第二部分将各种摘录并为一体，传言、逸事、幽默故事及笑话，话题丰富多彩。虽然摘录的内容不易归类，但体现了对我们数代人思想的影响。这类对我们有益的摘录对本书的读者可能会起到同样的作用。这些资料往往与激励、勇气、犯罪、正义和友谊一类主题相关：对于那些仍然在从政的人来说，上述资料提供的是多样化的评论和智慧，而对我们大众来说，它们的作用是提供警示。

在第一部分的后记中，本书就美国在新形势下的生存实力以及它作为国家和帝国所处的生命周期提出了根本性的问题。在"中国和八仙过海"的章节里，通过今天的中国窥探到昨天美国的踪迹——理性治国；反之，在今天的美国，我看到中国过去的痕迹——意念治国。在东亚，我经历了世界上最大的地区经济体半个多世纪的发展变化；而在近几年，我又目睹了美国的衰退和中国的崛起。

寓言警句和趣闻逸事在《黑皮书》里以不同的说法反复出现，但昭显的都是同样永恒的主题。我们自己的年代好像不仅丢弃了适时的趣闻逸事，还丧失了经久不衰的启示。《黑皮书》收集的政治逸事已经日益稀少。

　　尽管美国的政治在经历着嬗变，仍有许多勇敢的有识之士做好了为国奉献政治生命的准备。谨以《黑皮书》献给他们。愿他们从书中的智慧点滴里汲取智趣、营养和力量。

目　　录

第一部

第 一 部

第一章 美国和美国人

坦白地说，我在美国目睹的不仅是美国本身；为了解美国发展势必带来的担忧和希望，我在那里寻找的还有美国民主自身的形象、倾向爱好、性格特征，以及偏见和激情。

亚历克西斯·德·托克维尔（Alexis de Tocqueville）

摘自《美国民主》

说起爱国，美国人其实在说，除了新英格兰的山岳、阳光普照的草原、宽广起伏的平原和高山大海外，他们还热爱美国的内在气质，那是自由赖以生存、人们赖以畅快自尊地生活的心光。

艾德莱·史蒂文森二世

《黑皮书》描绘的是无限自信、自豪而慷慨的国民以及他们既理性节制，又热情洋溢的政治生活。最初离开旧世界来美国定居的人，多为逃避宗教迫害。而来到新世界后，他们发现，除了宗教自由外，新世界也存在迫害。当然，他们也在新世界找到希望。美国是移民携手共建的国家。他们兢兢业业于美国的田野、矿山和实验室。耶鲁大学法学院的蔡美儿（Amy Chua）教授是一位嫁给美国犹太人的美籍华人，她熟知美国存在的排异和偏见。19世纪末，在《黑皮书》论及的年代里，华人遭遇的歧视和残暴在美国移民中最为严重。在《帝国时代：超级强国如何成为世界主宰及失败的原因》一书中，蔡美儿剖析了宗教宽容及排异这一看似矛盾的现象。在探讨了从波斯人建立的阿契美尼德王朝到马其顿的亚历山大及至现代美国这样的超级大国之后，她得出的结论是：帝国的幅员辽阔和经久不衰均归功于她所定义的"宽容"国策。

相互包容促使人们逾越民族和文化偏见。罗马帝国将公民权授予领地内的臣民，至少是领地内自由的男性臣民。通过贸易、安全、特权、经济以及学术方面的机会，帝国通过各种途径让领地的臣民融入丰富多彩、统领一切的政治现实里。当宗教排异加剧，民众的忠诚因宗教或本土主义而分化时，帝国的衰落也就迫在眉睫。通过集中阐述"宽容"这一特定的主题，蔡美儿提供了可信而且见解独到的学术分析。

《黑皮书》并非学术作品。它所吸收的是跨越作品时代，植根于现实土壤的历史经验。事实证明，历史通过现实发现，也通过现实来诠释。任何民族和帝国的生命周期都不可能通过单一的现象解说，而能够解说的现象则包含了蔡美儿所述的"宽容"及"排异"。《黑皮书》论述的美国是一个使各国移民凝成一体并为之效忠的国家。

在乘坐"五月花号"的信徒接近美国海岸时，他们起草了以下协约：

> ……在上帝面前，由所有在场者严肃地相互作证，为了更好地组织，保持并推进上述目标的实现，我们通过本协约，联合建立民政团体；并根据本协约，在最切合也最方便殖民大众利益的时候实行、通过并设立公正平等的法律、法规、法案、宪法及行政机构。

这个在1620年11月11日签订的协约就是《五月花号公约》。它是美国宪法之父、民族和国家的经验之本。美国是启蒙主义和理性的产物。在给比特·卡尔（Peter Carr）的信中，托马斯·杰斐逊（Thomas Jefferson）写道："抛弃奴性的偏见和畏惧，让理性牢固占领苟且羸弱的心。通过正义的法庭，判定每一件和每一桩事的真伪。即使涉及上帝存在与否的重大问题，也要大胆质疑；如果真有上帝，在理性和惶恐之间，上帝一定更加赞赏对理性的敬意。"

> 美国的事业乃是全人类的事业。
>
> 托马斯·潘恩（Thomas Paine）

> 我想我见证了新生国家的兴起，
> 她的强大源于正义的力量。
> 支撑她的是高贵的精神和待发的枪弹，

她在为全人类的事业浴血奋战。

佚名

美国：自由之邦，世界被压迫人民的希望。

丹尼尔·韦伯斯特（Daniel Webster）

美国是机会的别名。我们的全部历史仿佛是神圣上苍为人类所做的最后一次努力。

拉尔夫·沃尔多·爱默生（Ralph Waldo Emerson）

《黑皮书》告诉大家的是美国原则上（如果不是实际上）所代表的一切，体现了各行各业富有闯劲的美国人能够给社区和国家所做的贡献。他们乐于承担对社区和国家的责任，他们对精神的信奉超过物质。人民拥有宗教信仰，政府则是现世的。《黑皮书》里的美国拒绝了基督教原教旨主义，反对 17 世纪对行巫者的迫害以及后来的反教皇和反犹太行为的主张。为奴隶制的废除发生过血战。在《黑皮书》里，美国是启蒙主义的典范，是战胜排异和无知造成的深远灾患的实例。美国寻求境内外国人的美国化，而不是排斥他们。中欧和爱尔兰人在美国的城市创建了自己的居民区。芝加哥是个多族裔聚居的城市，黄色和棕色新移民会遭到歧视，非洲裔的美国人则困居在市区的贫民窟里。但所有的人都是美国人，而且都以此为荣。

继 19 世纪 50 年代以"万事不知"为绰号的政体之后，出现的是亚伯拉罕·林肯的共和党。种族多样化是美国的优势，这一点至今未变。时至 2007 年，在"硅谷"这个与技术革新同名的工作群里，约有 48% 的人会讲一门外语。美国人为他们的"大熔炉"感到骄傲。

不稀罕你们旷古旧邦的虚华！
给我，你们贫穷困顿，
渴望自由的芸芸众生，
拥挤在你们海岸的弃民。
我在金门高举明灯，

迎接被遣送的历经风暴，无家可归的余魂。

　　　　　　　　　　　　　艾玛·拉撒路（Emma Lazarus）

　　　　　　　　　摘自 1883 年法国捐赠的自由女神像上的铭文

　　在《美国的是与非》一书中，英国报社记者阿纳托尔·利文（Anatol Lieven）探讨了美国原生主义撒克逊—苏格兰—爱尔兰以及其不包容的根源。但到了《黑皮书》的时代，他所描述的殖民地边远区域残酷的杰克逊式民主，包括对印第安人的残酷压迫，已经不复存在。《黑皮书》·叙述的是暴民、蠢人以及空想家如何利用美国人的爱国热情，激发对"黄祸"（Yellow Peril）的恐惧以及后来麦卡锡年代出现的反华和反苏共的情绪。"州长"被人恶劣地诬蔑为艾奇逊派，即遏制共产主义的懦夫。对于和我一样反对用战争打击印度支那共产主义的美国人，暴民们除了指责我们为"激进自由分子"外，还诋毁我们的爱国精神。他们居然有可能获胜。比如，尼克松（Nixon）击败了乔治·麦戈文（George McGovern）——一位战时的英雄、和平的缔造者；战争英雄约翰·克里（John Kerry）居然输给了乔治·W.布什（George W. Bush）——一位不务正业、逃避兵役的候选人。但暴民的胜利从来不会持久。

　　消除种族及宗教歧视的斗争一直在进行。不过，因为承认这一斗争"循序渐进"的特点，"州长"受到埃莉诺·罗斯福（Eleanor Roosevelt）和她的一部分支持者的批评。他们指责说，这种斗争不能"慢慢来"。可是，政策主体必须在寻求经济公平的同时确保经济活力，而美国是一个由现实主义者掌控的综合经济体。外国的利益不时对公共政策产生影响。中国台湾的游说就延误了美国对中国大陆现实的接受和承认。在《黑皮书》描述的时代，外国的影响只处于政治生活边缘。

　　在《黑皮书》完稿之际，竞选美国总统的诸位候选人正在煽动反移民情绪。穆斯林教徒成了怀疑和歧视的对象。布什当局加紧对古巴的禁运，阻碍了西半球大家庭的团聚①。排异、原生主义和战争狂热分子常常蠢蠢欲动。在《黑皮书》里，这类极端情绪总体受到抑制和缓和。美国是人类的灵感，是以法律和外交为基础的世界秩序的设计师。通过争取和平，实施宽容的政策，美国得以耸立于世界民族之林。

---

　　① 古巴目前是西半球唯一一个政府不是经过民主选举产生的国家。——编者注

在布什总统看来，美国人民的抱负可以更加远大。

他说，美国梦不只限于拥有自己的房屋或生意，还可以用以下的话来总结："我拥有并能掌管自己的医疗保险或是退休金。"

乔治·W. 布什
《芝加哥论坛报》2004 年 3 月 27 日

从一开始，美国的独特就在于它的建国原则和价值观，以具有代表性和日益包容的民主体制、理性、机会均等、法治，以及开明的国际主义为其根基。拥有各种信仰和肤色的美国人，有理由保持他们自己、国家及理性和正义必胜的信念。

我四处奔走，寻找美国的伟大精神：从开阔的港口到宽广的河流，从肥沃的田野到无边的平原，再从丰富的矿山到林立的商场。没有，没有，什么都没有，直到我步入美国的教堂，走近激情飞扬、正义庄严的布道坛，我才明白美国力量和精神的玄机。美国的伟大来自她的善良，一旦美国停止行善，美国的伟大便会丧失。

19 世纪法国佚名作者
德怀特·艾森豪威尔（Dwight Eisenhower）1952 年大选之夜引言

使（美国）人民区别于其他民族的鲜明特征包括对民主社团和代表性政体的坚定信心，对王权贵族的戒备，政教的分离，对普及教育的激情，一支严阵以待的庞大军队以及日益强烈的禁酒倾向。

马克·莎莉文（Mark Sullivan）
《我们的时代》卷一，1927 年

把超级市场拜为圣坛，把商业广告敬为神祷，美国崇高的目标和令人激越的生活方式创造了诱人的远景，以此来激励整个世界，我们有那样的能力吗？

艾德莱二世

美国契约的根基在于个人对自己及其公民伙伴的公平心。热爱自己的国家，渴望她的进步是美国爱国精神的特征。美国卫国战争的胜利是公民士兵的战果，和雇佣军、职业兵，或是现役兵无关。不论是战时还是和平年代，美国人都自觉自愿地为国家履行义务。

> 真正的爱国者是那些热爱美国，但希望她更加美好的人。这不是背叛。每一位家长、老师和朋友都知道，这是真正高尚的情操。
>
> 艾德莱二世

> 为国家献身的勇士们明白，爱国精神不是对事物的恐惧，而是对事物的热爱。爱国精神是对我们的共和国，对人类自由的理想，以及对产生这种理想的心灵的热爱，共和国正在致力于实现这种自由……有了宏大健全的爱国精神，美国才能驾驭并使之服务于高尚的和平事业。也只有这样，我们才能做到强兵不黩武，强政不凌弱，从而建立一个戒骄戒躁的正义之邦。
>
> 艾德莱二世，1952 年

往日美国的政治价值观如今在现世理性的"老式"欧洲更容易发现。在《黑皮书》里，乐观主义随处可见，而这一精神失去后，有些美国人只有返回欧洲去寻找相对文明的社会。这种情况和《黑皮书》里描述的不一样。说起大西洋彼岸新生的共和国，日耳曼铁血首相奥托·冯·俾斯麦（Otto von Bismarck）嫉妒地表示："上帝的惩罚之掌永远打不到蠢人、醉鬼和美利坚合众国身上。"

> 既攻击不了，也威胁不到，她远远地听闻欧洲处于纷争之中的国家和宗教的叫嚣。至少目前——也许不会永远——美国在夏天的海上一帆风顺。
>
> 詹姆斯·布莱斯公爵（James Bryce）

在《黑皮书》里，美国创造的权利机会和责任义务紧密相连。对共和国的热爱和信念激励着美国人通过履行自己的公民义务来保持理想的完美。

在《黑皮书》中时而被理想化，时而又被现实化的政治，反映的正是这样一种挚爱和理想。

　　当渴求权力的欲望取代奉献的意志，人类为获取财富不顾一切地疯狂冲击时，美好将会被抛掷九霄云外。

舍伍德·安德森（Sherwood Anderson）

俄亥俄州，温斯伯格市

第二章　伊利诺伊州和史蒂文森家族

　　朋友们，在这里，在伊利诺伊州和中西部的平原上，我们可以举目遥望，放眼四方。这里既没有阻碍思想的屏障，也没有抵御抱负的工事。这两者，我们都不需要，我们不需要思想或精神的束缚，不需要僵硬的思维方式，也不需要墨守成规旧习。我们只需要在公平自由的竞争中获胜的信念和信心。

艾德莱二世

1952 年民主党芝加哥全会的欢迎辞

　　从伊利诺伊州东北部芝加哥周边的工业区到位于南方圣经地带的乡村，伊利诺伊州体现了美国社会的横断面。它集南北、城郊和村镇于一体，不仅拥有坚实的经济基础，还是金融、农业、重工、运输以及其他服务行业的中心。伊利诺伊州的投票分布情况历来反映全国的政治分布趋向。而伊利诺伊州境内，在支持民主党的芝加哥和支持共和党的"下州"（伊州南部）之间，已经形成一个大家熟悉的政治壕沟，尽管近几年来，这一政治划分因为郊区的发展得以改变，芝加哥仍然是民主党的地盘。郊区的大部分则投共和党的票，但投票的趋势也日益中立。"下州"投票的趋向性越来越难以分辨。尽管伊州贴有"蓝州"[1] 的标签，在政治上，伊州依然是全国人口中心附近摇摆不定的一个州。根据人口调查总局的数据，按照种族、年龄、收入、教育水平、移民以及城乡结合等一系列人口因素衡量，伊利诺伊州仍然是美国最具代表性的一个州。

　　1852 年，16 岁的艾德莱一世从肯塔基州长途跋涉来到伊利诺伊州定居，

---

　　① 蓝州：倾向民主党的州。——译者注

在离开卡罗来纳南北两州的苏格兰—爱尔兰籍的移民潮流里，他不过是一滴小小的水珠。他牵着马，带领全家人来到当时的边疆。1864 年，这位传奇式的人物当选为伍德佛得县的审判官，19 世纪 70 年代后期，在国会为推选塞缪尔·蒂尔登（Samuel Tilden）工作，后者是 1876 年有争议的总统竞选中民主党的获胜者。争论的焦点是佛罗里达州和其他三州发生了选票被盗事件。

　　　如果一个国家的人民对公众机构还存有信心，那这个国家实在很幸运；如果他们对高级司法机构，一个百年来一直捍卫我们自由权利的堡垒还抱有坚定的信心，那这个国家也一样幸运有加。但凡民众处于纷乱和危险的处境，美国的最高法院便被视为最后的仲裁人，其公布的法令也因此成为上帝的指令。假如最后的判决派别倾向明显，灾难性的后果绝非我可预料之事。

艾德莱一世
1876 年大选之夜在众议院辩论时的讲话

作为首届克里夫兰政府（1883—1887 年）的邮政署助理署长，艾德莱一世据说任命了 4 万多名良好的民主党人接替他解雇的 4 万名共和党邮政局长。这一数据无疑在爱讲故事的史蒂文森家族代代相传的过程中被夸大。上述贡献，加上口才以及和蔼可亲的态度，使他赢得民主党满怀感激的提名，他因此成为副总统候选人，并且在 1892 年的选举中获胜。副总统职位配备的人员包含一个通信兵、一个打字员和一个私人秘书——他的儿子，路易斯·格林·史蒂文森（Lewis Green Stevenson），以 2500 美元的年薪受聘。既幽默又善讲故事的艾德莱一世还以平易近人的低调作风为人称道。

　　　史蒂文森先生从来不乘坐他的专用马车来往于国会山，他一般都是走路上下班。他最奢侈的旅行方式是偶尔乘坐沿国会山大道来回奔波的公用贺狄克马车，这是用于运送携带包裹的女性顾客的交通工具。他的头上总戴着一顶丝质帽子，至少有 1 年了，而且从不刷理。

路易斯·亚瑟·柯立芝（Louis Arthur Coolidge）和
詹姆斯·伯顿·雷诺兹（James Burton Reynolds）
《在华盛顿的表演》，1894 年

史蒂文森家的人讨厌浪费，以节俭出名；这也许是苏格兰—爱尔兰血统中苏格兰这支经久不衰的一个主要特点。

1900 年，艾德莱一世再次作为副总统候选人和威廉·詹宁斯·布莱恩（William Jennings Bryan）一起参选。他的竞争对手是纽约州州长，西奥多·罗斯福（Theodore Roosevelt）。纽约州的共和党领袖，托马斯·普拉特（Thomas Platt）参议员试图赶走纽约州具有改革倾向的州长。他规劝共和党总统候选人威廉·麦金利把罗斯福放在选票上吸引西部的激进分子。俄亥俄州的参议员马克·汉纳（Mark Hanna）是共和党全国领袖，也是正在兴起的工业债主阶层强有力的代言人。作为产业家的汉纳对普拉特的企图提出了抗议，但最终被否决。就这样，艾德莱一世失败，罗斯福获胜当选副总统。在全国声誉高涨的罗斯福和麦金利一起于 1904 年再次获选。但在就职后不久，麦金利即遭暗杀，用汉纳的话来说，罗斯福"那个该死的牛仔"成为美国总统。在美国的政治生活中，命运起着重大的作用。

在加州为威廉·鲁道夫·赫斯特（William Randolph Hearst）效力之后，艾德莱一世的儿子路易斯和妻子海伦·戴维丝·史蒂文森（Helen Davis Stevenson）——杰西·菲尔（Jesse Fell）的孙女——一同回到伊利诺伊州中部的老家布鲁明顿定居。路易斯是一位改革家，1914—1917 年，他担任了伊利诺伊州州务卿的职务。1922 年，在州务卿初选期间，库克县民主党组织负责人罗杰·莎莉文（Roger Sullivan）把另外几个也叫路易斯·史蒂文森的登记在参选人的名单上。路易斯揭露了他的舞弊行为。在媒体及民间组织的支持下，他赢得民主党的提名，并且在民主党得票中遥遥领先，但最终却因共和党在普选中大获全胜而失败。根据《黑皮书》的说法，"政治是社会的砂囊，里面盛满了粗沙和砾石"。而祖父路易斯就是被这砂囊给碾碎的，他的政治生涯也就到此为止。我们所有的人迟早都会被这砂囊碾成碎末——对于艾德莱一世来说，是 1900 年的副总统竞选以及 1912 年的伊州州长竞选；到了艾德莱二世，是 1952 年和 1956 年的总统竞选；就我个人而言，是 1982 年和 1986 年的州长竞选。

这让我想起林肯讲过的一个小男孩的故事。他说，黑暗中他的脚趾头被磕疼了，可是他已经长大了，不能再哭，但脚又特别疼，让他笑不出来。

艾德莱二世

1952 年总统选举失败后的讲话摘选

　　路易斯的儿子，我的父亲"州长"，在西北大学法学院毕业后，从布鲁明顿搬到芝加哥并和芝加哥的名门艾伦·波顿（Ellen Borden）女士结婚。他在芝加哥的一家大律师事务所工作，并且在 20 世纪 30 年代初期全家搬到利伯蒂维尔城占地 70 公顷的新居。"州长"的新居位于芝加哥西北 35 英里的郊区，后来这一新居被称为"农场"。在 30 年代还只是一个小镇的利伯蒂维尔后来成为新建郊区的一部分。

　　我们在那儿的家看起来像个博物馆，室内的摆设反映了"州长"游历世界的生涯和政治经历。他外出旅行带回的纪念品遍布各个角落。地下室一个大房间的地板上，铺的是一块炫丽的阿拉伯地毯。在沙特阿拉伯利雅得访问时，美国官员好像提醒过"州长"，让他不要称赞皇宫内的物品，因为一旦表示，沙特国王伊本（King Ibn Saud）就必须按照阿拉伯的习俗把客人欣赏的物品赠予他。"州长"是一位手紧的人。他选择性地赞赏了国王的地毯，并把国王赠予的地毯用来装饰地板。许多年以后，我在摩洛哥国王那里也选得了几块地毯，但那时的美国已经明确规定参议员必须把外国的馈赠转交给国务院。道德落入了法律管辖的范围，而且我是法律执行人。

　　艾德莱二世说，他是一个天生的政治妥协派。政治上，他承继了父亲的民主党信念；宗教上，他接受了母亲的一神论信仰。对于家园分布于伊州南部、芝加哥和郊区三地的艾德莱来说，他还是一个地理意义上的妥协派。不论落在伊州的哪一片土地上，每一位艾德莱成员都感觉很自在，没有人像他们一样对伊州了如指掌，也没有人像他们一样成功地跨越党派界限，尽管他们从来没能说服伊州南部的居民，他们骨子里是农民。在 1952 年的总统竞选中，"州长"邀请媒体以及随行人员一同前往布鲁明顿附近的家庭农场。他爬进汽车的驾驶室后朝大家大声喊道，"跟我来"，然后很快就迷了路。他居然找不到自家的农场。但不能否认我们家族在伊州南部的根基，而且这个根扎得很深。

　　和我父亲一样，我也会在郡县广场上争取选民，遇见坐在长凳上吸烟的八旬老人。在我竞选州长的第一次选举中，一位老人说，"怎么啦，艾——德——赖，你这些年都上哪去啦？你看，当然我会投你的票。上次你竞选的时候我就选了你，不是吗？"艾德莱二世在 1948 年参加竞选时有过同样的经历。艾德莱一世是民主党 1912 年的州长候选人。

　　不论哲学家们怎样流汗，辞典编撰人怎样嘶喊，
　　他们最多叫他一声"艾德——磊"。
　　在港口搬运工方言高亢的露天餐桌上，
　　当白净的哈佛生不在场时，他们叫他"艾德——赖"。

马克·吐温（Mark Twain）

　　马克·吐温的诗歌对澄清名字的发音并没有多大帮助，虽然名字来自《圣经》，但出处晦涩，反映了 19 世纪人们在《圣经》里为新生儿寻找名字的习惯，大卫王的牧羊人生了艾德莱，艾德莱又生了另一个孩子，或者以与此相似的形式解说下去。芝加哥的一个政治家告诫我说，"他们怎么说都没关系，只要他们会念就行"，意思是，印在选票上念得出来就行。

　　名字的正确发音是"艾德磊"，不过无论别人怎么念，我们都一样回应。

第三章　政治根基

芝加哥爱尔兰人聚居的一个市区里，一个小男孩祈祷说："我们在上的圣父，奥哈洛冉是你的圣名。"

奥哈洛冉（O'Halloran）是该市区民主党委员①

伊州的地形走势自北向南，其政治倾向也有上（北部）、下（南部）州之分。"下州"的记者们趋向通才，对政治"问题"的关心远远超过对政治"游戏"的兴趣，而后者恰恰是北部大城市里的专家政客们关注的焦点。芝加哥的政治，土豆烧牛肉般的实在。在艾德莱一世的时代，芝加哥正在建立传统的美国政治机构，施散恩惠、任人唯亲是其润滑剂。这一机器后来曾企图伤害艾德莱一世的儿子路易斯。到了艾德莱二世的年代，芝加哥的政治机器运转得更加迅速，靠它产生过大批的贫民选票，其中的许多选票来自新移民，首先是来自欧洲大陆的，后来是南美的，再后来便是墨西哥、波多黎各以及远东的移民。

政治机构的核心是成员悉称为"组织"的市区委员，也是党内奖惩的决定者，这些人往往拿公家薪水。除推选民主党人之外，这一机构还有另外的重要目的：为劣势居民和新落脚的移民提供走向中产阶级的通道——主要是爱尔兰人，其次是德国和波兰人，再后来是非裔美国人和拉丁美洲人。芝加哥过去是，而且仍然是不同族裔移民构成的城市。这些移民后来成为消防员、警察、公务员等，他们通过政治联系来开展业务。

---

① 天主教常规的祈祷是："我们在上的圣父，耶稣是你的圣名。"这里用来讽刺市区委员对于选区内市民生计的重要性。——译者注

对于民主党的发展来说，1948年是不利的一年。自1933年起，他们就一直大权在握。伊州的民主党机构需要一位"蓝带"候选人给选票撑腰，抵挡共和党的冲击。艾德莱二世成为州长候选人，而参议院的空缺则由保罗·H. 道格拉斯（Paul H. Douglas）填补。他是改革派芝加哥市议员（听上去有点自相矛盾）、芝加哥大学杰出的经济学教授。艾德莱二世原本寻求的是参议员席位，而道格拉斯则希望获得州长职位的提选。但民主党的头目们决定，万一竞选胜利，把州长职位托付给其他人比交给一个改革家更明智。再者，当时在任的共和党参议员威兰德（Wayland "Curly" Brooks），是一位海军陆战队士兵，而且，道格拉斯是在太平洋舰队负过伤的海军陆战队老兵（别人跟我说，一朝成为海军陆战队士兵，那就是一辈子的事，从不会成为过去）。

1948年民主党在费城召开大会时，我才17岁，担任大会的警卫，负责维持会场秩序，把那些衣衫不整、大声吵闹的政治家从过道上清走。明尼阿波利斯不知名的年轻市长，美国参议院候选人激情洋溢地发言，敦促在场的政治家批准通过强势的民权政纲，会场的气氛已经因汗气和烟雾变得凝重。他们起身迎接休伯特·汉弗莱（Hubert Humphrey）的挑战。在南卡罗来纳州州长斯图姆·瑟蒙（Strom Thurmond）的带领下，南方的代表们冲出了会场。大会主席哈里·杜鲁门（Harry Truman）赢得总统候选人的提名。他乘坐火车游历全国，强烈谴责"一事无成"的共和党国会。瑟蒙比汉弗莱和"州长"要长寿得多。在他1971年入选参议院时，汉弗莱的席位就在我的旁边。他到参议院的时间比我晚。

和杜鲁门一样，艾德莱二世和保罗·道格拉斯都没有得到多少成功的机会。他们天天带着一车候选人在伊州南北部上下奔波，偶尔和地方上的候选人相聚，参加政治集会，勉励忠诚的党派人士。他们从不搞民意调查。既没有什么钱，也没有咨询顾问。"州长"的竞选一共花费了15.7万美元。我的堂兄蒂姆·艾夫斯（Tim Ives）和我都当过他的司机。

在县里的集市和法院，在工厂的大门旁和芝加哥选区的会议上，在伊州城镇的大街小巷，候选人到处游说民众，握手交谈。我很早就学会，在农民还没有把他们粗糙的大手伸过来之前，就远远地过去握住他们的手，或者是在他们把我的手攥疼之前就抓住他们的手指，因为那个时候，我的手指已经由于无数次地紧握变得又肿又痛。候选人们斥责共和党领导的腐败的伊州政府和华盛顿政府国会里一事无成的共和党，敦促人们全部投民主党候选人的票。人们纷纷响应，甚至在倾向共和党的布鲁明顿也有高举火炬的游行（在布鲁明顿和利伯蒂维尔城，我们拥有的朋友比选票多）。政治和政党都是公民的责任和义务。政治组织和志愿者发动大家参与投票。至此，"州长"以伊州历史上领先最多的多数票获胜，而且，他和道格拉斯一起，帮助哈里·杜鲁门以微弱优势在伊州胜选并赢得总统选举。休伯特·汉弗莱在明尼苏达获胜。

　　　健全的政府只需三条原则：选择贤能，让他们不要试图走捷径，给予他们最大限度的支持；选择贤能是首要的原则。

艾德莱二世

　　为组建州政府，艾德莱二世在政治圈子以外招募专家、学者以及他们在劳动部门和商界的盟友。尽职的市民纷纷加入州政府，正如他们在新政时期以及后来在约翰·F. 肯尼迪（John F. Kennedy）的"新边疆"时期所做的那样。西北大学法学院的威拉德·维尔茨（Willard Wirtz）教授回忆起当年接到即任州长电话，州长邀请他担任烈酒督控委员会主席时的情景。"什么？"维尔茨问道，"我对烈酒的督控一无所知。"艾德莱二世回复道，"你知道怎样不把你的手伸进别人的腰包，是不是？你只需要知道这个就够了。"芝加哥州参议员理查德·J. 戴利（Richard J. Daley），被任命为财政部门的负责人。他是改革派模式的一个例外，但他是一个好管家，并且后来担任了芝加哥市长，成为传奇式人物。他是艾德莱二世和艾德莱三世坚定的支持者。

　　"州长"是一个现实主义者，从小就对政治感兴趣，在法律和政府方面富有经验，而且在伊州没有牵挂和拖累。州政府的事务琐碎具体，但都很重要，要做到财政廉洁，抵抗特别诉求的干扰。而州长的工作需要纪律，正如州长约翰·彼得·奥尔特盖尔德（John Peter Altgeld）在19世纪90年代所说的那样，要有伸张正义的勇气和敢于说"不"的能力。但是，面对3万个民主党人急需的就业机会，州长还有能力说"是"并奖励忠诚。一位感激的受惠者向他保证，从他得到州里的工作时起，他就是终身的民主党人士了。恩惠起到了很好的作用。过去可以任意分配给政党跑腿们的体力活的特权，后来也被摒弃，民主党根据共和党提出的条件，和他们争夺机会。具体的恩惠特权随之出现，包括政府合同、加入理事会和政府机构的人员的任命，恩惠的分配在规模上是《黑皮书》里前所未有的。

　　当"州长"的改革措施在伊州立法机构受阻时，通过一周一次的无线广播，他直接向人民呼吁并且争取他们支持提高汽油税收，以修建更好的公路。普通的民主党人对"州长"产生了尊敬和爱戴。芝加哥的州参议员考讷斯（"Botchy" Connors），民主党领袖，称"州长"为"小家伙"。比尔·沃兹把艾德莱二世的管理方式称为"带肌肉的理想主义"。保罗·鲍威尔（Paul Powell），众议院的议长，被迫支持提高卡车驾照的费用。"州长"为此向他致谢时，鲍威尔说他当然乐于接受谢意，因为为这一举动，他花费了 5 万美元。"州长"解释说："清廉和虔诚只差一步，但伊州立法院除外，在这里清廉几乎是不可能的。"

　　"州长"在伊州首府斯普林菲尔德市工作。一旦忙起来，他动辄一天就工作 16—17 个小时。而利伯蒂维尔的农场被出租给他人使用。那栋通透、稍微破旧但还舒适的旧州长官邸便成为他的居所和办公室。伊州对教育的援助经费是以前的两倍，市级政府实现了现代化。矿山的安全状况得到改善。精神病院耸人听闻的状况得以消除，另外还建立了一个州立少年犯管教所。州政府还为建立公平的聘用惯例委员会和州宪大会奠基铺路。市政服务得到加强，州级警察开始采用择优录取的聘用制度。赌博行业被关闭。各种成就数不胜数。对于人民的钱，"州长"花起来一样手紧，而且州预算反映了他的节俭。夜间在州长官邸转悠时，他会随手关灯；有时，他还会走到附近的林肯故居，在黑暗中和林肯交流谈心，从已经殉职的总统那里汲取智慧。白天，听到访客按门铃，他经常自己给他们开门。

　　"州长"官邸成了艺术家、作家、新闻记者和政治领袖们常来常往的场所：卡尔·桑德伯格（Carl Sandburg）[1]、约翰·斯坦贝克（John Steinbeck）[2]、约翰·甘瑟（John Gunther）[3]、伯纳德·德博托（Bernard DeVoto）[4]、阿兰·尼文斯（Allan Nevins）[5]、小阿瑟·施莱辛格（Arthur

---

　　[1]　卡尔·桑德伯格（1878—1967 年），著名诗人，传记作家。——编者注
　　[2]　约翰·斯坦贝克（1902—1968 年），20 世纪美国最有影响力的作家之一。其代表作品有《人鼠之间》《愤怒的葡萄》等。——编者注
　　[3]　约翰·甘瑟（1901—1970 年），著名记者、作家。——编者注
　　[4]　伯纳德·德博托（1897—1955 年），历史学家、作家。——编者注
　　[5]　阿兰·尼文斯（1890—1971 年），著名历史学家、记者。——编者注

Schlesinger Jr.）①、詹姆斯·赖斯顿（James "Scotty" Reston）②、爱德华·默罗（Edward R. Murrow）③、沃尔特·李普曼（Walter Lippmann）④、拉尔夫·本奇（Ralph Bunche）⑤、以及我的堂兄、副总统阿尔本·巴克利（Alben Barkley）⑥ 等。从阿图尔·鲁宾斯坦（Arthur Rubinstein）⑦ 到鲍勃·霍普（Bob Hope）⑧ 一类富有创见、好奇且具影响力的各种风格和风采的人物，长途跋涉，前往斯普林菲尔德市拜访这个世界、这个平原和伊州政治界难得的人物。

在麦卡锡主义盛行的年代，"州长"投票否决了当时风行的效忠宣誓。他还否决了遛猫必须拴着的议案。

　　一只猫不管是去邻居的院子晃悠，还是穿越高速公路，都不会妨碍什么，我不愿把这事当成伊州的公共政策向大家宣布。猫的本性就是喜欢单独游逛……牵着猫在户外遛违反猫主人的天性。另外，猫还能提供有用的服务，特别是为农村地区消除鼠患——都是它们单独承担的事，与政党方针无关……猫鸟之争由来已久。如果我们试图通过立法解决这一争议，谁知道我们为此会召集什么来加入其中，还有世世代代没有解决的猫狗之争，鸟鸟之争，甚至鸟虫之争。我的观点是，伊州及其管理机构早已经要务缠身，不需要为控制猫的行为自寻烦恼。

艾德莱二世

1949 年，就否决投票在伊州议会大会上的讲话

---

　　① 小阿瑟·施莱辛格（1917—2007 年），著名历史学家、政治评论家。——编者注

　　② 詹姆斯·赖斯顿（1909—1995 年），记者、作家，1939—1989 年任职于《纽约时报》。——编者注

　　③ 爱德华·默罗（1908—1965 年），美国广播新闻界的一代宗师，新闻广播史上的著名人物，CBS 的著名播音员。——编者注

　　④ 沃尔特·李普曼（1889—1974 年），新闻评论家、作家。传播学史上具有重要影响的学者之一。——编者注

　　⑤ 拉尔夫·本奇（1903—1971 年），美国外交官，获 1950 年诺贝尔和平奖。——编者注

　　⑥ 阿尔本·巴克利（1877—1956 年），律师、政治家，1949—1953 年出任第 35 任美国副总统。也是本书作者的堂兄。——编者注

　　⑦ 阿图尔·鲁宾斯坦（1887—1983 年），美籍波兰钢琴家。——编者注

　　⑧ 鲍勃·霍普（1903—2003 年），美国喜剧、电影演员。——编者注

人们很少了解"州长"作为普通人的一面。他是个"光头"知识分子,从来不会应景装样。但他也不受其地位的影响。他热爱街头政治,关爱人民,除了擅长倾听民众心声外,还是一位即兴演讲能力超强的人。伊州的警察冯·戴沃(Van Diver)为他开车,他坐着破旧不堪的凯迪拉克长型轿车在伊州上下为竞选奔忙,改善关系,检查州立机构的运作。在一家州机构的大门前,这个已经跑了30万英里的老爷车出了故障。伊州交警赶到现场时,"州长"正试图修理,巡警只能看到"州长"伸在车身以外的双脚。他们视察访问一所州立精神病院时,碰巧是医院安排的社交时间。他陪着一位女病人跳舞,高兴地听她讲述她死去的丈夫——亚伯拉罕·林肯,并热情地谈论他的事情。

1952年又是令民主党头痛的年度。他们掌控总统大权已经有20个年头,共和党正在抱怨华盛顿的"烂摊子"。朝鲜战争在激烈进行。艾德莱二世打算完成斯普林菲尔德州政府的清理工作,另外,他也非常清楚,赢得总统竞选几乎不可能,尤其是,假如胜利归来的战争英雄德怀特·艾森豪威尔成为共和党的候选人。他没有参加初选,也否认自己对提名的兴趣。但是,在发表雄辩的欢迎辞后,他在芝加哥召开的民主党全国大会上被推举为总统候选人。他把两位总统候选竞争对手称为"堂兄弟":副总统阿尔本·巴克利和乔治亚州的参议员理查德·罗素(Richard Russell)。1970年11月,当我接替埃弗里特·德克森(Everett Dirksen)生前的参议院席位时,罗素参议员问候我时说,令他开心的是,长寿让他在参议院迎接堂兄和他一起共事。但不久之后,他就离开了人世。

在全国大会上,在没有助手、金钱,也没有竞选计划,只有一帮吃苦耐劳、富有才干的志愿者的情况下,"州长"开始了他的总统竞选。在输掉总统选举的同时,他以远见、幽默和雄辩,赢得世界人民的心。他努力缩小贫富差距,遏制战略上的军备竞赛,保存全球共识,并且在所有的事情上都依据国际法和合作来保护和平。他是冷战时期的勇士,但他的武器是美国的民主价值观、经济制度以及对人权和人类福祉的执着。在军备和军国主义之间,他能够明辨是非,给予应有的支持。对此,世界做出相同的呼应。

我们不能对联合国失去信心。我们要把它当作一个有生命的机体,并且要为该机体的茁壮成长努力工作和祈祷。我们要让它成为最初预计的那样——一个由各个国家组成，有法律保护的全球社会。而法律的后盾除武力之外，还有公理和正义。我们相信，解决世界战争的答案只能是世界法律。这是我们的希望和努力方向。

艾德莱二世

1952 年 10 月 24 日

大选过后，德怀特·艾森豪威尔对《纽约先驱论坛报》的海德利·达纳文（Hedley Donovan）透露，要是他知道民主党的候选人是艾德莱的话，他不会参选。1952 年的竞选之后是又一次的竞选。

1956 年，在芝加哥召开的民主党全国代表大会上，艾德莱二世再次被提名，这个决定是加利福尼亚初选时做出的。加州的初选是 5 个有竞争对手的初选区的最后 1 个。大会的结果没有悬念。为了制造热烈的会议气氛，艾德莱没有向大会推荐候选人，并一举使副总统的提名公开化。主要的竞争对手有田纳西州的参议员——埃斯蒂斯·基福弗（Estes Kefauver）和马萨诸塞州鲜为人知的新参议员——约翰·F. 肯尼迪。"州长"和"州长"的近交、家人私下都支持肯尼迪。投票结果忽左忽右，有一段时间，肯尼迪的选票飘然上升。我匆匆赶到斯道克亚兹旅店楼下肯尼迪所在的套间。他正准备上楼，到会议大厅去接受提名。他的小舅子萨金特·施莱佛（Sargent Shriver）负责把门。我闯进去，激动地祝贺"杰克"，等到返回"州长"套间时，正赶上目睹肯尼迪输给基福弗。对肯尼迪来说，那碰巧是件好事。他受民主党和全国大众的关注，而且没有牵涉到失败的副总统竞选中。

法国、以色列和英国入侵苏伊士运河；另一边，苏联入侵匈牙利，1956 年的竞选毫无希望。整个国家都围绕在富有声望的总统——艾森豪威尔周围。"州长"竞选失败，但是，在艾森豪威尔坐镇总统位置的空当，"州长"组织的竞选和顾问委员会为约翰·F. 肯尼迪的"新边疆"（New Frontier）和林顿·约翰逊（Lyndon Johnson）的"伟大社会"（Great Society）奠定了切实可行的基础。在民主党标志性领袖的带领下，反对党只是起反对作用。1952 年的竞选和肯尼迪当局的一位老将——小阿瑟·施莱辛格表示，总统肯尼迪是"史蒂文森革命的执行者"。在 2007 年出版的日记中，他补充说，"史蒂文森陈述了'新边疆'和'伟大社会'多数的进步主题"。

　　响应艾德莱二世发出的号召，威拉德·维尔茨和众多优秀的公民，为州政府工作并在后来的肯尼迪和约翰逊手下继续奉献自己的才干。斯普林菲尔德市的史蒂文森州政府，为联邦政府培养了 2 名上诉法院法官、1 位国会代表、1 位伊州高级法院法官、2 位内阁成员、1 位州长、1 位美国联邦储备委员会副主席、1 位联邦通信委员会主席、1 位大使和芝加哥市长理查德·J. 戴利——他们中间，没有一位是政治说客或是罪犯（自那时以来，伊州已经有 3 个州长被判腐败罪）。在 1952 年竞选之后，由"州长"招募进入肯尼迪政府工作的人里，有些在芝加哥"州长"创建的律师事务所里工作过。1961 年，为联合国大使一职在参议院参加听证会时，"州长"说，遗憾的是，他只有 1 个律师事务所可以奉献给国家。

　　像"州长"一样，我天生就患有不可救药的遗传性政治病，但我的症状归结于充满奉献和世界事务的生长环境。1930 年我出生的时候，艾德莱二世正在芝加哥的律师事务所工作，但我们很快就搬到华盛顿特区。在那里，我父亲承担了好几个"新政"的职位。1942 年珍珠港事件爆发时，我们再次搬到华盛顿居住，而且艾德莱二世当时是海军部长——弗朗克·诺克斯（Frank Knox）的助理。1945 年，部队分好几批乘坐运兵船越洋，我随第一批部队穿越风暴不断的大西洋，登陆战乱中的伦敦。在那里，我就读过著名的哈罗公学，而父亲则是联合国筹备委员会的美方代表。

　　我们的小家就在伦敦格罗夫纳广场不远处。20 年后，"州长"在那里去世。在那些热心欧洲重建，创建联合国的伟人们眼里，我们的家成了他们每晚饮酒闲聊的好去处。捷克斯洛伐克的扬·马萨里克（Jan Masaryk）①、英国的格莱德温·杰布（Gladwyn Jebb）②、比利时的保罗·斯巴克（Paul-Henri Spaak）③ 和加拿大的莱斯特·皮尔逊（Lester Pear-

---

　　① 扬·马萨里克（1886—1948 年），捷克斯洛伐克外交家、政治家。1925—1938 年任捷克斯洛伐克驻英国大使。——编者注

　　② 格莱德温·杰布（1900—1996 年），英国外交家、政治家。曾出任联合国代理秘书长。——编者注

　　③ 保罗·斯巴克（1899—1972 年），比利时政治家。曾任比利时首相、联合国大会主席和北大西洋公约组织秘书长。——编者注

son）① 都在那里呆过，另外还有安德烈·葛罗米柯（Andrei Gromyko）②。30 年以后，我同葛罗米柯在克里姆林宫再次交谈。那时候，他是苏联外交部部长，而我是美国的参议员，专门负责国际金融和贸易、太空政策以及情报事务。

首先，葛罗米柯回顾了以前在伦敦度过的那些夜晚，他热情地提及我的父亲。我告诉他说，我母亲把葛罗米柯的长寿归功于她给他吃的维生素。他没有领会我话里的幽默，之后，他严厉斥责我授权史蒂文森修正案，使苏联必须定期获得国会批准才能获得美国信贷的议案，我严肃地指责了他的政府秘密研制反卫星武器的真相。他谴责说，我纯粹在听任幻觉的摆布。在此之后，美国也研制了反卫星武器。

在《黑皮书》完稿之际，乔治·W. 布什当局正在开发先发制人的核能力，包括反卫星武器装备、在东欧部署国家导弹防御系统，以及叫作"掩体克星"的核武器。美国退出了《反弹道导弹条约》，而且公布了"星球大战"计划。中国和俄罗斯在利用反卫星武器和核威慑在内的有效对应措施进行自卫，寻求太空非军事化的同时，他们并没有陷入幻觉。

我父亲竞选州长时，我正在哈佛上学，集中钻研政治理论。我当时的考虑是为今后注定需要的实用政治打下理论基础，那可能是我最后的一次机会。1952 年即将毕业时，朝鲜战火越烧越烈。义务服役正在召唤着大家，我和我的室友决定参加候选军官训练项目。他选择的是海军，而我选的是海军陆战队，陆战队当时正缺少炮灰。朝鲜前线少尉的寿命是短暂的。我们在波士顿的海军基地报到体检时，我的室友血压不合格，而我则没有通过视力检查。他们请我们再去体检，我们俩都去了，还相互交换了体检单。他出色地通过了我的视力检查。当我坐在那里，手臂上戴着血压充气表，代替我的同学检查血压时，一个陆军医护兵走过来，问我的名字是不是克里·莱恩（Kerry Lyne），我的血压一下子蹿了上去。我以为我们的骗局被戳穿了。我没能帮克里通过血检。没有我帮忙，他第三次验血时也通过了，后来，他成为功勋卓著的登陆艇副艇长。经过数月的集训，我被授予少尉军衔。授衔仪式上，州长兼总统候选人艾德莱·史蒂文森，

① 莱斯特·皮尔逊（1897—1972 年），加拿大外交官、政治家。第十四任加拿大总理。——编者注

② 安德烈·葛罗米柯（1909—1989 年），苏联外交家。曾任苏联外交部部长（1957—1985年）、苏联最高苏维埃主席团主席（1985—1988 年）。——编者注

做了以下的演讲：

　　　你们了解这个国家里寻求高级官职的候选人的生活。你们知道对他来说会发生什么，大家对他又有怎样的期待。就每一个问题和每一类观众，人们都指望他说上几句话。他尽量把他的信仰和信念用文字表达，这样，听他讲话的人能够就他的讲话进行思考并做出独立的判断。他的全部心思都放在搜寻恰当的词语，如何用准确、诚恳和明了的文字简明扼要地阐述问题，说明他的观点……

　　　不过，有时候词语很难找到，此刻就是一例……请允许我为我的儿子和你们当中已经获得海军授衔殊荣的每一位表达我的自豪之情。无论把你们派遣到哪里，你们都是防卫或进攻的先锋：阻止敌人的推进，打消敌人的势头。除此之外，你们还是美国派往其他国家的民间大使：其他国民对自由抱有的希望比我们的要暗淡。理解他们和他们的希望吧……

　　　你们随身携带的，除了赋予你们生命的本国人民的期望、祈祷和热爱，还有世界各地不知道你们的姓名，但通过你们的事业和伟大传统，了解你们的人民所拥有的同样的希望、祈祷和热爱。

艾德莱二世

1952 年 9 月 20 日出席马里兰州匡提科市海军陆战队

（包括我和我的战友在内）授衔仪式上的讲话

　　经过进一步的军训，我自愿加入在朝鲜的作战部队，接到命令，去诺克斯堡报到并接受坦克训练，然后前往加利福尼亚州的潘德勒顿军营执行"海外军务"。在路易斯维尔，诺克斯堡附近的一个世交的家里，我邂逅了南茜·安德森（Nancy Anderson）。匆匆交往之后，我前往国外服役，开始了和南茜每天的书信往来，回国 1 年后，我和她订婚。1 年之后，她从大学毕业，我们俩结婚成家。南茜一直是我的伴侣，在路易斯维尔不期而遇之后，她成了我永恒的力量源泉。

　　在潘德勒顿军营，我奉命指挥一个坦克排并立刻和第三海军军团一起被运送到一个不知名的目的地。我的行李箱盛满历史书籍，包括阿诺德·汤因比（Arnold Toynbee）的巨著《历史研究》。在富士山脚下的一个老式日本军营经过短期的实弹炮击训练后，我被调往驻扎在朝鲜阵地的第一海军军团。在那里，我接受了另一个坦克排的指挥任命。1954 年春，晋升中尉之后，我以坦克营作战军官助理的身份，负责"侦察和联络"任务。这一任务配备有用于探测的吉普车和司机（后来，在预备队里，我晋升为上尉）。在朝鲜的最后一夜，一组战地军官从团部驱车来我们营，敦促我像他们一样，在"二战"服役后转为陆战队的职业军人。他们都是优秀军人。我热爱海军陆战队这个"老军团"，但是，该是退役的时候了。

背靠机身，膝下放着背包，我们躬身坐在铝质长凳上，一小时又一小时地忍受螺旋桨重重划破空气飞行的噪声，任凭破旧的飞机拖载着拥挤的军人和货物，从韩国的金浦空军机场起飞，经东京以外的厚木市，再去关岛的威克市，最后在檀香山市附近的一个基地落脚，享受几个月以来第一次躺在被窝里过夜的待遇。接下来是前往旧金山的长途飞行。在那里，我们告别陆战队，退役回乡。作为平民，我的第一站是去书店补充我已经读完的历史资料书。从朝鲜到伊州老家的飞行，在 1954 年前后用了 3 天多的时间。

第四章　犹太黑帮[①]

1954 年从海军陆战队退役之后，我刚巧赶上哈佛大学开学。哈佛法学院的学业强度和陆战队的军训力度旗鼓相当，在那里上学除了能为政治生涯做更多的准备外，还能在不景气的年头找一份可靠的专业工作。从法学院繁重的学业中解脱出来后，南茜和我在芝加哥定居。我得以为伊州高级法院法官、杰出的法学家沃尔特·雪弗（Walter Schaefer）担任书记员。1 年后，我作为律师加入一家大律师事务所。伊州的政治机器当时正在飞速运转。伊州南部对芝加哥极其反感。我们在芝加哥第 43 区花了 17000 美元买了房子住下，而且，好像哈佛还不够让普通民主党人头痛，我迅速投入民主党改革派的政治活动。

第 43 区的委员是派狄·包勒（Paddy Bauler），芝加哥最后的一位"乐威老爷"[②]、老牌区委委员和市议员。他利用公家薪水，供养了一大群选区队长。这些队长要保证选区投对候选人，否则他们的饭碗就保不住。20 世纪 30 年代的一位有特色的市长，大个子比尔·汤普森（Bill Thompson）宣布，英国国王访问芝加哥时，派狄会冲着国王的鼻子打他一拳。当有人问他是不是已经同意那样做时，派狄说："没，不管怎样，他是个德国人。"海洛德·沃勒（Harold Waller）是一位改革者，而且是派狄的舅舅。他在 30 年代集中手头的资源和派狄竞争并赢得市议员的职位——

---

① 英语原文" Kosher Nostra"由"Cosa Nostra"（意大利黑帮）一词演绎而来。以犹太民族惯用的 Kosher——洁净食物取代 Cosa 来指代犹太人。这里，作者和他的伊州立法院的改革派被同伴们戏称为"犹太黑帮"。

② "乐威老爷"出自芝加哥的两位记者洛伊德·温特和贺门撰写的真实故事《乐威区的老爷：澡堂约翰和神秘的丁克》。故事描述了芝加哥早期腐败的政治机器以及与黑社会沆瀣一气的政界风云人物。"乐威老爷"后来成为所有腐败权势官员的代名词。——译者注

那是派狄唯一落选的一次。后来，派狄宣称："芝加哥还没有做好改革的准备。"他本人刚好证明，他宣称的没有错。在禁酒运动期间，他开了一家地下酒吧，还开枪袭击了两位不明事理、多管闲事的警察。60 年代的一天，一位刚上任的市议员提着公文包，身穿熨烫得笔挺的灰色哔叽西装，在市委会一边大声和派狄打招呼，一边用手指着他说："你是个贼。""没错"，派狄回答说，"我们两人之间唯一的区别就是，我承认这一点。"

南茜很快领教了芝加哥的政治生活。派狄手下的一位队长察觉到，她投票用了 35 秒钟。另外，在投票棚的布帘下面，别人能看到她的脚在投票机旁边从左向右地横向挪动。当时使用的机器比后来臭名昭著的打卡式系统要可靠。许多年以后，我的政治生涯就毁在打卡式的投票系统上。如果直接投民主党候选人的票，不需要 35 秒钟，你的脚也不用横向挪动。投票的第二天，水管检查员就到了我们家，接着是消防队长，最后上门的是电线线路检查员。他们每人都发现了长期存在的违规问题。显然，我们之前的住户知道，你要么直接投民主党的票，要么很快地分选不同党派的候选人。

尽管我有改革派习惯且南茜是民族统一主义者，芝加哥市长理查德·J. 戴利，是库克县民主党中心委员，他在 1963 年年底还是要求我竞选伊州众院的代表席位。由于立法院陷入僵局，没有按照美国最高法院一人一票的规定实现选区的重新划分，伊州高级法院不得不命令所有 177 个席位全部重选。各党派分别选出 118 个候选人，这样，没有一个党派能够获得所有席位。为此，每个党都把"蓝带"候选人排列在前，使各自的选票更能吸引投票人。戴利听到的谣传是，共和党会让前总统的兄弟，俄尔·艾森豪威尔（Earl Eisenhower）领衔他们的候选人名单。戴利想让史蒂文森家族的一名成员给民主党的选票添彩，使民主党能跨越上下州的政治分界。正迫切希望晋升政治阶梯的我，欣然同意参选。

后来在伊州被称为"床单"式选票的巨型橘黄色名单上，一共列有 236 位候选人。我名列众人首位并带领其他民主党候选人一起胜选。这一次，一个史蒂文森领先了一个艾森豪威尔，尽管俄尔也被选中。"州长"在生前得以看到政治生命的延续，姓名荣登榜首。他在 1965 年 7 月 14 日辞世。俄尔·艾森豪威尔其实是一位友好，但有些贫嘴的老绅士。他担任了一届州众议员，但后来在竞选库克县书记员时失利。在那个年代，好名字并不能保证长存。

伊州众议院是改革者的沃土。丑闻经常爆发，特别是在受监管的赛马、烈酒和货币兑换行业。前众院议长保罗·鲍威尔是当时的州务卿——一个油水丰厚的官职。他还是伊州南部的老板、老牌的演说家、我父亲和我的死敌。他在议会发起"讨钱"议案。这类议案的唯一目的是从支持或反对议案的各方手里获取金钱利益。他终身未婚，死后，人们在他斯普林菲尔德市公寓的鞋盒里发现80多万美元的现金。记者请我就此发表评论时，我说："他的鞋盒很难填满。"

来自民主党和共和党双方的"蓝带"候选人开始被称为"蓝鼻子代表"，他们跨越党派分界，携手合作。我成功地领导大家起草并通过有关利益冲突和游说活动的改革法规，制订广泛的打击犯罪计划，但多数的政治改革法案都夭折在思想保守的参议院。托尼·斯加芮亚诺（Tony Scariano）和阿布讷·密克瓦（Abner Mikva）是我们以前在众议院工作的领导和导师。前者是一位势不可当的天才改革者，后来成为卓越的伊州上诉法院法官；后者是一位信守原则的杰出律师，后来成为国会议员，白宫特别顾问和上诉法院法官。托尼把"蓝鼻子"民主党改革派称为"犹太黑帮"。

黑手党和意大利黑帮的利益由芝加哥"西区集团"（West Side Bloc）所代表，涉及公民自由保护的议案，我们有时会不那么舒服地和他们联合。为此，托尼设计了探明谁是腐败官员的一套程序。在年会结束时，他把一美元的纸币塞在他公文夹的四周，"啪"的一声甩在立法人的桌子上后，他会说："哦，乔，这个会开得不错。回头见。"如果对面的立法人一笑了之，那就证明他是清白的；如果对方没觉得好笑，那就有嫌疑。在今天的国会和立法机构，托尼的试验注定不会让人发笑。

在州众院议会开会的每天上午，民主党立法人都收到一张"傻瓜指令单"。就当天的议案，单上写有如何投票的指示。和他们的芝加哥弟兄相比，伊州南部的民主党可以逃脱这类指令，并在一定程度上免受其害，因为他们当中的好多人都享有两份公职。我邻座的一位众议员刚好是海诺德·华盛顿（Harold Washington）。他最终成为我的终生朋友、盟友以及芝加哥的第一位非裔市长。一天，在我违抗了"傻瓜指令"后，海诺德转身对我满怀期待地说，他希望他能像我一样。他给了我人性的启迪：我比他更容易自主行事。

1965年，市长那里又发出了一个号召。民主党正面临一个共和党占据上风的年度，而且刚好轮到参议员保罗·道格拉斯再次竞选。我获得伊州独立投票人授予的"出色立法人"的奖励，戴利说，民主党需要我竞选州财政厅厅长的职务。他要我抓住到手的政治机会。听从他的明智忠告，我同意参加竞选。

派狄·包勒镶有墙板的黑暗地下酒吧，多年来一直是他所在区的总部和竞选线路上的必经之地。连同法官在内的民主党候选人都毕恭毕敬地从一个区办公室到另一个，夜复一夜地向各区的领导和选区队长们进贡，一边力劝他们动员所有已经登记的选民去投票点投选民主党候选人。我再次作为艾德莱三世竞选。坐镇主持这些烟雾弥漫的会议的是派狄。伴随着四弦琴嘈杂的音乐和喧闹的歌声，他往往手中挥舞一个装满啤酒的陶制大酒盅。一次会议上，在他介绍之后，我发表了简短的讲话，随后他向人群大声喊道，"我说，你们知道，那个小混蛋还不是那么糟糕，不过他应该把累赘去掉"。听取他的暗示，我把"三世"从名字里去掉，并且从此只用我毫无修饰的名字竞选，宣传海报和车牌贴纸都在黑色的背景上印上巨大的"艾德莱"，而且在我名字最后字母"I"上冠上一颗白色的星星，底边印有小字体的"伊利诺伊的史蒂文森"。我们往往不提我竞选的职位，这样，不管竞选什么职位，剩余的竞选用品都可以重复使用。我们的印有竞选人姓名的车牌贴纸遍布伊州的电线杆，所使用的神奇黏胶保证这些宣传品可以一直不掉，供后来的竞选活动使用。一个老区委委员告诉我说，"我要把我值 100 万美元的忠告免费给你：不要改你的名字"。

为州财政厅厅长一职的竞选募捐是唯一没有困难的一次。伊州的银行家们都训练有素。竞选费用低，美元滚滚而来，而且大多数不募自到。捐款的人是那些并不以民主党倾向著称，但寻求州基金存款的银行家。共和党大获全胜的波涛把道格拉斯冲出参议院，把查理·珀西（Charles Percy）卷入。我在财政厅厅长的竞选中险胜（查理后来成为我参院的同事并一直是好友）。在竞选之后，出于礼貌，我打电话给我的民主党前任佛朗西斯·罗仁兹（Francis Lorenz），并征询他的忠告。他说："艾德莱，我的建议是，找一个好副手，否则，你就得做财务主管，那你就没有时间处理公务了。"我采纳了忠告的前一部分，任命查理·伍德佛得（Charles "Chuck" Woodford），芝加哥的一位银行家担任副厅长职务。

帕奇·卡勒顿（Parky Cullerton）是一位有权势的区委委员和库克县地产评估员。他立马拜访了即将上任的财政厅厅长。他说，他代表一个声誉良好的自然灾害保险公司，该公司可以根据法律为州财政厅提供债券担保。我倒吸一口气，含糊地说了大意是会关照他的话之后，我给在马什·麦克莱南（Marsh McLennan），全国最大的一家保险经纪公司工作的朋友打电话，要求他的公司审阅一下帕奇的提案。几天后，他来电话告诉我，帕奇的公司品质高强，即使马什·麦克莱南也不可能为伊州找到更好的提案。帕奇因此接到这笔生意——这是为好公司开后门的一个例子——政治家利用他们的影响，一声不响地获取公家的生意。为好公司走后门，对公众来说不是绝对没有益处，但偏袒的表象会腐蚀民众的信心。

在伊州高级法院法官瑞·克琳比尔（Ray Klingbiel）的主持下，我宣誓就职州财政厅厅长。克琳比尔后来涉嫌不道德行为，在当时名不见经传的律师约翰·保罗·史蒂文斯（John Paul Stevens）领导的调查之后被迫辞职。史蒂文斯的诚信和专业声誉从此确立。他被尼克松总统提名进入美国上诉法院，在"水门事件"后，又被杰拉尔德·福特（Gerald Ford）提名进入最高法院。他以诚信和公正建立起的声誉至今完好无损，不容置疑。打磨出他明镜般声誉的是他以原则和学识为基础的见解，包括他在2000年最高法院的决定中提出的反对意见，该决定无视司法先例和已经确立的宪法法律，剥夺了人民选择总统的权力。

我的前任，州财务厅厅长威廉·J. 斯科特（William J. Scott），后来因逃税被抓。我出于礼貌打电话向他询问交接事宜，也请他提出建议。他回答说"自从接任这个职位以来，我就再也没有睡过一个好觉。我唯一的要求和忠告是：你开除我所有的保险箱检察官"。州财政厅厅长负责在租户去世后清点保险箱里存放的物件，防止私藏应该报税的财产。因为所有拥有保险箱的骗子都住在库克县，州议会明智地把上述责任专门分派给库克县管辖。腐败的保险箱检察官可以对存放的物品视而不见，并因此得到奖赏。斯科特为此感到不安。对派狄和其他区委委员希望得到以上职位的恳求，我都没有答应，并且把保险箱检察官的职位一律让有能力、诚实、多数是兼职的职员代替。

保险箱内的物品经常导致不安，有时甚至遭到指控。拉里·汉森（Larry Hansen），我的一个得力助手报告说，一次，他陪着一批伤心且满怀期待的幸存者把箱子打开，除了一块用蜡纸包裹着的奶酪三明治，里面什么东西都没有。而附带的便条上写着："留给我所有饥饿的亲戚。"另外一次，库克县的地契记录官，挪威裔美国人悉尼·奥尔森（Sydney Olson），在民主党的政治集会上宣布说，他妻子刚刚去世。我表示同情，并问在他悲痛之际，我能为他做点什么。他说，他和他的妻子共同租用一个保险箱，在她死后，保险箱被查封了。我说，我可以立刻叫人处理他的事。磨叽了好一会儿，他才说出主题。"艾德莱，"他说，"你还是不明白。那是藏钱的地方。""喔，悉尼，很抱歉我脑子转得慢。我会找合适的人立刻办理这事。"合适的人确实处理了他的事，但不是按照悉尼指望的那样。保险箱里的物品被严格清点上报。

1967 年 1 月作为州财政厅厅长就职后，我召开了一次招待会。招待会像是为芝加哥的区委委员举行的守夜仪式。拥入会场的人中，许多是银行家。卡车停下后，卸下的是一箱箱的烈酒。四壁高高地堆放各式花束。接下来的圣诞节期间，从银行家那里，我连装样子的礼物都没有收到一件。州财政厅的账目第一次被公诸于世。州里的存款都流入那些为州政府提供服务，或是利用其资产为社区提供福利的银行。我们年年削减办公预算，而且在把基金保留在伊州运作的同时，使基金盈利提高 4 倍。福特基金会资助的一个研究所公开赞赏我们公共基金的管理系统，我们很快成为纽约市市长约翰·林赛（John Lindsay）——讲原则的公仆和几乎绝迹的温和而理智的共和党人——的非官方顾问。

州财政厅厅长是个很棒的工作。我是自己的老板。那是一个机会丰厚的传统职位。公共服务可以防止权力的滥用，但同时也会阻止改革派清理公家资产。我禁止办公室的员工为我的竞选捐款或募捐。清理资产之后，我们召集一流的员工，以高昂的情绪投入紧张有序的工作。从那以后，募捐日益艰难。我不是一个受金钱影响的人，或根据《黑皮书》的定义，是个不老实的政治家——被收买之后无动于衷。在那些日子里，投票选举的官员没有时间，也没有胃口去"打电话募捐"。金钱是令人不适的根源。如今，金钱的角色如此公开，它已经成为政治可行性的衡量器。

接手州政府的财务工作后，我收到一波又一波的来信，其中一封要求州政府把基金存放在非裔美国人控制的银行里。而这样的银行，伊州只有两家。邮件是"面包篮行动"（Operation Breadbasket）组织寄发的。我得知，该行动由杰西·杰克逊（Jesse Jackson）牧师领头。我到他的办公室和他见面，他蜷窝在芝加哥南边一个教堂的地下室里。我到的时候，办公室的门开着，杰西在里面，还有三架电视录像机。我们把基金存在他们的银行，并且禁止州立储蓄机构在贷款和就业方面实行种族歧视。我会经常在杰西的主日礼拜上捐钱。尽管我经常和他意见相左，杰西的忠诚友谊贯穿我所有的竞选。他总是支持我，有一次他说，"艾德莱，作为政治家，你有两个方面的问题。你太老实，另外，你不知道怎样用名言警句交谈"。

1968 年，我寻求民主党的州长提名，但那个位置不适合思想独立的年轻改革者。取而代之的是，民主党支持我竞选参议员，但最终用《芝加哥论坛报》头条新闻的行话说，我被从选票上"甩掉"。被甩掉的原因是我拒绝发誓支持印度支那的战争，而所有的民主党候选人都被要求那样做——包括芝加哥城市卫生分区级别的候选人。市长敦促我先宣誓，如果想拒绝以后再说。我拒绝了他的建议。如果迎战初选，又为时过晚，但我决意不让类似的情况再次发生，并着手组织下一轮的竞选。伊州总检察长比尔·克拉克（Bill Clark）宣誓支持印度支那的战争并参加参议院的选举，后来他否认自己对印支战争的支持，但还是输给了在位的参议院少数党领袖埃弗里特·德克森。

1969 年一个阳光灿烂的美丽夏日，大约 1.5 万名民主党人集中在我家位于利伯蒂维尔的农场，庆祝并支持全国和州级政党的改革；集会上人们捐款，给发言人鼓劲，集会成为民主过程的一部分。烟雾从热狗和汉堡摊架上缓缓地升上天空。孩子们骑着马驹，挥舞着气球。深受艾德莱喜爱的古老的枫树上，枫叶橙黄相间，像火焰一样辉煌热烈。1968 年，抗议越战的游行发生骚乱，民主党全国代表大会被骚乱席卷，随之而来的是尼克松战胜休伯特·汉弗莱的总统选举——这次胜利意味着战争的延续和美国的惨败。而民主党全国代表大会在芝加哥召开之后，党的改革运动势头日益强劲。麦戈文委员会领导全国范围的改革运动，该委员会以委员会主席、参议员乔治·麦戈文的名字命名。委员会确立的规定后来使民主党更加民主。州一级的改革在伊州政府委员会领导下进行。政府委员会由艾德莱二世理想主义的年轻支持者组成。他们汇编共和党人的失败政绩，为民主党候选人有条不紊地制定政策性建议。在那个年代，候选人能够听取他人的意见和忠告。我同时是政府委员会和改革委员会的成员。通过后来的"利伯蒂维尔政治集会"（Libertyville Rally），我使两个组织合二为一，既庆贺了改革又为改革募集了资金。

在集会活动准备开始之际，一辆车开过来，车里走出市长理查德·J.

戴利，芝加哥的老大，还有区委委员、国会众议员丹·罗斯滕科斯基（Dan Rostenkowski）率领的随从。他们不是真正的改革派，罗斯滕科斯基后来进了监狱。但他们都得到大家礼貌的接待，而且，他们规规矩矩地加入到集会的人群里，宣誓支持改革，支持团结一致的政党。台上的人讲话时，有人低声告诉我说，参议员德克森已经去世。我建议参议员麦戈文在活动结束时宣布德克森的死讯并称颂他的功绩。他照我说的做了，在他温文雅静的言行背后，隐藏着这位和平爱国志士的刚毅性格。参议员麦戈文致悼词后，我请杰西·杰克逊牧师为去世的参议员祈祷。杰西一遍遍地祷告。在他祷告的同时，他从芝加哥南边带来的合唱队开始唱起《共和国的战场圣歌》。参议员麦戈文、海诺德·休斯（Harold Hughes）和佛雷德·海瑞斯（Fred Harris），众议员罗斯滕科斯基，市长戴利以及每位站在讲台上的人——改革者和普通人——手拉手，1.5 万人很快都唱起《共和国的战场圣歌》，为改革和民主党庆贺。

利伯蒂维尔政治集会之后，谁来担任 1970 年的民主党参议院候选人的问题显而易见。在集会上，有人前来对我说，"艾德莱，你为什么不走到德思普林河去看看河水会不会分道？"我几乎毫无阻力地获得提名。而我的对手拉尔夫·史密斯（Ralph Smith），前伊州众议院议长，被理查德·奥格尔维（Richard Ogilvie）州长任命去接任参议员德克森的位置。

根据当时的标准判断，竞选是肮脏的。总统尼克松和副总统斯皮罗·阿格纽（Spiro Agnew）呼声都很高。1968 年的全国大会之后，我已经写好了一份政策报告，赞成言论自由并谴责芝加哥警察对反战示威者过激的暴力反应。我的政策报告被刊登在《芝加哥太阳报》上。我的竞选运动主席——丹·沃克（Dan Walker），领导一个专门委员会，就大会有关的事件进行调查并发表批评芝加哥市的报告。共和党试图给我抹黑，把我说成嬉皮士和激进分子。他们播放狡猾的电视广告，主要是再现骚乱以及大卫·德林格（David Dellinger）——芝加哥七位反战示威者之一。因为他长得和我有点像。共和党还给我和其他不支持越战的人捏造出一个"radilib"（激进自由派）的英文单词，除否认我们的爱国热情外，还称我们是激进分子，而且指责说，作为自由主义派公民，我们在"法律和秩序"的问题上不够强硬。陆军情报机构在暗中监视我时当场被抓。我的竞争对手的顾问包括卡尔·若夫（Karl Rove），那时候，他还在磨炼自己的政治技能，后来他成为乔治·W. 布什总统的顾问。后者送给他"蛤蟆花"① 的妥帖绰号。

我任命汤姆·佛兰（Tom Foran），冷静寡言的前美国检察官做我竞选委员会的联合主席。他审判过芝加哥的七位反战示威者。他让共和党人的风帆失去了一些动力。我努力以重新调整国家优先重点（减少军费）为政纲，从事竞选活动。直到选举前的几个星期，我们才注意到对手的指责和诬告。在副总统阿格纽（Agnew）主讲 100 美元一份晚宴的同时，我们组织了 99 美分一份晚餐的晚会。在晚餐上，我第一次大肆攻击我的对手，接连嘲笑他多次缺席参议院的投票。观众们哄笑着回应，重复"可是拉尔夫·史密斯在哪里？"的问话。媒体把两件事进行对比报道。我们紧盯着对方不放。三个星期之后，我们组织了另一次热闹有趣的晚餐，每餐收取 1.42 美元，并且把提价归结于共和党造成的通货膨胀。与 1964 年和 1966 年以及后来的 1974 年一样，我名列民主党选票首位，率领所有的民主党候选人获选任职。

选举后没几天，我宣誓进入参议院。不久之后，我很快和两位同事——一位是后来的国务卿塞鲁斯·万斯（Cyrus Vance），另一位是前国务卿助理及美国驻联合国大使乔治·波尔（George Ball）——会面并起草我在参议院的"处女"演讲稿。演讲内容主要是美国从越南撤军的提议。既然撤军的本来目的是为了越南人民的自决，我们建议举行有人监督的自由选举，我们以为，杨文明将军（General Duong Van Minh，Big Minh，俗称"大明"）是艾森豪威尔式的人物（尽管涉嫌总统吴庭艳的暗杀事件），有可能被说服去参选。如果越南有民众的支持还不能在民众信任的领导之下治理国家，那也不可能在美国的支持下掌管。不论选举结果如何，美国都可以宣布，它的目的已经达到并体面撤回。巴里·戈德华特（Barry Goldwater）参议员对我的"处女"演讲稿做出了反应，问我一个库克县来的男孩怎么知道自由选举。几个月之后，我在大明将军西贡的家里和他见了面。他的家坐落在一个小型玫瑰园后。他并没有做出承诺，但我把他的态度看成是积极的信号，但是，直到越共到了西贡大门口时，尼克松—基辛格当局才接受这一方案，而那已经为时过晚。

在 1974 年的参议院竞选中，共和党难以找到一位和我竞争的候选人。

---

① "蛤蟆花"是得克萨斯州的一个说法，用来指从粪坑里长出来的花。——译者注

《芝加哥论坛报》的漫画描绘了一个共和党政治家对一个伸手要钱的乞丐说"你要10美分？要是你和史蒂文森竞争，我会给你1美元！"1964年，伊州的乔治·波狄特（George Burditt），伊州参议院的一位"蓝带"候选人同意参加竞选。他是一位受人尊敬的立法委员，芝加哥一家知名律师事务所的律师。作为林肯式的人物，他当选美国参议员绰绰有余。但他竞选失败，而我的票几乎是他的2倍。在选举的前5天，妇女选民联盟主持了7场辩论中的最后两场。辩论会在芝加哥闹市区举行。媒体没有出现，民意调查显示我会获胜，我们当时在认真地讨论问题。政治正在发生变化，媒体也开始更具象化，更富阶段性。乔治·波狄特过去是，而且依然是我们的政治生活中应有的一类，但是对于他这一类人，胜选正变得日益艰难。后来，我自己也成了失利的一方。

1975年，戴利市长又一次来访，这次，他敦促我竞选总统，发誓会给予支持。我觉得自己并没有准备就绪。伊州民主党资助那些像是宠儿一样发誓忠于我的代表作为候选人，他们当中的许多人都在选举中获胜。这是储存代表以备后用的一个计策。后来，戴利和我把他们让给吉米·卡特（Jimmy Carter），保证了他的提名。

1976年，在民主党于纽约召开的全国代表大会上，我是被考虑的最后的6位副总统人选之一。卡特州长在投票之前的上午打电话告诉我说，他已经把别人推荐给代表大会。我承诺了对他的支持并松了一口气，但略带一丝遗憾。他选择了沃尔特·蒙戴尔（Walter "Fritz" Mondale），我参议院的邻座，我们的交情早在他担任明尼苏达州总检察长时就已建立。

1981年，筋疲力尽的我主动离开参议院，不论是给罗纳德·里根（Ronald Reagan）还是给吉米·卡特服务的前景都不令我乐观。后者是一位令人欣赏的好人，而且也有得力的内阁成员，但缺乏远见和动力。现在是反思我究竟要不要竞选一直在寻求的伊州州长位置的时候了。在州长的位置上，我可以亲自掌控政府的杠杆，使州政府成为评述州级、国家和国际议题的平台，正如以前的州长那样。竞选州长的运动随即展开，但我的竞选由于库克县新型的打卡投票系统以及我在参议院反恐的努力注定败北。就这次竞选，《黑皮书》后面的章节还会提到。

1970年，在我的爱国精神横遭尼克松—阿格纽竞选计策非难之时，我在衣领上别上了国旗徽标，为此我颇觉尴尬。当我该出击时，我作为志愿兵入伍。国旗是美国的标志：理应尊重，不可炫耀，更不该利用。像

"州长"所说的那样,爱国主义意味着终生"淡定执着的奉献"。我把国旗徽标取了下来。在《黑皮书》完稿之际,国会的另一位保守的共和党成员、自封的爱国者、社会价值以及信仰的捍卫者被逮捕。警察局给爱达荷州的参议员拉里·克雷格(Larry Craig)拍摄的拘捕照显示,他衣领上佩戴着徽章。这位参议员显然是佩戴着国旗徽标在公共厕所里"猥亵未遂"并因此被警方指控,他承认了上述罪行。

时不时会有一些并没有坏习惯的家伙被抓捕。

威尔·罗杰斯(Will Rogers)

第五章　政治和政治家

在所有行业中，政治是最危险的一行。在其他任何行业里，一个人不可能指望为他的同类做那么多的益事；在其他任何行业里，一个人不会因为一时的胆怯而造成大面积的伤害；也没有其他任何行业会像政界一样，那么轻易地让人丧失自己的灵魂，那么难以保持明确精准的真实性。但危险是荣誉无法分离的伙伴。即便面临所有的诱惑和羞辱，政治依然是任何人可能选择的最尊贵的职业。

安德鲁·奥列佛（Andrew Oliver）

1810 年前后

在阐述政权运用和政府实质的同时，《黑皮书》通过竞选活动和任职服务，穿插展现了平淡无奇的政治生活错综复杂的两面性：严肃与幽默，乌托邦与现实，政治理论和实践，自由民主等抽象概念和趣闻逸事的具体生动。对有些政治家来说，追寻政治权力的目的是掠夺和操控。手段因此变成了目的。

早在 1956 年，艾德莱二世就警告说，这个国家"可能成为诽谤和恐慌之地，不是狡猾的含沙射影，就是恶毒的文字攻击、匿名电话泛滥，要么巧取豪夺，要么推操掠抢，只要能赢，就不择手段。那就是尼克松之邦"。经常有人说，艾德莱二世早早地预见了未来。

在《黑皮书》里，民主过程本身就是目的。在这个过程中，知情而自由的民众与他们选举的代表共同深思熟虑，最后做出决定。正如艾德莱二世所说的，"谈到政治时，我们的意思是，政治是人民的事情，也是世界上最重要的事情。我们指的是，人民的事要由所有的人民来处理，举行公开的会议，讨论想法，做我们该做的事"。

　　《黑皮书》的评述，像所有事情一样，对截然不同，甚至相互矛盾的观点，都进行了客观的表述。

　　　政治就像在坚硬的木板上缓慢地钻洞，同时需要热情和视角。当然，所有的历史经验都证实了以下的真理：除非一次次地企求不可企及的目标，人类才能实现可能的梦想。但要实现这一点，一个人必须是领袖；除了带头之外，他还必须是英雄，而且要保持头脑清醒。即便那些既不是领袖，也不是英雄的人，他也必须以坚韧不拔的决心来武装自己，在万念俱灰的关头，能够毫不畏惧地正视一切。这是目前所必需的，否则，人类将不可能实现今天已经可以实现的目标。当他看到，这个世界愚蠢卑微，根本不值得他为之奉献他所希望奉献的一切，但说完"就算所有一切都让人灰心"的话之后，仍能面对上述现实的人，才可以投身政治！

马克斯·韦伯（Max Weber）
《以政治为业》

　　　政治是实用宗教。

肯尼斯·沃克（Kenneth Walker）牧师
伊利诺伊州布鲁明顿市，1950 年前后

　　　政治不是两个俱乐部之间的游戏，而是人们以某种方式做出影响公众福利的道德决定。

麦康奈尔主教（Bishop McConnell）

　　1774 年，在给选民演讲时，埃德蒙·伯克（Edmund Burke）宣布了自治国家里政治界总是被忽略的根本规律。他说，一个政治家必须向公众交代他的良心和最佳意见。"……不光是他自己所在的行业，还有他的判断；假如他让自己的意见屈服于你的观点，那他不是在为你服务，而是在背叛你。"

　　　那些执掌政府权力的人必须独立自主——因为这种独立意味着，

他们具有智慧、经验和勇气去识别那些一直在作祟的特殊利益和压力，坚持不懈地看护公众利益，不论冒多大的政治风险，防止公共利益沦落到从属地位。

艾德莱二世

成为真正的政治家和切实遵守道德一样艰难和严肃。

弗朗西斯·培根（Sir Francis Bacon）

如果一个人对历史持一种观点，对政治持另一种；对外持一种，对内持另一种；在野时持一种，执政时持另一种；那他理应受人鄙视。历史迫使我们注重由来已久的问题，免受眼前烦恼的羁绊……我们的作用是留意并引导思想动向：思想动向是公众事件的起因，不是其后果。

阿克顿勋爵（Lord Acton）
1895 年"历史研究"主题的首场演讲

我见过撰写了历史著述但没有体验过公众生活的文人，也见过关心公众事件的产生但并不就这些事件进行思考的政治家。我还看到，前者总是趋向寻找总体原因，后者则生活在互不相干的常务中，他们的臆想往往是，自己手中的牵绳带动了整个世界。我相信，两者都被蒙蔽了。

亚历克西斯·德·托克维尔

20 世纪 70 年代，电视连续剧和金钱、民意测验和竞选顾问的计谋、"水门事件"、越战、公众的厌世情绪以及政治改革都交会在一起。有些候选人被萎缩的政党放弃，不得不自筹资金。而有些最好的候选人则开始放弃竞选。党派组织集中精力筹资。由财团掌控的新型公众媒体，使在位的官员脱离公众。以爱德华·R. 默罗为代表的新闻报道，成了简短的只言片语。礼仪斯文开始衰退。参议员不再像昔日政治生活里那样，开始相互竞争。2007 年年初，一位民主党众议员与共和党人共进晚餐的消息居然被《芝加哥论坛报》当作头条新闻刊登。新闻空缺被沙发上的辩论家、顾问、游说家和唯意识形态论者填补。公众和官员之间的对话几乎全部停止。过去，我可以去中学，学校会停课听我演讲。学生在健身中心集合，预备用各种问题对我狂轰或提出批评意见，像我 1968 年竞选时一样。义务兵役制那时还在执行，而我支持的是休伯特·汉弗莱。但是，那样的过去不复存在。年轻人在退出政治。候选人也一样。候选人既不会走街串巷听取民意，也不去广场集市、保龄球馆、工厂和饭店体察民情，或通过演讲和报纸阐述立场政策；他们越来越多地通过电话募集资金，与记者、编辑联系，在媒体采访和募捐活动之间奔波，为取得公关效果，精心安排公开露面，一切都和民主对话无关。

越南战争和"水门事件"丑闻导致的政治改革，旨在通过更加民主的程序提高政府的责任心。我在民主党的麦戈文委员会服务，该委员会是 1968 年全国民主党大会被抗议越战的示威打断之后组建的。大会提名副总统休伯特·汉弗莱为民主党候选人。由于支持约翰逊的越战政策，身为和平使者的汉弗莱在越南问题上受挫。委员会提出有关改革和开放政党的善意建议，促使全国大会这一思辨性机构的消逝。初选的次数和范围增多。在民主党内，除在位的代表外，各选区提出的民主党候选人都要保证支持总统候选人，而总统候选人也只根据种族、宗教、性别和"性取向"挑选，根本无视民主党在四年一度的大会上就辩论议题、制定政策和提出候选人方面已达成的协议。

我们使民主过程更加民主的努力却导致民主的金钱化。美国总统的选举周期变成了持续多年、数额达 10 亿美元之巨的募捐、民意测验、越来越集中的商业广告的运作。总统候选人迎合 50 个州的特别利益。如果就玉米转化乙醇的资助没有发过誓，候选人就不敢参加爱荷华州的核心会议。在核心会议和初选的早期，总统候选人被交给政治投资人和活动家挑选。而提选了所有伟大的民主党候选人（以及第一位也是最后的一位共和党人亚伯拉罕·林肯）的全国性提名大会，已经蜕变为媒体也开始忽略的媒体活动。在连片的气球当中，代表们根据暗示摇旗呐喊。

涉及关键议题的雄辩演讲，几乎从辩论中全部消失，或至少是从报道中消失；老式的集会和火炬游行也随之匿迹。伊利诺伊州民主党组织为确定候选人名册召开讨论会，曾经产生保罗·道格拉斯和艾德莱·史蒂文森一类的候选人。目前，这类讨论会已经不再进行。如今的候选人参加一个又一个的媒体和募捐活动，一边追求利益集团，巩固他们的"基础选民"，另一边为了在民意调查中获得好成绩而说着时髦的话，除此之外，候选人要为靠前的排名募集更多的资金，保证财源不断，月复一月地守住领先位置。

甚至"民主"里的"民"字也从民主过程中消失。有资格参选的美国人中，在总统选举中行使登记和投票权利的人的比例，是发达国家参与水平最低的之一。对于了解实际问题并明白候选人和公共职位需求的政党领袖而言，其政治权力正在逐步被剥夺。普选的竞争在一个思想简单的电影演员和一个海军工程师、农场主、尊贵的美国现任总统之间展开。就选举结果而言，根本不存在什么悬念，至少，对于那些经常与总统见面并交换来自各州意见的参议员们而言，没有任何疑问。当 1952 年共和党开始在电视上做广告时，艾德莱二世抱怨说，总统竞选不是棕榄公司和高露洁公司之间的争斗，震惊的乔治·波尔，"州长"终生的战友抱怨说，将来有一天，电影演员恐怕也会参选美国总统！即使在 1976 年，拍过电影的罗纳德·里根还是一位不可能成功的总统候选人。到了 1980 年，1976 年的不可能成功的人竟然成了改革之后总统选举过程中不可缺少的上镜候选人。

政治腐败并不局限于联邦政府。从我 1970 年作为州财政厅厅长离开斯普林菲尔德市前往参议院就职，到我 1982 年返回伊州作为民主党候选人参选州长职位期间，伊利诺伊州政府已经变得面目全非。日益增多的利益集团和协会为争取特殊利益的游说和请愿活动，已经成为州议会的兴盛行业。州政府在等待被瓜分。民主党的财政厅厅长和共和党的州长，利用财政厅为一个权力经纪人的房地产项目提供资助。州政府机构受游说人之聘，去游说其他的政府机构。过去为政府无私奉献过的律师，现在却以政治捐款作为交换，为获得政府部门的聘金和接管资不抵债的保险公司互相竞争。

我抨击过共和党当政时期的"官商互惠"。如今，在民主党州长领导下的州政府里，高层官职及政府合同被授予为政治家捐资的人，官商互惠的交易兴旺如初，唯一不同的是，现在叫作"付费参政"。州长布拉戈耶维奇当局受到美国律师的调查。他的前任，共和党州长乔治·莱恩（George Ryan）被指控犯有极端的"付费参政"罪；布莱高耶维奇被指责犯有和莱恩一样的罪行。州立法院的成员不仅把"猪排项目"① 的拨款挪

---

① 猪排：支持政党上台所分到的好处，美国俚语。——编者注

来自用，而且还美其名曰"成员倡议"，这些举措其实和国会的专项拨款一样。（具有讽刺意味的是，一个"成员倡议"争取到的 200 万美元的拨款被用在修复利伯蒂维尔城附近的艾德莱故居上了。该故居现为库克县的森林保护区所有。正在计划利用故居为史蒂文森国际民主中心提供场地，把实践者和学者集中在一起，思考如何应对世界上民主政府所面临的挑战，包括如何在信息时代，通过信息和真相加强公民的自决能力和信念。）

"付费参政"的恶习已经蔓延到政府的司法机构。最近，光为填补伊利诺伊州高级法院的一个空缺的竞选活动，募集的资金就超过 400 万美元。资金来自试图限制渎职罪赔偿金的商业利益团体，这类企图遭到辩护律师的反对。上述金额约是我为竞选参议员和州长，包括初选在内的 4 次竞选费用的总和。新近的研究表明，美国胜选法官的判决和为他们提供政治捐款的利益之间有一定的关联。其他的民主国家没有一个通过投票选举法官。

促使伊州政府道德败坏的不是总统选举过程中适得其反的改革，而是包括新型政治竞争的成本开销的金钱渗透和政党组织失灵、媒体失职的结果。随着政治机会被金钱限制、评论受媒体局限，只有个把分钟的时间，而仅有的一点时间又往往花费在政治游戏及琐碎和耸人听闻的消息上，除资产丰厚，可以投资政治的人外，有资格自愿参加高水平和高开销的政治选举的候选人越来越少。最优秀的人中有些在抽身离去。连奥巴马在内的一些人，最初的胜选也是偶然的。运气在美国政治里起着重要的作用。2004 年民主党初选期间，奥巴马面对的是个独立富有、资金超过自己的竞争对手，但由于婚姻上的不慎而自毁的对手。共和党候选人遭到和前者同样的不幸。在初选和大选对手相继离去，剩下面对奥巴马的只有共和党替补候选人艾伦·凯斯（Alan Keyes）。

乡村道路委员会委员的竞选仍然能够吸引良好的候选人，通过对该问题的了解和倾注，他们会激起当地人的兴趣。但是，随着民主对话和党派责任体制的结束，美国人往往根据种族、性别、年龄和教育水平将选民分化对待。2008 年竞选库克县检察官的一大批黑人和白人男性候选人里，唯一的一位棕色皮肤女性候选人轻而易举获胜。她的竞选活动是她有钱的丈夫资助的。前阿肯色州州长是一位经常上电视传教的精明的牧师。电视也锁定了一大批选民，他可以用这批选民给自己竞选共和党总统增添选票或是在总统内阁里换取位置。在 2007 年的总统辩论会上，共和党的总统候选人像学童一样列队举手，回答简单的提问。十位候选人中，有三位举手向美国人民（以及在观看的世界人民）保证，他们拒绝达尔文的进化论学说。十位候选人都在欢呼"里根"的名字。

新型政治给民主党总统竞选带来的第一个产物是州长比尔·克林顿（Bill Clinton）。他是现代第一个没有提出"新自由""伟大社会""新边疆"，艾德莱二世的"新美国""新政""公平政治"，或者甚至卡特总统的"新基础"一类政纲的民主党总统。他给国家带来的是现在已经不习惯的财政节制和朝鲜半岛无核化（后来被小布什当局否认）的大胆举措。但他是新潮政治的产物和成因。在数不清的利益来回牵扯、错综复杂的情况下，医疗改革裹足不前，克林顿总统为此做出了有限而复杂的让步。给需要赡养的儿童提供的补贴，被以福利改革为由废除。衍生金融产品的监管被解除，"新政"为金融行业设立的防火墙也被拆除。这些都发生在克林顿民主党执政期间。

政治已经成为计谋、金钱和形象的游戏。在有些人看来，观念和宗教信仰取代了艾德莱二世的"新美国"一类的宏图：这一宏图以科学、理性、地球村和美国契约为基础。而唯意识形态论者的计策是决不通融。他们的目的是成为救世主，方法往往也是腐败的。针对掌控国会的共和党激进派，民主党总统拥有传统的抗争方式，我曾建议克林顿采纳以往的斗争方法。但克林顿却试图与共和党合作。在激进的、意识形态至上的新型政治家眼里，总统掩盖婚姻出轨行为成了导致弹劾的"重罪和不法行为"。由于布什当局的目的就是战争，他们使国家卷入战争的谎言因此被合法化。

> 公民拥有为国捐躯的责任，没有为国撒谎歪曲的义务。
>
> 孟德斯鸠（Moutesquieu）

在新型政治里，募捐不再随着竞选的结束和相关债务的偿还而告终。理查德·莫里斯（Richard Morris）是克林顿总统的老朋友，他估计克林顿在国内 1/3 的公开活动都放在募捐上。在这样的政治环境里，艾德莱二世不可能存在：因为真相，更不用提全部的真相，多数情况下不可能得到传达，而且获选是目的。就艾德莱二世而言，获选的目的是治理国家。在我撰写本章时，离总统大选还有 9 个月的时间，总统候选人已经募集到多达 1.3 亿美元的贺金，仅 1 个月就募集到 5 千万美元。至 2008 年 2 月初，每位代表平均花费奥巴马 13 万美元。由于对话几乎全部消失，他公开的集会逐渐具有了《黑皮书》熟知的复活宗教的激情。对政治无望并且渴求变化的世俗的美国人来说，这种激情似乎有复活在即的感觉。

互联网为公众参政创造了工具，可是，如今的政治实践并没有针对以下的一系列难题提出可信的应对方案：世界的不稳定和不安定因素、美国的入不敷出和无法承受的债务、气候变化、信贷市场危机、美元贬值、战略武器控制和长期的小规模战争导致的军力削弱。如果重大问题需要经济萧条或核打击来解决，从美国新型政治的内部看，这个方案究竟有多理智？无人能够泰然预测。政府对"9·11"的反应并不令人信服。这个杂乱无序的世界需要全方位的政策框架，但无论是"改革""希望"或"信念"一类动人的魔语，还是关于医保的建议，都没有体现这一需要。在多边主义、联合国、核武器控制、外交手段替代军国主义、国际货币体系等超然议题中，人们极少了解到真相。美国对话意在起到明示和引导作用。

在老式的经验主义的代表性的政治（连带所有缺陷）和更加民主的新政治之间，存在着重大的差距，除经历过并牢记亲身体验的政治幸存者外，真正体会这一点的人不多。

> 让我们和美国人民讲道理。让我们告诉他们：没有付出就没有收获，我们正处在重大决定的前夜，不是轻巧的决定，就像你们被攻击的时候要抵抗一样，是长期的、耐心的、耗费人力财力的抗争，单凭这一抗争，就可以保证我们战胜人类的敌人——战争、贫困和专制——以及对人类尊严的危害，因为这类危害的后果最为惨重。
>
> 艾德莱二世
> 1952 年 7 月在芝加哥民主党全国代表大会上的讲话

《黑皮书》不仅是灵感和幽默的源泉，也是历史的警示。

> 我并非政治老手，但我有足够的经验明白：所有竞选活动中最艰难的事是如何以毫无愧疚的方式赢得选举。
>
> 艾德莱二世

在竞选中不去触及人类思想和最好的本性，而是迎合人们的激情、情绪和偏见，那么这种选举不值得稀罕。现在，当国家命运处在生死攸关的时刻，这种竞选便到了不能容忍的程度。

　　　　　　　　　　　　　　　　　　　　　　艾德莱二世

今天，如果一个人想了解自己性格的真正缺陷，最便捷的办法是去参选公职。在五个星期的竞选中，他对自身毛病的了解，要比他在心理咨询诊所坐上一辈子发现得更多。

　　　　　　　　　　　　　　　　　　　　　　艾德莱二世

不符合事实的指责和不计后果的谴责，不仅会伤害个人，还会危害政府本身。

　　　　　　查尔斯·埃文思·休斯（Charles Evans Hughes）
　　　　　　　　　　　　　　　　　　　　　　1910 年

第一个大打出手的人等于承认，是他自己首先没了主意。当人们发现政客和资本家其实是同一个人这一令人不安的现实时，让政客去监督资本家的提议自然不会有戏，因为他们其实是同一个人。我们已经超越做一个资本家是成为政客唯一途径的阶段，并且正在危险地接近政客是成为资本家最快捷途径的下一个阶段。

　　　　　　　　　　G. K. 切斯特顿（G. K. Chesterton）

政治家是没有出路的政客。

政治家承担责任。政客推卸责任。

"犯错是人；推卸错误是政治。"

当今的政治形式，往往是在僵硬的利益组织和僵化的脑袋之间不断地拼凑短暂的妥协。

　　　　　　　　　尤斯塔斯·珀西勋爵（Lord Eustace Percy）

　　如果你想把政治活动的疑难问题以及确切的解决办法按顺序呈列，你会发现，一旦离开虚假的空谈，你就会落入火热的争议场。

温斯顿·丘吉尔（Winston Churchill）

　　在斐济的瓦努莱雾，选择新人接任某种头衔的过程令人意外。头领们聚集在一起商议之后，其中的一位会走到被选中的人面前，把红色的树叶缠绕在他的手臂上，此人就成了"马塔"——他们的氏族首领。当地的风俗是，手臂缠绕了红叶的人要哭泣抗议这一选举，声称他的无能，并且以出身卑微、贫困、懒惰、对官方语言一窍不通等作为理由申辩；其他人对他申辩的反应是：宣布他是大家择优选举的首领。

比尔·奎因（Buell Quain），斐济的村庄
传教士托马斯·威廉斯（Thomas Williams）1850 年前后的观察笔录

　　置身辩论当中，党派倾向明显的人一点都不关心问题的权利，却只急于让自己的听众相信他所宣称的事实。

苏格拉底（Socrates）
《柏拉图对话集·斐多篇》

　　他的武器是勇士的武器，绝不是暗杀者的工具。

有关亨利·布鲁厄勋爵（Lord Henry Brougham）的评论

　　他历来听从勇气的忠告——不是恐惧的耳语。

艾德莱一世论斯德林·莫顿（Sterling Morton）

　　在一个贤德的政府里，尤其在目前这样的年代，对那些已经被任命的人来说，公职就是负担，正如公职历来应该的那样，拒绝接受公职是错误的，尽管他们预见到随之而来的辛劳和个人牺牲。

托马斯·杰斐逊

他能力突出，但腐败透顶。他像月光下腐烂的鲭鱼，鲜亮诱人，但臭气熏天。

约翰·兰多夫（John Randolph）

评爱德华·利文斯通（Edward Livingston）

尊贵而有德性的绅士使用两种语言：一种是在求爱的时刻，另一种是在拥有之后的年头。

迪斯雷利（Disraeli）

评罗伯特·皮尔（Robert Peel）

公众人物能闻到的最甜美的香气是公众的掌声。

托马斯·布拉克特·里德（Thomas Brackett Reed）

第六章　自由和人权

自由不在于发表空泛的人权宣言，自由的根本在于把宣言转化为切实的行动。所谓行动的哲学，就是每一位智者在了解前人的思想与事迹之后希望从中汲取的东西。我们投生到这个世界，不是为了静坐学习，而是为了有所作为。

伍德罗·威尔逊（Woodrow Wilson）

新政治传播的自由意味着言论、宗教以及通过"自由"选举中选择政府的尚有争议的自由。这种自由缺乏明确的定义，但在实践中也意味着企业和自由市场创业盈利的自由以及被剥削的普通民众因此失去自由的后果。"饥饿者不自由"，艾德莱说。1941年1月，在英勇的卫国战争初期，富兰克林·罗斯福（Franklin Roosevelt）总统给自由作了如下定义：

在未来的日子里，我们寻求确保并期盼的，是建立在人类四大自由基础之上的世界：其一是世界各地的言论及表达自由；其二是以自己的方式信仰上帝的自由；其三是摆脱贫困的自由；其四是没有恐惧的自由——用通俗的话来说，就是在世界范围内裁减军备的方式如此透明，幅度如此之大，以至世界上的任何国家都没有能力对邻国进行实质性的侵略。这不是千年才能实现的遥不可及的远见，是我们这代人在我们的时代能够企及的明确基点。

富兰克林·罗斯福总统
1941年1月6日

在麦卡锡时代，由于蛊惑者煽动并利用对苏联和中国共产党的恐惧情绪，不少政客因就中国内战的实情说真话而遭受磨难。在事件格局中的惑众之流用强制性观点，轻易培植并滥用人们的恐惧。为此，我与他人合作起草了《外国情报监控法》（FISA）。在参议员弗兰克·丘奇（Frank Church）的率领下，我们这批参议员提出了政府对美国民众实行电子监控之前需经司法部门批准的要求，其目的是在保证公民权利和保护国家安全之间寻求平衡。在参议院对恐怖主义的首次调研结束后，为了对这一平衡进行微调处理，我提出了《〈外国情报监控法〉修正案》，旨在放宽司法部门的监控审批标准，便于监控恐怖主义窝点，阻止恐怖行动。我们担心对恐怖主义行动的不当反应，而公民权利自由派抵制了我们为平衡所做的努力。布什当局的反应正是我们所担心的。因为它利用恐惧博取了民众对反恐"战争"的支持，即反恐的策略，诉诸监控、拷打、绑架手段以及先发制人的伊拉克战争。在宣讲民主和自由的同时，它遵循的是专制的老路。

　　日益紧张的阶段往往会形成越来越压抑的发展趋势。言论自由很快会变成谈论"可言之论"的自由。除正统思想外，连思考也会变得不安全。

　　自由意味着责任。这是众人畏惧自由的原因。

　　　　　　乔治·伯纳德·肖（George Bernard Shaw）

　　我给自由社会的定义是：在自由社会里，如果不受欢迎，也不用担惊受怕。

　　　　　　艾德莱二世

　　国会授权国务院就外国的人权状况发布年度报告。报告中，中国经常成为侵犯人权的国家。对此，中国政府的反应是发表自己对"世界人权警察"美国的年度人权报告。美国媒体会传播国务院对中国的谴责，却很少关注中国根据美国政府部门以及大赦国际等非政府组织、外国报纸以及其他可靠的非中方资料汇编的报告。

　　就人权问题，中国人持有一种全面的观点。在保护个体的权利和自由方面，中国还存在差距，但就他们而言，人权的广泛定义应该包括免受恐惧、战争、饥饿以及人类所有灾难危害的自由，这一点与富兰克林和埃莉诺·罗斯福以及含有 30 个条款的联合国《世界人权宣言》主张一致。对应美国国务院每年一度的点名指责，中国的报告指出，美国的自杀、囚禁、死刑、对少年犯的处决以及与毒品、精神病和枪支相关的犯罪率不断上升。就政治权利和自由而言，中国报告提到了布什与切尼被美国人民拒绝之后居然被美国最高法院认可的选举，来自国防工业等方面的金钱影响了美国政治，滥用媒体造成了危害。另外，中国还提出了美国存在如贫困、饥饿以及无家可归等社会问题；贫富差距增大，就业场所严重缺乏安全保障，以及 4300 万美国人付不起医疗保险的种种弊端。中国的证据还包括种族歧视的继续，在监狱、陷于贫困以及不具备应有住房和教育条件的非裔人数与其占全部人口比例的不相称。另外提到的还有对移民的虐待和歧视，家庭暴力以及对妇女、儿童和老人的虐待。

中国还引证指出，美国在世界上实行单边主义，花费 5000 亿美元国防开支推动军事侵略，世界 50% 以上的常规武器出口均来自美国。根据西方提供的资料，中国通过人权报告对美国提出的众多指责还包括，自 1990 年以来，美国 40 次对其他国家使用武力；1945 年以来，40 多次企图推翻别国政府以及多次使用地雷、集束炸弹和贫铀弹，导致平民大量伤亡。

美国被描述为一个在 130 多个"国家和地区"维持 36.4 万人的军事力量的国家；美国部队还对驻地平民犯下攻击、强奸及其他罪行。2005 年中国就美国国务院对中国的指责做出强烈反应，通过总理办公室发布并扩充人权报告，中国指控美国在伊拉克肆意屠杀平民以及虐待俘虏，呼应了"大赦国际"以及其他观察机构对美国的抱怨。

这类年度报告的篇幅每年都在增加。2007 年，俄罗斯也开始做出强烈的反应，除了对美国提出同样的抱怨外，还指责美国的虚伪。当然，中国报告的具体细节有待商榷。一些西方观察家认为，在有些方面，对细节的陈述还很保守①。中国不属于发达国家，贫富差距正在加大，在省市城镇存在腐败现象。不过，中国正在把连同少数民族在内的国民从贫困窘境之中拯救出来；就经济而言，它正在取代美国，成为世界经济增长的源泉。根据联合国的报道，在接济贫困儿童方面，中国名列第一（印度名

---

① 参见查莫斯·约翰逊《帝国的悲哀：黩武主义、保密与共和国的终结》，上海人民出版社 2005 年版。——编者注

列最后）。"人类发展指数"反映了中国的巨大进步，本书以后的章节会详细阐述。中国存在诸多不足，但在《黑皮书》里，用以评判美国的依据是美国的价值观和行为，而不是别国的不足。美国靠榜样和善行传播自由和人权。

> 我研究了美国的历史；目睹她通过追寻伟大的理想，在自由和进步的道路上变得日益伟大。她履行的每件具体事务，好像都出自某个抽象的原则和思想。她最伟大的胜利是和平与人性的胜利。
>
> 　　　　　　　　　　　　　　　　　　　　伍德罗·威尔逊

> 物质进步只是人生追求的一部分，不论现在还是永远，人生的目标都应该是精神战胜物质、仁爱和自由战胜武力和暴力。
>
> 　　　　　　　　　　　　　　　　　　　　艾德莱二世

第七章　政治与幽默

一旦任过公职，一个人绝对不可能再实实在在地做事。

威尔·罗杰斯

《黑皮书》从来不会忽略机智和幽默。街谈巷议反映了民主自身的脆弱。但好人会在政治生活中勃发并泰然处之。幽默反映了他们的正直。另外，政治家善于交友。他们喜欢讲故事，说笑话。《黑皮书》把这些故事和笑话收集成册。这些故事和笑话对编写者来说均有所值。即使在今天，它们仍能传递往日政治的风采、自然、善意和真诚。艾德莱二世的幽默自然天成。他相信直觉和自己的事业。而来自《黑皮书》的幽默给新型政治平添了几分锐气。

艾德莱一世给机智和幽默提供了以下定义。如他所言，幽默的天赋是：

> 人类天性中人性和同情心的标志；它兼有怜悯和荒诞，并且以同样的方法让人悲喜交加……对于极具幽默天赋或受幽默这一微妙特质主宰的人来说，受情绪制约不足为奇。这种情绪也许是"幽默"或是"一种忧郁气质"，是个人情绪占据上风的结果。

或者是像诗人托马斯·胡德（Thomas Hood）描述的那样，"所有快乐的诗句，无一不以忧郁为其和弦"。

幽默与机智之间不仅区别甚微，而且不易界定，但艾德莱一世还是将两者作了区分。"尽管机智纯属理性之物，幽默心灵的任何波动都是道德本性的漫溢。而幽默则像一眼喷泉，畅快地奔向前方，在善意审视和挥手祝福道别之间穿梭嬉戏。作为纯粹理性的品质，机智则铮亮锋利，被柔情抚摩过的幽默则只能'温和地瞥视兄弟'。"

　　林肯的幽默刚好体现了这类情感。《黑皮书》到处可见他幽默的事例。而上下文缺少明显政治色彩的幽默和机智，则漫溢到本书的第二部分，特别是"幽默故事和笑话"一章。幽默和机智几乎充斥《黑皮书》的所有章节。

　　　　我发现，总的来说，做对事即是做对了事。

　　　　　　　　　　　　　　　法拉敦的格雷勋爵（Lord Grey）

　　　　有这样两个兄弟。一个远游海上，另一个被选为副总统。俩人从此都销声匿迹。

　　　　　　　　　副总统托马斯·R. 马歇尔（Thomas R. Marshall）

　　　　尽管习惯求职者的招呼搭讪，伍德罗·威尔逊还是相当腻烦一味盯着他不放的政治家。"总统先生"，那人单刀直入地要求说，"记得上星期你任命进入联邦贸易委员会的那个男的吗？你知道，今天早上他死了。我去代替他，你说行吗？"威尔逊点头道："当然喽，只要你去和殡仪馆主人商议安排好就行。"

　　　　当温斯顿·丘吉尔从议会保守党变为自由党时，他冒犯了追随他的一些人。一个刺毛的年轻女士埋怨说，"丘吉尔先生，你身上有两样东西我不喜欢：你的新政治和你的胡子"。"女士，"他回答说，"两件东西里没有一样你会碰到。"

　　　　洛伊德·乔治（Lloyd George）正在给一群充满敌意的妇女参政倡导者演讲，其中一位女士起身说："你要是我的丈夫，我会毒死你。"洛伊德回答她道："我可爱的女士，假如我是你的丈夫，我会服毒自尽。"

　　　　他偶尔会被真理绊倒，但每次他都会迫不及待地爬起来继续赶路，好像什么都没发生过一样。

　　　　　　　　　　　　　　斯坦利·鲍德温（Stanley Baldwin）

提到约翰·F.克里（John F. Kerry）凹陷的脸颊时，一位助手充满希望地探问："你不觉得他有点像林肯吗？"没想到答复是："不错，像林肯被暗杀之后的模样。"

一个农民说，他可能在两位候选人中挑选一位，尽管两个人他都不喜欢。只要被投的那位同意信守一个诺言就行：在当选后不给这位农民做任何事——否则这位农民担当不起。

他们的品位既精致又细微，没有什么人有资格获得他们的投票。但是，一旦很差的人入选，他们会说，看看，结果真的如我所料。

奥格登·纳什（Ogden Nash）

艾尔·史密斯（Al Smith）的一个对手愤怒地冲到他跟前喊道："听说你在到处造我的谣！"史密斯回答说："你应该感谢我。要是我把你的真相告诉大家，他们非把你赶出城不可！"

艾德莱二世乐意叙说他为支持他的民主党人做的一次演讲。因为听讲的人群中站着一位怀有十个月身孕的女士，她硕大的身躯前横挂着"那男的就是艾德莱"的牌子。

在1948年的一次竞选活动中，哈里·杜鲁门遭到围攻。周围的人鼓动杜鲁门说，"给他们整点颜色看看，哈里"。杜鲁门回答说："用不着。只要给他们弄点事实就是了，因为在他们眼里，事实更加可怕。"

一个专给艾尔·史密斯捣蛋的人说："把你知道的都告诉他们，艾尔，不会花很长时间。"史密斯回答道："我会把我们两人知道的都告诉他们，不过，那样也不会花很长时间。"

他想以最坏的方式竞选——他也是那样做的。

候选人常见的尴尬场面是——选民走上前来问，你是否记得他这个选民时，你不记得了。而有一次我以"当然记得"作答，并解释说，但我一时想不起他的名字来，等等。对方答道："哎，这就好笑了，因为我们以前从没见过。"

提到另一位政治家时，一个政治说客说道，"我可以把这个家伙买进，但是无法把他出手"。

政客们从嘴里向外到处发射子弹。

一些公共官员常犯的错误是，他们忘记了自己原是被选上的，不是钦定的。

副总统阿尔本·巴克利

在政治生涯中，一个人免不了和卑鄙小人交战，但不能愚蠢到让卑鄙小人来选择武器。

第八章　民主党、共和党和
得克萨斯州

除了引用林肯和西奥多·罗斯福——两位与共和党背道而驰的共和党人的言语之外，《黑皮书》对共和党没有什么有利的评述。与此同时，书中也没有如今常见的粗浅贬义的评论。评论时使用幽默是为了达到一定的效果，有时还带点讽刺。《黑皮书》里有关共和党人的评议，与其说是用于左右人们的观点，不如说是用来给忠诚的民主党人鼓劲，让他们开心的。

如果共和党人停止说我们的谎话，我们会停止说他们的真话。

艾德莱二世

一个共和党人对他的司机说："把车往悬崖下开，詹姆斯。我想自杀。"

据说，民主党和共和党之间的差距就像开车一样：要让车前行，你只要把车挂到"D"档；要让车倒退，你只要把车挂到"R"档就行。①

皈依者和叛徒之间有什么不同？从共和党转变为民主党的人叫

---

① "D"是英文里 Drive 一词的首字母，意思是：前行，开车，和"民主党"的英语单词（Democracy）的首字母一样。"R"则是英文里的 Rear 一词的首字母，意思是：后面，倒退，与共和党的英语单词（Republican）的首字母一样。这里"D"和"R"两个字母刚好也代表两大政党。

"皈依者"，从民主党转变成共和党的人叫"叛徒"。

大象①皮厚，头上长着象牙②。凡是看过马戏团表演的人都知道，它们最佳的行进方式是后面的大象拽着前面大象的尾巴一起行走。

民主党像驴子。对前辈既不感到自豪，对后代也不抱希望。

伊格内修斯·唐纳利（Ignatius Donnelly）
明尼苏达立法院，1860 年（答谢两党合作）

"那么说，你是个民主党。为什么？"西奥多·罗斯福问道。"哦，我父亲是个民主党人。我的祖父也是，我的曾祖父也一样是民主党。""可假如你父亲是个窃马贼，你的祖父和曾祖父都是窃马贼，"罗斯福说，"那会使你也变成窃马贼吗？""不，那会把我变成共和党。"

在民主党的一个晚宴上，一位热情的牧师宣布说，上帝是个民主党。别人问他凭什么那样说时，牧师说，"嗯，他也可能不是民主党，但我知道，上帝没有骑着大象进入耶路撒冷"。

在艾德莱一世《我所了解的人性》（*Something of Men I Have Known*）一书里，他说到 1860 年的伊州民主党大会。大会通过决议，指示参加全国代表大会的伊州代表支持史蒂芬·A. 道格拉斯（Stephen A. Douglas）当选总统。在决议被热烈通过之后，一个代表呼吁大家注意在场的彼得·卡特赖特（Peter Cartwright），著名的巡回传教士。"卡特赖特！卡特赖特！"欢呼声立即在会议大厅的四周响起。卡特赖特传教士起身，"用他几乎听不见的深情的嗓音"开始说：

朋友们，公民伙伴们，能在这时候和大家欢聚是令人快乐的事情。我的太阳离地平线已经很近，而我朝圣的日子也屈指可数。我在

---

① 大象是共和党的标志；驴子是民主党的标志。——译者注
② 原文是"a head full of ivory"，这里喻指共和党人满脑空想。——译者注

伊州居住的时间贯穿伊州全部历史。带着温情和兴趣，我一直在关注着伊利诺伊奇妙的成长：从最初微弱的领地，发展壮大到今天绚丽多姿的伊州。我走遍伊州的草场平原，在苍穹的覆盖下休憩；我踩着印第安人的足迹巡游四方，和亡命之徒搏斗，跋山涉水，穿越几乎无路可循的森林，给居住在边远地区最孤独的木屋人家带去快乐的福音和佳讯。是的，朋友们，在70年冗长的岁月里，在惊人的困苦和危难之中，我一直在和这个世界、人类、妖魔以及民主党其他所有的敌人开展无休止的战争。

（高祖父杰西·菲尔是伊州州务卿，他为林肯组织了参加1860年共和党全国大会的伊州代表团）

我喜欢共和党人，我和他们一起成长，一起工作，几乎可以把所有一切都放心大胆地交给他们——公职除外。

艾德莱二世

据说，共和党的老人们生活在过去的阴影里，而他们的年轻人则生活在他们老人的阴影里。

鱼

三亿年前，
或差不多同样早的世纪，
地球上生活着一种史前鱼。
伴着尾鳍的飕飕声，
它们飞掠在泥盆纪的污泥里。
最近，你可能会记起，
科学家们的新发现——
还活着，在呼吸着，
连眉目都不曾变化过的物种
再次暴露在人们的眼前。
我们因此知道，我温文的朋友，
（请相信我没有恶意）
纵观进化的所有阶段，

仅两类物种自始至终抵制了变异……

他们是共和党人和鱼。

约瑟夫·S. 纽曼（Joseph S. Newman）

《再来点诗句！》（*Verses Yet*！）

有些家伙居然靠愚蠢建立起保守的信誉。

当共和党人认为他们在思考时，他们其实只是在重新整理偏见。

为了赢得一个市区的多数选票，一个民主党委员会成员给每一个人付了 50 美元。一个共和党过去给同样的人付了 100 美元，但最后获胜的却是那个民主党。当问到为什么产生以上结果时，那个人回答说，他已经发现，民主党没有共和党那么腐败。

我从小就记得，除了选举那一天，有些名声相当不好的家伙，年复一年，从不照面。他们会翻山越岭走 20 里去投票，而且他们总是会去，总是投共和党的票。有人最后终于耐不住地问，只是为投票跑 20 来里是不是太远，太花时间？他们当中的一位回答说，"我们不在乎。事实上，这是我们整年唯一能赚到的钱"。

艾德莱一世

一个独立的人是想把政治因素从政治中去除的人。

在共和党选区，我是共和党；在民主党选区，我是民主党；在一个党派不明的选区，我也不明确。但我永远是伊利。

杰·古尔德（Jay Gould）

谈到伊利铁路时的话

共和党人：那些认为美国梦的意思是入睡的人。

只有共和党才能抓获另一个共和党。

一个共和党拒绝把水龙头调转到自己着火的房子上去灭火，原因是，他的水费已经太高。

假如你想像共和党一样地生活，那你就必须像民主党一样投票。

卡尔文·库利奇①看上去像靠咸菜才断的奶。
　　　　　　　爱丽丝·罗斯福·隆沃思（Alice Roosevelt Longworth）

被参议员博拉（Borah）触怒之后，库利奇一直没有公开发表任何评论。他和一位助手外出骑马，他的助手注意到远处的另一位骑手时问他："那不是参议员博拉吗？""不可能是他"，库利奇慢腾腾地说，"因为骑手和马都在朝一个方向行驶。"

尼克松是一个站在被砍伐过的红木树桩上也能就保护生态发表演讲的人。
　　　　　　　　　　　　　　　　　　　　　艾德莱二世

在"水门事件"丑闻期间偷听到的：白宫的暗语是"饶恕我"。

尼克松的竞选口号从"再任4年"变为"也许5到8年，表现好可以减刑"。

内政部已经接管白宫的人员管理，白宫人员已经上了濒临绝迹的物种名单。
　　　　　　　　　　　　　　　　　（同样源自"水门事件"时期）

罗纳德·里根和劳动民众的朋友关系，就像桑德斯上校②和鸡仔的关系。

不论是民主党还是共和党，新时代的总统和总统候选人，都没有给

---

① 卡尔文·库利奇（Calvin Coolidge）：美国第30任总统，共和党人。——编者注
② 肯德基连锁快餐店的创始人。——译者注

《黑皮书》提供多少幽默或激励性的资料。第一位布什总统是一位和蔼可亲的人，他蔑视那些他称为"远见一类的东西"，而且，他以"注意我的嘴"来挑战那些怀疑他反对增税的人。在参观奥斯维辛集中营之后，他发表的评论是，"瞧瞧，那些焚烧炉真够大的，是不是？"①　他没有给《黑皮书》做过其他的贡献。尽管乔治·布什一世有些缺乏条理，但相比之下，他比他儿子乔治二世要好得多。后者的评论暴露了一个缺乏好奇心的大脑：既没有从历史研究中，也没有从现实经验中学习进步，只知道得克萨斯州、华盛顿特区、石油工业和棒球。

> 最重要的工作不是担任州长，或就我而言，也不是担任第一夫人。
>
> 乔治·W. 布什

> 他是我的朋友，他不是蠢材。
>
> 让·克雷蒂安（Jean Chrétien）
> 加拿大总理否认其助手抱怨乔治·布什二世的话，2002 年
> （加拿大报社的编辑因此收到大量不同意总理观点的信件。）

> 随着民主的完善，总统办公室应当越来越贴切地代表人民灵魂深处的愿望。在未来伟大光明的日子里，大地上的平民百姓将会最终实现他们的夙愿，而白宫将会由一个地地道道的傻瓜来装点。
>
> H. L. 门肯（H. L. Mencken）
> （悬挂在芝加哥一个小钟表修理店墙壁上的相框里的一段话。
> 店面由日本移民的两个女儿经营。）

得克萨斯州的第一位土生土长的州长是詹姆斯·S. 霍格（James S. Hogg，1891—1895），民主党人。霍格太太给他们的女儿取名伊玛。（《黑皮书》里记载了一个叫芜娜的妹妹，但我没能证实她的存在。）她的婚姻前程并没有因父母的恩泽得到改善。伊玛女士，如人们称呼的那样，成为一位精力充沛的慈善家，民主党派的积极分子和艾德莱二世的热诚支持者。伊玛女士对得克萨斯州的温馨回忆，是《黑皮书》里对得克萨斯州

---

① 《芝加哥太阳报》1992 年 1 月 29 日。

充满友好情感的仅有的记载。

认为国家遗产比得克萨斯州获得"海潮湿地石油"的占有权更重要，使得艾德莱二世失去了该州民主党州长艾伦·希沃斯（Alan Shivers）的支持，后者在 1952 年支持的是德怀特·艾森豪威尔。在担任美国驻联合国大使期间，艾德莱二世去达拉斯做了演讲。演讲结束后，他遭到一位手持标语牌的右翼分子的攻击。别人问他是否想把攻击他的人抓捕起来时，他说，"不用，我要她去接受教育"。他后来感叹说，他没能更有力地警告白宫，阻止肯尼迪总统随后前往达拉斯的致命之旅。

得克萨斯州在《黑皮书》里保持了自身的特点。在死刑的执行、老年贫困问题和无医疗保险的人数方面，得克萨斯州都领先其他州。到了 2007 年，全国 60% 的死刑都在得克萨斯州执行。

> 如果我同时拥有地狱和得克萨斯州，我会把得克萨斯州出租出去，把自己留在地狱里。
>
> P. H. 谢里丹（P. H. Sheridan）
> 1855 年于得克萨斯州的克拉克堡

> 得克萨斯州这个地方，牛最多，牛奶最少；河流最多，但河里的水最少；一望无际的土地，但没有可看的东西。

> 一个得克萨斯人前去参加一个有名望的教友会教徒的葬礼。结束讲话时，主持仪式的教徒问大家，就去世的尊贵的教徒，是否想说两句悼念的话。尴尬地静候了一会儿后，一个得克萨斯人站起来拖着腔调说，"如果没有人要谈谈我们的朋友，那我就说说得克萨斯州吧。"

> 得克萨斯州也叫"外阿肯色州"。

> 国家政府将保留并维护我们建国所依赖的根本原则。他们认为基督教是我们国家的道德基础，把家庭作为国家生命的基础。
> 以上文字几乎一字不改地摘自 2006 年得克萨斯共和党
> 的党纲主旨——出自阿道夫·希特勒（Adolph Hitler）
> 成为德国总理之后的第一次演讲

加拿大萨斯喀彻温省像得克萨斯州一样，只有我们和萨斯喀彻温省之间存在友好的关系。

约翰·彼得·奥尔特盖尔德州长——伊州政治界"被遗忘的雄鹰"——据说是一位"见义勇为"的人。以下是一段摘自 1895 年他在奇克莫加战场伊州纪念碑前集会上的讲话。那次的聚会有其他 19 位州长，2 位参议员和史蒂文森副总统参加：

过去的政党不仅信守确定的原则，而且把相应的党纲勇敢地公诸于世。如今的政党趋向回避原则，急功近利；党纲经常为避讳真正的议题确立。目前流行的观念：哄骗而不是让人信服；无视大过，放任陋习；即便牵涉蒙骗一方或双方，仍然寻求得到利益冲突双方的支持。在公众生活中，我们寻求的不是真正的政绩和生涯，而是寻求和把持官职。我们面临的是收获一大批奸猾、迷茫和空虚的平庸之辈。

随着阿特盖尔德谈到的第一个"镀金时代"而来的是进步分子，民粹分子，丑闻揭发人，西奥多·罗斯福和伍德罗·威尔逊。新的"镀金时代"正在等待着他们。

在两党中间，没有一个政党拥有明确无疑的原则和鲜明的信条……信条和政策……即将消失殆尽。除了官职和希望获得官职以外，所有一切都已丢失。

詹姆斯·布莱斯
《美利坚合众国》，1888 年

如果政治涉及真正的议题，那这种政治就会给现有的政党体系带来革命性的变化。不奇怪，我们的政治头领们都在竭力打消人们的兴趣，让问题模糊不清，试图转移人们对美国政治活动实情的注意。

沃尔特·李普曼（Walter Lippmann）
20 世纪 20 年代

　　和我们搏斗的人会增强我们的勇气，提高我们的技能。我们的敌人是我们的帮手。

埃德蒙·伯克

　　民主党比任何个人都重要，而美国则比任何政党都重要。

　　竭诚为国效力者也是真正为党效力的人。

拉瑟福德·B. 海斯 （Rutherford B. Hayes）

第九章 民主与政府

对于目前这个政府，连同这个政府所表现的虔诚和道德的两面性，我有诸多的担忧……在我们的历史长河里，目前的时代是媒体、金钱、商业和政府合为一体的阶段。他们在我们民族的生命中具有不可估量的力量，而且随着权势集中倾向的加剧，强迫力也会增强……我们眼睁睁地看着异议和批评逐渐削弱。况且，循规蹈矩永远是最便捷的道路。

艾德莱二世
《科利尔杂志》的报道，1955 年 10 月 29 日

政府的功能包括：制定政策的艺术，最大限度地利用政治技巧赢得公众支持并实现政策所期指的目标；去说服、引导、奉献，始终要教育，因为资深望重的政治家最重大的责任是教育民众。

富兰克林·罗斯福
1932 年

我相信，在条件均等的社会里，在人民当中建立绝对独裁的政府比在其他社会环境下更容易……在我看来，民主时代的独裁尤其令人恐惧。

亚历克西斯·德·托克维尔

民主依然是美国敬仰的目标，但是在政治辩论中，"民主"对有些人而言，已经成了陈词滥调，成了据说能够保证和平与自由的一个自我实

现，可以推销的政府形式。温斯顿·丘吉尔是一个现实主义者。他指出，如果没有其他相比较的制度，民主将是最糟糕的一种政府组织形式。在《黑皮书》中，对民主和政府的评论无处不在。

民主是忧郁的，而且往往朝无法无天的状态发展。

爱默生
1841 年

民主趋向战争，而战争又损耗民主。

W. H. 西沃德（W. H. Seward）
1848 年

民主让每个人有权成为自己的压迫者。

J. R. 洛厄尔（J. R. Lowell）
1862 年

民主是保证我们受最配掌管我们的人来管理我们的一种器具。

乔治·伯纳德·肖

民主观念诞生于以下的想法：如果人们在某一个方面是平等的，那他们在所有方面都平等。

亚里士多德（Aristotle）
《政治学》

民主的定义：迷人的政府形式，充满分歧和混乱，而且毫无区别地把平等分给平等和不平等的人。

柏拉图（Plato）

在一个民主政体里，占了上风的穷人把一些人杀掉，把另外一些人驱逐出去，然后，再把公职通过抽签均等地分给剩下的人。

柏拉图
《理想国》

民主政体的趋势是所有的事情都趋向平庸。

詹姆斯·费尼莫尔·库柏（James Fennimore Cooper）

从根本上来说，民主是一桩自我抵消的生意；而且从长远的观点看，最终的净利是零。

托马斯·卡莱尔（Thomas Carlyle）
1839 年

纯粹的民主是这个世界上最无耻的事情。

埃德蒙·伯克

2005 年，针对美国总统就民主到处说教的做法，俄罗斯总统普京（Putin）提醒世界说，2000 年，乔治·W. 布什选举获胜，实际上是在他已经被美国选民以 550 万张的大众选票否定之后，由美国最高法院根据党派倾向投票所导致的一票之差决定的。这些大众选票包括投给拉尔夫·纳德（Ralph Nader）的票；副总统艾伯特·戈尔（Al Gore）以 50 万张赢得大众选票。民主是一个脆弱的政治体制，像其他体制一样容易被人滥用。它不是静止不动的政体。它需要更新。它要求改变和适应的能力。这正是反对力量及和平变革通过对话和投票箱能够起到的作用。

布什总统不断地宣讲民主创造和平与自由的言论。那不过是政治上的投机之词。反对民主、和平与自由的敌人不容易找到。"民主"也是新保守派追求帝国的最新伪装，是伊拉克战争的借口。德·托克维尔警告说，独裁会被"宣称热爱自由的人"引进，而这些人其实不过是"暗藏的暴政奴仆"。

自从民主在雅典诞生以来，它多次成为专制和冲突的通道。跟随雅典之后出现的是腓力二世和亚历山大时期的马其顿，法兰西第一共和国之后是拿破仑建立的法兰西第一帝国。魏玛共和国导致德国的纳粹主义，希特勒也是通过投票选举掌握大权的统治者。

不论是民主的敌人还是朋友，或是代表性的政府，都认识到，以民众统治为基础的政治权力也可能是暴政。认识到政治对抗以及体现这一认识的机构和习俗的重要性，是对民主体制的一种重要制约，否则，民主就可能成为平民暴政。

约翰·斯图尔特·密尔（John Stuart Mill）
《论自由》

亚历山大·汉密尔顿（Alexander Hamilton）警告众人，"占据人们心胸，具有烈焰般破坏性的战争激情，比温和慈善的和平情感更具说服力"。激发战争，除了想象的一片血染的土地，美国战舰在哈瓦那港口的突爆事件，或是编造的越南民主共和国"袭击"北部湾等事件外，还需要更多的东西去激发战争狂热和政治家。只有艾德莱二世的两位支持者，阿拉斯加州的格汝林（Ernest Gruening）和俄勒冈州的摩西（Wayne Morse）参议员，有远见和勇气反对北部湾决议。该决议授权武装力量进攻印度支那。两位都在重新竞选参议员时被击败。要求提供宣战证据的亚伯拉罕·林肯式的国会议员如凤毛麟角。外交和历史学家，乔治·凯南（George Kennan）补充说，在战争中，民主使一切都让位于战场，而且"很快成为自我宣传的牺牲品"。

我感觉，为发动战争到了情愿捏造借口的地步，一定是以无知为根基的救世主式的、毫不妥协的目标指引下的思维所致。伊拉克战争就是证明。

赫尔曼·戈林（Herman Goering）在 1946 年审判他的纽伦堡法庭上解释说："普通人自然不想要战争……但说到底，政策由国家领袖决定，而且，把民众拖带着参战也一直是件简单的事，不论一个国家是民主形态，还是专制体制，甚至是议会，共产主义专政体制。无论有没有发言权，人民总是被动地听从领袖的指挥。这很容易做到。你只要告诉他们，他们正在受到攻击，而且声讨那些缺少爱国主义精神、把国家置于险境的和平主义者。"

民主是暴政之间喘息的时机。

我们热爱民主的原因在于：民主强调的是个性；民主的趋势是提升普通人的目标，使他们做出更大的努力；在涉及所有人的事务中，遵守公众认同的公正准则；民主体制中理想的责任观念和博爱意识。

伍德罗·威尔逊

民主体制的所有弊端都可以通过更大程度的民主治愈。

阿尔弗雷德·E. 史密斯（Alfred E. Smith）

1933 年

比好政府更好的是所有人民都参与的一个政府。

沃尔特·海因斯·佩奇（Walter Hines Page）

通过协商实行管理的政府，打破了世世代代的枷锁，解放了人类的独创特性。

沃尔特·白芝浩（Walter Bagehot）

唯一比任何人都更明智的是每个人自己。

塔列朗（Talleyrand）

民主党人认为，万不得已的时候，把权力交付给人民是最安全的：他们珍视人民，而且希望把他们能够行使的所有权力交付给人民。

托马斯·杰斐逊

微不足道的人是唯一重要的人。

我们将永远为雅典市的理想和神圣的事业而奋斗，不论是独自一人，还是和众人一起；我们将不断地寻求提高公共职责方面的意识。我们将尊敬并遵守雅典市的法规：当我们把城市交付未来的时候，这个城市不仅毫不逊色，而且将比传到我们手里时更加伟大，更加美好。

摘自《雅典市民宣言》

从古希腊到法兰西第一共和国，再到现代的加利福尼亚州，绝对民主的历史令人审慎。美国创始人意识到政府的复杂性，怀疑公众的狂热，把立宪大会的大门紧闭，让所有的代表发誓保密，建立了一个具有代表性和有限特权的民主政体。最终，这一特权被转变为全民普遍享有的权利。

如今，随着辩论日益减弱，政治活动大幅度减少到只有募捐和宣传两项，许多代表性的机构，比如老式的党派提名会议，踪影全无，全国范围的社会和经济不平等已经到了前所未有的程度，对公民自由的威胁日益加剧，有些人在质问，美国政府是否仍然具有民主特色，还有没有资格称自己为民主之邦。共产主义国家也把自己描述为民主国家。有些则在一党制之内寻求一定程度的民主。他们寻求某种社会和经济平等，一种民主的结果。像老牌美帝的民主制度一样，中国也在寻求缩小贫富差距。现今的美国正在有意识地拉大差距。

民主在本质上永远是暂时的：它根本不可能作为永久的政府形态存在。民主体制能够持续存在，直到投票人发现他们可以通过投票用公款给自己赠送慷慨的礼物的那一天。从那一刻起，大多数人总是选举那些承诺用公款给大家创造最大福利的候选人。其结果是，每一个民主体制最终都因过度宽松的财政政策而瘫痪，而且总是被专制接替。

亚历山大·泰勒（Alexander Tyler）教授
爱丁堡大学，1787 年

一百七十三个暴君当然和一个暴君一样……一个通过选举产生的暴政不是我们寻求的政府。

托马斯·杰斐逊
《弗吉尼亚笔记》

根据我的思维方式，我们在这个国家里不得不担忧的是有组织的少数族裔的影响。不知什么缘故，好像看不到主体族裔组织行动。他们好像感觉，由于他们显而易见的优势，他们会卓有成效，可是他们并不表达。

阿尔弗雷德·E. 史密斯
1933 年

只有当一个整体里的每一位参与者都把生命中可观的部分用来帮助这一整体存在时——无论该整体是家庭还是民族，实现民主或有效的代表制才有可能。

路易斯·芒福特（Lewis Mumford）

　　当社会里的每一个人开始把自己的邻居当成潜在的敌人来盯视，当不遵循政治或宗教的成规旧习成了不满的标志，当实证被没有确凿根据的公开谴责所代替，异议的自由被正统思想遏制的信念开始退却，我们因此不再敢不计成败地公开表达我们坚定的信念时，我相信，这个社会一定已经走上了分崩离析的不归路。

利恩德·汉德（Learned Hand）

《黑皮书》的内容广泛，包括民主的理想和现实，其他政体以及政府的实质性评论，跨越多个时代和地区。

　　政府本身究竟是什么？除了是人性最伟大的体现之外，没有其他更好的定义。假如人们都是天使，政府没有必要存在。假如天使统管人类，政府既不必从内部，也不必从外部来监控。塑造一个以人治人的政府机构，最严重的问题就在于此。首先，你必须使政府能够控制受治之人，其次是迫使政府控制自身。

詹姆斯·麦迪逊（James Madison）
《联邦党人文集》第 51 篇

　　政府像一个水泵，汲取出来的刚好是我们的本质，它公正无误地代表了人民的智力、伦理和道德水平，既不更好，也不更坏。

艾德莱二世

　　太多的人依赖政府的帮助，而忘记了政府必须依赖人民的现实。

　　我们的政府是一位强有力的，无处不在的教师。不管好坏，政府都在通过自身这个榜样教化所有的民众。

路易斯·布兰代斯（Louis Brandeis）
奥姆斯特德起诉美国案

其实，卓越的统治来自仁治……在睿智敏觉者的身上，现在很少见到温和的品质；相反，这一特征倒是在稍显木讷的人身上有所体现。明智的统治者容易在臣民的身上施加超出他们能够承受的负担，因为他比他们看得更远；他的聪明才智使他能够预见任何行为或事件的结局；所有这些对于臣民来说都意味着灾难。这就是为什么，立法者并不需要超常的智力……因为这将导致压迫、暴政以及把人们驱使到他们不习惯的范围和境地……

事实已经证明，在政治家身上，智慧和远见是一种缺陷。因为他们代表过多的思想，就像愚蠢是敦厚过度的表现。现在，在人类所有的品质中，两种极端都应受到谴责，唯有中庸值得称颂：所以，慷慨是奢侈和吝啬的折中，勇气是鲁莽和懦弱的折中，另外还有其他各种品质的中间点。这也是为什么那些极其聪颖的人被描述为"魔鬼"或"魔鬼似的"，或与之相近的词语。

伊本·卡尔敦（Ibn Khaldun）

阿拉伯历史哲学家

权势让人腐败，而没有权势让人彻底腐败。

《经济学家》

共产主义者是一位一无所有、却急欲与他人分享赤贫的人。

共产主义者是暴烈、匆忙的社会主义者。

G. W. 高夫（G. W. Gough）

1926 年

法西斯主义清除了具有阻碍性的，毫无意义的反对意见，得到的是这样的一个议会：一半的议员试图掌管，另外的一半试图阻止他们掌管。

乔治·伯纳德·肖

专制国家的强大在于它迫使那些畏惧它的人去效仿它。

阿道夫·希特勒

保守主义……既不为当代提供矫正，也不给未来提供准备。

迪斯雷利

以国家的名义，为每一种腐败行为辩护，为每一种私利辩护，为每一种灰垢包裹了的特权辩护——其实不过是对于现状的热衷而已——确切地说，是所有保守社会所趋向的灵魂的谎言。

艾德莱二世

在激进和反动分子之间是中庸的黄金分割线。一个人可以是个保守派，他能够用经验纠正理想；或者，一个人可以是自由派，他可以用理想纠正经验。保守派和自由派都将因为惧怕法西斯专制而不会成为共产主义者，或是因为惧怕共产主义而不会成为法西斯分子。

T. V. 史密斯（T. V. Smith）

保守主义的精髓是对时代和激情的感悟，这一感悟能够驱散前两者的热度和紧张情绪。保守主义认识到改变的必要和必然性，只是要求在改变之前，研究和斟酌即将来临的变化。做一个保守派从真正意义上讲是进步。

《圣路易斯邮报》有关佛蒙特共和党参议员
拉尔夫·E. 福兰德斯（Ralph E. Flanders）的社论

不论民主存在多少缺陷和危险，不论在当前的政治环境中会出现多少歪曲和不实，无论有多少罪行以民主的名义犯下，民主依然是活跃的政治生活中最美好事物的理想。

第十章 国会和立法程序

> 读者，假如你是个傻瓜，假如你是个国会议员，我其实在重复自己的话。

马克·吐温

《黑皮书》无拘无束地拿国会、立法院和形形色色的立法官员开心。我的切身体会反映了伊州和联邦立法院意气相投的工作环境。我是 1970 年 11 月宣誓进入参议院的。当时的多数派领袖是迈克·曼斯菲尔德（Mike Mansfield），少数派领袖是休·斯科特（Hugh Scott）。两位都是绅士、学者和资深望重的政治家。在那些日子里，带着对参议机构的敬意，男女参议员（当然女议员较少）一起聚集在参议院商议大事。大家很少就议题坚持党性立场，几乎不存在党派纷争。说起他的一位党派观念强的同事时，一位温和的共和党参议员告诉我说："他为人刻薄，即便让他到运送部队的轮船上推销，他都卖不出一瓶啤酒。"这位明显是个例外的共和党人后来成为共和党总统候选人和伟哥代言人。

伊州的民主党参议员保罗·道格拉斯告诉我，有一次他给他的朋友，佛蒙特州的共和党参议员卡尔·艾肯（Carl Aiken）寄了 50 美元的竞选捐款。参议员艾肯对他表示感谢后解释说，他利用保罗的捐款总共募集了 500 美元，超过他再次竞选的费用需要，因此，他要把 25 美元的余款还给他。但现在的参议员竞选时相互为敌，而且在竞选结束，借款还清之后，就像他们坦诚交代的那样，继续不停地"打电话募捐"。卡尔·艾肯是我进入参议院时德高望重的参院成员，这样的成员不止他一位。

由于目标和信仰一致，参议院的气氛亲和，尽管在我的任期接近尾声时，气氛开始变差。参议院会议厅散发的温和气氛促成议员之间温婉的关系，非正式的程序，使错综复杂的立法要务得到疏通和缓解。如今的参议院和过去不同。会议厅为平淡无奇的剧目提供了清冷通亮的舞台，议会的各种程序给《黑皮书》友善的嘲讽增添了棱角和锐气。

爱德华·埃弗雷特·黑尔（Edward Everett Hale），参议院的牧师，被人问道：“黑尔博士，你为参议员祈祷吗？”“不，我看着参议员，为国家祈祷。”

众议院的一位新成员问迪斯雷利首相，自己是不是应该积极参加辩论。“不，我认为你不应该。最好让人们猜测，你为什么不讲话，而不是你为什么要讲话。”

美国国会里曾经看到的信息

一个郁闷的瘦高个儿农民从市民大会上出来时被人问道：“谁在里面讲话？”“国会众议员斯米夫金斯（Smiffkins）。”“他说了什么？”“嗯”，他用粗糙的手摸了一下脑门说，“他什么都没说”。

他对一位新近当选的参议员说：“你在6个月内会想，你是怎么进入这个令人敬畏的机构的，在6年内会想，其他人是怎么进来的。”

伊州参议员罕姆·路易斯（Ham Lewis）
后来被认为源于哈里·杜鲁门

参议员是给出的答案多于问题的一群人。

国会议员是猪，你一定要拿棍子敲打他的嘴。

亨利·亚当斯（Henry Adams）摘引格兰特内阁某成员的话

在向一位保险公司的院外活动家解释他改变投票的缘由时，一位伊州立法院成员说：“嗯，我不知道你要我给你一整天的承诺！”

假如我们不能把另一类人选进立法院，我们越早进入牧师行业就越好。

约翰·迪克斯（John A. Dicks）

对马丁·范布伦（Martin Van Buren）说的话

除了要弄清他们什么时候休会，我老早就停止关注立法程序了。

赛勒斯·赖特（Silas Wright）

1835 年

度假返回伦敦时，维多利亚女王召见她的首相问道："请告诉我，我外出时，议会都通过了什么？""尊贵的女王，议会只是通过了 7 个星期的时间，没有其他的成果。"

请祝福现在聚集在一起的议会两院吧，上帝，为了民众的福利，推翻他们的审议。

在议会召开之前，苏格兰教会采用的老式祷辞，

我在参议院经常引用这一祷词

一位对政府的本性和体系了如指掌的医生说，在发表意见并为之辩护之后，一个民族的每位伟大的议员都有义务投出与其意见相反的票；因为那样做一定不可避免地对民众有利。

乔纳森·斯威夫特（Jonathan Swift）

《格列佛游记》

国会的一个苏联观察家在嘉宾席上说："国会非常奇怪。一个人起立发言，说上一通废话。没有人听他讲，然后，每个人都反对。"

应该永远禁止那些喜欢香肠和法律的人目睹两者的制作过程。

温斯顿·丘吉尔

像我们这样的政府：由七八百位议会发言人组成，此外还有伴随他们的得力编辑和公众意见；至于各部门负责人，有财政大臣和普通

公务员，各部大臣和其他曾任大臣和普通公务员的人，经常被统领而不是统领他人的人——无疑是最复杂的机体，而且根本不是处理公务最快捷的一种。

托马斯·卡莱尔

从来没有一件事能够这么系统地，一事无成地彻底完结。

伍德罗·威尔逊

对罗马参议院的一位著名执政官的表现的评论："诅咒这个人的美德，因为他的美德毁坏了这个国家。"

我一生中比较难忘的人物之一是美国参议院的巨人，北卡罗来纳州的山姆·欧文（Sam Ervin）。他的成就之一是明智地主持了参议院"水门事件"调查委员会的工作。在国会"水门事件"听证期间，他没有显露点滴的派系倾向，而众议院方面的听证主持，来自新泽西的众议员彼得·罗狄诺（Peter Rodino）也从容迎战。欧文参议员敬重美国宪法，同时也是宪法专家。在我作为新当选的参议员主持参议院的工作时，他寻求并得到我的认可。眼中带着笑意，他开始就参议院不受限制的辩论的优点发表演讲。他把此次演讲归功于艾德莱一世。

《黑皮书》认为山姆·欧文是以下故事的作者。

我记起两位敬业的党派工作人员的故事。这两人被派到墓地去从墓碑上抄取名字。从一个墓走到另一个墓，两个人一个念名字，另一个抄写。看着其中的一个墓碑，第一个人念道："敬爱的丈夫和父亲，斯度依卫桑布莱肯瑞支。"第二个人开始写，然后，他停下来。"等一下"，他说，"这是个长名字，我们可以把它分成两部分，变成两张选票。""不，先生"，第一个人说，"如果我要涉入，那就一定要实事求是。"

另一个重要人物和故事的讲述者是罗素·龙（Russell Long）参议员，路易斯安娜传奇式州长休伊·龙（Huey Long）的侄子。作为参议院举足轻重的财政委员会主席，参议员龙掌管参议院的税收议案，而且喜爱哼唱一首总会逗笑参议员们的小曲，尽管他们经常听他唱："不要收我的税，不要收他的税，收那个躲在树后面的人的税。"

　　这里十亿，那里十亿，很快你们就在说实实在在的钱了。

参议员埃弗里特·德克森
我承继了他在参议院的席位

　　J. 韦斯利·史密斯（J. Wesley Smith）的一幅漫画描绘了一个站着问话的大陆议会成员："作为新罕布什尔的代表，我可不可以问：这场革命要花多少钱？"

　　我又一次成为我没有参与的阴谋的一部分。

罗伯特·科尔（Robert Kerr）
俄克拉荷马州的参议员

　　改革带来了总统政治的嬗变，改革的目的是通过使立法过程更加民主，从而让立法过程承担更多的责任。在《在国会山上》（*On the Capitol Hill*）的书中，以罕见透彻的观察力，朱利安·泽立泽尔（Julian Zelizer）描述了改革影响国会的方式。长期以来，突破论资排辈和委员会主席们一手遮天的政治制度，直到我这一届进入参议院的时候，相关的努力才成功，但是，预期的益处并没有全部实现。在立法过程中，我们通过决议，使资历浅的参议员和人口众多的大州得到更多的利益和影响。新当选的参议员谦卑地前往掌控生杀大权的拨款委员会，为他们的职位恳求更多的拨款。我们因为缺少人手而受到限制，特别是我们当中代表需求众多的大州，比如伊州的议员。我们明白，我们的资源在某种程度上要靠我们循规蹈矩并听命于委员会主席们才能得到。他们抱团投票，在参议院的议席上相互支持，极少受到挑战。1971 年，我们这些新当选的参议员——人数在 1970 年的选举中得到加强——全部排成长队，来到小组委员会面前，我们再也不愿委曲求全。我们要求得到和我们的职责相应的资源。面对参议员的阵势，小组委员会主席欧内斯特·"弗里茨"·霍林斯（Ernest "Fritz" Hollings）退让了。大州来的参议员获得了更多的员工，他们受之无愧。不过，那只是过程的开始，我们固然渴望更多地参与立法行动，但是改革后果是我们这些多数为新议员的改革者料想不及的。

作为改革的领导人之一，我被指派为参议院研究委员会体制特选委员会的主席。该委员会后来被称为史蒂文森委员会。委员会提出了参议院在委员会之间重新分配权力的措施，重新调整和更新委员会的管辖区域，减少委员会的数目，对递交草案并经委员会审理的制度进行分析和改进。《立法重组法》自 1947 年通过以来，特选委员会就参议院第一次的重大修正所提出的建议大部分被接受。

在提出综合性的道德规范之后，我自讨苦吃，额外接受主持和组织新的参议院道德委员会，并全权监督参议员对道德准则的遵守情况。众多的时间都被委员及其助手用来审议是否允许职员的未婚妻接受游说人士的馈赠等问题。通过烦琐的规定禁止不当行为的企图，势必意味着没有被禁止的所有不当行为是正当的。通过立法（或是教育）实施道德准则的企图从来没有成功过。道德通过榜样传播，是文化的产物，其定义也由文化赋予。我们认认真真地对待道德委员会的职责，研究对不当行为提出的所有指责，在必要的时候聘请特别顾问审理。20 世纪 70 年代，对不当行为的指责，可信度极低。但是，我却承担了在参议院面前审理一位参议员的不愉快的责任。该参议员是一位前州长，参议院的权势人物，农业委员会主席，佐治亚州的赫曼·塔尔梅奇（Herman Talmadge）。在此之前，他的案子已经经过调查，并在道德委员会公开审理。因为财务上的轻微违规行为，他受到参议院的谴责。他的政治生涯因此被断送。我们作为参议员对参议院负责，这一责任超越个人和党派。在对参议院的忠诚方面，我们是一致的。

参议院的有些改革使国会系统更加负责，参议员们更有成效，这类改革包括公开议员的财政利益，减少委员会的数量，理顺并更新委员会的管辖区限。但是，广泛分配权力的同时，我们打破了委员会主席对立法过程的把持，造成的后果是改革者和"公共事业"一类鼓励我们推行廉政的组织难以预见的。之后，我和规则委员会主席参议员霍华德·坎能（Howard Cannon）还有其他人都不再继续执行参议院的改革，没能促成更有希望的一些变化，比如减少委员会参议员的任务分配，参议院在自律方面最终没能解决机构固有的难题。

参议员们曾举行闭门会议，像制宪会议上的创始人一样，修改并起草法案，毫无顾忌地代表公众利益。我们打开了一直关闭着的门。而参议员则退到协商委员会对外封闭的会议上，调和上、下两院已经通过的法案上存在的差异，去除为了求助者和选民而公开通过的妥协，并且明确知道这些妥协都会秘密消失。当大门敞开时，因为担心利益集团的报复，参议员们已经无法代表民众利益。随着党派组织的溃散，金钱至上的地位以及以更民主的名义采纳的改革给权势造就的新机会，利益集团的势力和数目都越来越大。

我们开放了立法过程，增加了职员的数量，提高了权力的再分配，总体上，这些改革使立法受控于来自更多方面的压力：智库、产业、金融和种植集团、环境、枪支控制和堕胎的倡导者、宗教人士，还有那些利用改革和日益脆弱的政治家们而激增的所有倡导性组织。

改革被新式媒体利用并造成意外的后果。这类媒体没有像改革者们天真预料的那样，很好地利用公众接触政治过程和政治家的新机会，相反，新媒体提供的是敌对肤浅的信息。委员会就行业竞争能力、技术革新、国际货币体系以及反恐措施的研究和听证吸引了外国媒体的重视，而国内媒体并没有在意。比如恐怖活动，在事发之后成为新闻，其实是迟到的旧闻。而道德委员会为证实一位参议员奇特的小瑕疵召开的听证会却被听众挤得水泄不通。政治家们通过调整适应了新环境。他们争先恐后地用只言片语，用谴责和负面的攻击，加速不正当行为和党派纷争来吸引新媒体的关注。

在过去的日子里，国会公共工程委员会烟雾弥漫，对外封闭的协商委员会的集会足够温暖特威德大老板（Boss Tweed）[①] 的心窝，因为那是分割肥猪的地方。但是，我们当时受到更多的约束和管制。其实，这个过程从来不具备道德意义上的纯净，"阿布斯坎"诱捕行动使一个参议员和几个众议员卷入明显的贿赂计划就是证明。但总的来说，我们敬重参院，利用这一机构提供服务，并因此赢得同事的尊敬。在经济上，我们还要满足陆军工程部队给"猪排项目"规定的成效比例，尽管汤比格比运河项目证实，这些比例可以调整，特别是在伊州南部。一切都是相对的。但当我们不那么脆弱的时候，我们就能更好地制约。我们利用"猪排项目"的优势，争取拨款，向执行机构和国会说明理由。党派组织为我们额外提供的安全和保护，减少了投资者的期待和新媒体对我们的左右。我辛勤工作

---

①　威廉·M. 特威德（William M. Tweed，1823—1878 年），纽约州参议员，因掌控纽约市和纽约州民主党的重要机场被称为"Boss Tweed"，后因窃用巨额资金入狱。这里喻指那些类似的人。——译者注

并成功地利用优势项目给伊州引进拨款。我们没有用投票换取专项拨款。而那时候，专项拨款还不为人知。爱国热情、对社会价值观的信任和支持是理所当然的，但在政治文化和政治过程中，它们根本没有分量。

在《断枝》（*The Borken Branch*）一书里，诺曼·奥斯汀（Norman Ornstein）和托马斯·曼（Thomas Mann）描述了众议院作为审议机体的死亡。众议院是美国民主的堡垒，是人民的家，是第一院。它最直接地代表人民，而且是抗衡行政分支越权的第一关，他们假设理应如此。我发现，众议院通过的措施往往是政治上不负责任的权宜之计，因为它总指望任期更长的参议院保证大众利益不走极端。现在，那已经不再是一个谨慎的假设。史蒂文森委员会的职员奥斯汀和曼都是国会长期敏锐的观察家和参与者。他们细致入微地描述了"正常秩序"的崩溃。"正常秩序"包括：经过长期演变才形成的确保成员公平待遇的过程和程序；在委员会和议院席位上对议题进行认真审议；专业职员的辅助角色；议员们在修定会上，费尽心血，逐条起草法规，忠诚而明确地反映国会的意愿。

奥斯汀和曼描写了1994年接管众议院之后，共和党抛弃正常秩序的过程。为了哄骗和拉拢议员，共和党根据参议院领导的要求，把点名时间随心所欲地拉长。几百页的混合法案由领导夜间起草，议员还没有机会研究之前就强行通过。法案里除了隐藏着很多给忠诚的党派人士的专项拨款，还有对意见相左的议员议案的否决以及给既得利益的恩惠好处。2005年，拨款法案包含了总费用高达640亿美元的13000个专项拨款。2004年通过了旨在清除不合法贸易补贴的税收法案，该法案居然为特殊利益创造了高达1370亿美元的新税收漏洞。2000—2005年，注册院外活动家人数翻了一番，达到34750个，这个事实绝非偶然，他们收取的客户费用也增加了1倍以上。2005年上报的联邦院外活动经费是24亿美元，比2004年高出15%。2006年上报的是26亿美元，上升11%。每位议员平均摊到500万美元。2007年的活动费用由于新一届投资人的加入而增加，担心税收的私募公司也在其中。3—4倍的花费用在了"群众游说"和其他不在监管范围之内的活动上。美国商会及其附属机构，一个院外活动组织，仅2006年就花费了7300万美元，国会成员人均摊到135888美元，创新了纪录。

院外活动家（组织）收买专项拨款，税收漏洞和其他的优惠待遇，甚至还有给外国的好处，尤其像亚美尼亚共和国一类拥有本地选民的国家。为了抗衡亚美尼亚的活动，土耳其聘请了自己的院外活动家。在我撰写本章之际，伊拉克政府正在国会游说。（中国和俄罗斯还没有开始游说，尽管中国据说也在聘请公关公司。）在《黑皮书》里，国会领导积极地捍卫立法过程的纯净，避免国外势力的影响。早在 20 世纪 60 年代，参议员威廉·富布赖特（William Fulbright）就和参议院的外交关系委员会开始对外国特务进行调查了解，甚至敢于刺探以色列的间谍和院外活动的非法组织。

1994 年以后的共和党领袖，利用专项拨款和委员会的任命，奖励忠实地为共和党募捐和捐资的共和党人。换句话说，委员会的职位是供出卖的，在两个党派都是如此。按照《黑皮书》里的标准，这是腐败行为，而且规模前所未有，《黑皮书》开头提到的美国第一个"镀金时代"也是如此。新共和党人使众议院道德委员会无能为力。众议员对不当行为提出的指责只能由众议员听取。

在新的国会里，成员们极少参加辛苦的草案修正分会。议案的起草均由年轻职员承担。草案送到议员席时，往往附带了不让修正和辩论的规定。因为很少辩论，也很少有机会修正，国会开会的时间相应缩减。议员的家人也留守在当选前的家中。众院举行会议时，众院成员会每星期在华盛顿的饭店住上两三天。

在共和党 2001 年接任总统职位之后，众议院的共和党领袖不再对众议院和民众负责，行政分支成了他们负责的对象。共和党众议院领袖的主要目的是执行总统的计划，执行力度的无情到了蔑视民主的程度。对行政机构的监督基本放弃。众院选区按照政治需要被重新划分。在大选时，真正有争议的选区几乎没有。2004 年，在位议员的 99.5% 都重新获选，但是金钱还是不断地注入。和我一样，奥斯汀和曼难免带着遗憾和憧憬回忆过去的时光，作为长期忠于国会和立法程序的人，他们为残缺的分支悲哀。2006 年 1 月 19 日，他们给《纽约时报》写道：

　　我们从没见过如此病态的文化或没有头绪的立法过程……如果执行立法程序的规定可以忽紧忽松，那么，考虑随心所欲地拿捏其他任何事情会很容易，包括和院外活动家的关系，接受恩惠，官方资源的使用以及政府权力的实施。

在 2008 年年初我结束《黑皮书》的编写时，民主党已经获得对两院的控制。民主党不仅恢复了对行政分支机构的监督，而且揭露了渗透其中几乎所有机构的腐败问题。小偷、党派激进分子、宗教原教旨主义信徒、唯意识形态论者和党派宣传员渗透了联邦的各种机构，腐败的规模和胆量令人瞠目。连司法部门也没能幸免，联邦律师的选举和留用均被政治化。为无缘由的战争编造借口并借助国会和共谋的记者传播。奥斯汀和曼报道说，民主党主持下的国会，工作的时间更长。专项拨款稍有削减。但是，"正常秩序"是否已经恢复有待观察。制度基本没变，尽管民主党的国会领导人正在制定法规，要求院外活动家汇报他们从其他人那里募集或是为议会成员以"捆绑"方式募集的竞选资金。如果议案通过，那将带来令人振奋的变化。

在我编写《黑皮书》的同时，国会已经就中东战争与和平问题以党派为界，一分为二了。有关越南的辩论，没有以党派划分界限。好像两党没有一方能够支持在中东用外交代替战争的选择。他们可能会就最低的共同点达成一致——不光彩的撤退策略。该策略坚持认为，没有符合稳定和自治的进展要求，是伊拉克自身的责任，遭到入侵只能自我谴责。如果美国结束对伊拉克的侵略伴随以色列结束对加沙地带西岸和叙利亚戈兰高地的占领，作为综合解决方案和地区安全协议，中东就有恢复稳定的可能，这一点，在华盛顿和以色列以外的世界几乎得到普遍认可。伊拉克的研究报告也有同样的认识。但是，和平超过了我们的政治能力，而且我在《黑皮书》里的论述已经超前。

2003 年年初，我打电话给前参议员保罗·西蒙（Paul Simon），询问参议员投票通过在伊拉克使用武力是无知还是厌世的结果。我们俩都不知道，这位好人正处在临终之际。他的回答是，如今的参议员很少会那么无知，但多数都厌世。奥斯汀和曼报道了国会恢复立法程序的一些进展，但他们的结论是：结果待定。单靠程序并不能确保问责制的到位。只有当议员能够"见义勇为"时，责无旁贷的状态才能实现。

　　有时，我们必须超越原则。

伊来·沃特森（Eli Watson）

印第安纳州参议员

　　我被派到这个机构来时，印第安纳州几乎没有反对的人，而我离开时，一个反对的都没有。

　　　　　　　　　　印第安纳州参议员沃特森竞选惨败后的绝唱

第十一章　演讲和演讲人

公开演讲非常容易。

乔治·W. 布什

　　和所有的政治著述相比（最伟大的除外），雄辩的演讲和演讲人应该说一直是民主政体中的发动者。在《黑皮书》的早期时代，"（美国）西部"学校借助《读物》（Readers）和《演讲人》（Speakers），教授演讲和演讲技巧的课程。这些课本含有演讲练习，练习选自文学和著名的讲演。《德尔萨特的演讲人》（Delsarte's Speaker）示范了伴随后悔、厌恶、拒绝以及爱国表情的姿态和手势。早期像《读物》一类的演讲书籍旨在为将来靠演讲、表达、说服和逗乐能力为生的学生做准备。林肯和艾德莱一世让演讲技巧升华为后来的政治生涯。艾德莱二世也如出一辙，用演讲激励和明示观众，并赢得他们的喜爱。西部产生的美国政治领袖人数，开始高于西部的人口比例，我们这些中西部的人是这样认为的。（在《黑皮书》的早期，中西部是当时的"西部"。）

　　早期教育只是宗教的小插曲。随着时间的推移，《读物》和《演讲人》也表达了幽默，马克·吐温是书里引用最多的一位，体现的是近乎完美、有失恭敬的美国式幽默。随后出现的，是传授演讲技巧的《幽默手册》（Humorous Manuals）、《幽默段子》（Humorous Recitations）以及怎样"成功说笑话"的细致入微的指导。在艾德莱一世的时代，演讲不仅仅是交流工具，还是一个人的职业必不可少的工具，最明显的是在法律、宗教和政治领域。它还通过信息和娱乐活跃日常生活。学园，是巡回演讲人的论坛，是大学教育的前身。政治家们的演讲是《黑皮书》友好的嘲讽和赞扬的主题，而且永远带着幽默。

首先，让我们看看嘲讽：

听完了一篇冗长的演讲之后，会议主持人站起来环顾四周说，"桑普森用驴的下颚骨一个晚上杀死了一千人。用同样的工具①，但一半的时间，我们的演讲嘉宾杀死了两千个"。

再长的演讲对于演讲人来说都不够长，而对于听众来说，再短的都不够短。

詹姆斯·派里（James Perry）

在听了一个小时的长篇演讲以后，观众已经寥寥无几。会议主席头枕着演讲台睡着了。当慷慨激昂的演讲人把拳头重重地砸在主席的头上时，主席不耐烦地喊出声来，"再打一下。我还是能听见他讲话"。

得克萨斯州的汤姆·康奈利（Tom Connelly）参议员是一位激情洋溢的演说家。在南部的得克萨斯州老家讲话的时候，他首先说到得州东部美丽的松树林，然后，又继续从矢车菊谈到平原，再从那里转到丘陵，之后提到墨西哥湾沿岸，接着，又转回到美丽的松树林和矢车菊。坐在会议室后面的一位老人站起来喊道："下次路过卢伯克时，能不能让我下车？"

英国首相约瑟夫·张伯伦（Joseph Chamberlain）说了这样的一个有关他自己的故事："我是一个宴会上的主宾。所在市的市长是宴会主持，当服务员开始给宾客沏倒咖啡时，市长斜过身子问我，'我们是让他们多享受一会儿，还是该听你发言呢？'"

他的演讲给人留下的印象是一个浮夸词句的队列在野地里行进、搜寻主意；有时候这些蜿蜒的词语会捕捉到一个跌跌撞撞的思想并能胜利地征服它，但这个想法不过是许多思想中的俘虏，直到这个被俘

---

① 这里指演讲者的下颚骨。驴的英文"ass"，也有笨蛋之意，这里讽刺演讲者是个笨蛋。——译者注

虏的思想死于奴役和辛劳过度。

威廉·麦卡杜（William McAdoo）参议员

谈论沃伦·G·哈丁（Warren G. Harding）

提到演讲，谢里丹曾经说："那个演讲包含了众多新颖和正确的东西；可是那些新颖的并不正确，而那些正确的已经不再新颖。"

人们在讨论几位公众演讲人的能力。有人说，大主教瓦特里（Whatley）是一位极具演讲天赋的人。西德尼·史密斯（Sydney Smith）承认，瓦特里博士令人敬重的权威论述确实有可以欣赏的地方，重点提到具体的一次演讲时，史密斯说："在那次演讲里，他的沉默发射过精彩的光芒。"

20世纪40年代的一个演讲人说："我的困境让我想起一个参加广播电台比赛的小男孩。当时他被要求用25个或更少的字说出他喜欢的那个节目的原因。花了很多工夫寻找他能搜集的最佳理由时，那男孩说：'我喜欢杰克·史密斯的节目，因为他的节目一结束，《独行侠》就会开始。'"

一位国会议员被邀请去观看绞刑。作为一个颇有身份的绅士，他被邀请去和囚犯以及囚犯的心理咨询师一起就座。死亡的钟声即将敲响时，警长通知囚犯说，他还有5分钟好活，而且有和观众说话的特权。囚犯谦卑地回答说，他不想讲话。他的话音刚落，国会议员立即上前一步，走到绞架前说："既然这位先生不愿讲话，如果他好意地把他的时间让给我，我就借此机会说一说，我是准备连任的候选人，通常是民主党全国委员会认可的一位。"他这么说下去，那位经过被捕、审判以及面对打开的棺材等过程一直坚定不屈的死囚，突然显示出深情，他可怜地感叹道："请先把我处决了吧，让他等我死后再说！"

一个移民对另一个移民说，"朋友，美国是很适合定居的国家。他们不会因为杀人把你处以绞刑。""那他们怎么处置？""他们用演说杀死你。”

有人问伍德罗·威尔逊，他需要多长时间准备一个十分钟的讲话。他说："两个星期。""要是准备一个小时的讲话呢？""一个星期。""要是两个小时的讲话呢？""我现在就可以开始。"

成为总统前，安德鲁·杰克逊（Andrew Jackson）在一个小城发表竞选演说。在他结束演讲时，一个朋友悄声说，"将军，给他们加点拉丁语。没有拉丁文，他们会不满意。"老山核桃（安德鲁·杰克逊的绰号）很快回忆起几个短句，他用"雷鸣"般的声音总结说，"E Pluribus Unum, sine qua non, ne plus ultra, multum in perve"①。使用拉丁文效果巨大；欢呼声传至数里以外。

持续的演讲所带来的刺激对于最高权力是致命的。

可怜那些在会上第三个或是第四个发言的人，以下牧师在一次宴会上的祈祷可能对他们适用："哦，上帝，请您帮助第一个发言的人，用您的精神激励听众，另外，哦，上帝，求您给最后讲话的人发发慈悲。"

一个演讲不需要经久就能永恒。

如果你要发表演讲或撰写讲稿，
抑或请艺术家编书立言，
不用让明智者理解，
只要条理清楚、结构简明，
蠢人都会理解你的讲演。

作为良心和意见的雄辩表达，或激励和鼓动的工具，政治演讲已经逐渐变得稀罕少见，政治讨论在日益贫困化。艾德莱一世经常一讲就是两小

---

① 拉丁文大意为：众志成城，力比千钧；无城为体，心气皆息。——译者注

时，而且"边讲边在台上来回走动"。他 1900 年的竞选伙伴，威廉·詹宁斯·布莱恩，一天能讲 4—5 个小时，他的遗孀说。1952 年，民主党国家委员会花费了 100 万美元在全国范围的电视节目上购买了 18 个每天半小时的整块时间，用来播放艾德莱二世给为他欢呼的党派人士所做的雄辩发言。如果在今天，他连资助 30 秒钟的广告都会有困难。政治讨论越来越多地被缩减成只言片语、针锋相对的新闻发布会、谈话节目和被人称为家畜展的辩论会。

1896 年通过内布拉斯加的自由铸造银币运动赢得席位之后，布莱安在民主党大会上发表了著名的演讲，他严正地宣誓，人民将不会被钉在金本位的"黄金十字架上"。他的目的是通过货币贬值来提高借贷人和普通民众的利益。演讲迎合的是情绪，但对自由的银币发放很少关注。其主要目的是煽动而不是启蒙。

"当他正视着近在咫尺的二万个狂吼、咒骂和呼喊着的观众，他们同时感受到那种难以描述，极具吸引力的颤抖，一种在主子面前，动物和人类都会体验到的感觉……所以，他随心所欲地把玩着他们的心弦，直到他们的情感波涛转变为激情，伴随一声号叫，暴风雨般地全部倾泻"，哈里·瑟司顿·派克（Harry Thurston Peck）写道。根据查尔斯·沃伦（Charles Warren）的观点，"黄金十字架"演讲之后，"是一阵间歇。然后突然出现了歇斯底里的疯狂起立：震耳欲聋的欢呼声此起彼伏，嘶叫声从建筑的一头横扫到另一头之后又扫荡回去，到处是无止无息的骚动"。主要由于他的演讲强势，布莱安后来又有两次被提名为总统候选人。在美国历史上，他是唯一一位三次获得提名并三次落选的候选人。除了是演说家，他还是一位原则性高强的改革家和进步人士。

> 他说话像打钢炮，
> 有烟火也有轰鸣……
> 砰砰响！我从没经历过
> 语言如此沉重的打击。
>
> 莎士比亚（Shakespeare）
> 《李尔王》

西赛罗（Cicero）要结束演讲时，听众说，"他讲得真好"。当德摩斯梯尼（Demosthenes）讲完时，人们说，"让我们进军"。

如今的政治演讲通常是专业作者和炒作人的作品。为了达到效果，他们参照民意测验和顾问提出的"哪些是需要的和哪些是不需要"的建议，把很多的"一句话"拼接在一起。讨论立场问题的文章涉及的是政治上便利和必需的主题，采纳的是专家的意见。货真价实的演讲和立场方面的文章，很少来自坚持原则、明智和资历丰厚、德高望重的政治家的心灵深处。在如今这个核时代，一个资源贫乏，相互依赖，越来越不极化的世界里，这类演讲和文章并不形成辩论，也不构成或确定政治和经济安全的中心议题。撰写演讲稿是给政治家的心灵提供锻炼理性的机会。而他们的心灵大部分并不能够传达或输出。愿意通过披露尴尬的事实，拿竞选人的政治生命去冒险的顾问难得见到。林肯自己撰写讲稿，艾德莱一世也一样。艾德莱二世是他自己最好的撰稿人。

在这个电子时代，公开讲演具有林肯和艾德莱一世时代所不具备的视觉维度。艾德莱二世的总统竞选，是电视时代的第一次竞选。从那时起，政治家就开始面对录像镜头和相机讲话，带着激情、同情和义愤，或是所传达的要旨需要的任何一种情感。

政治演讲将适应电子、视觉和片断性的媒介。演员和煽动者在这种人造环境中占有优势，举止和外表逐渐具有了新的重要性。在涂脂抹粉后的类人猿似的白种男性政治家面前，"韦伯斯特①一类"善于演讲的政治家们退而避之。新政治家们渐渐形成一致的外表去谈论政治，不过这种一致性倒是给反其道而行的人提供了与前者对比的机会。

1960年的总统辩论在约翰·肯尼迪和理查德·尼克松之间进行，这是第一次通过电视广播的总统辩论。随后的民意测验表明，在那些观看辩论的人中，肯尼迪"赢"了那场辩论；在那些通过电台收听辩论的人中，尼克松是赢家。尼克松因为暗黑的面孔而涂抹上面饼一样厚重的粉妆。但在弧光灯的炙烤下，他的汗水把脸上的粉妆冲掉。这次致命的经验成了电视早期和白炽灯年代政治家们难忘的教训。1970年，在我和我的对手拉尔夫·史密斯参议员共同出现在全国范围的电视屏幕上时，我转过身，带着担心的口气对他耳语说："拉尔夫，你脸上的妆在

---

① 丹尼尔·韦伯斯特（1782—1852），著名参议员和政治家。——译者注

往下掉。"这句话起到意想中的效果，汗水突现在拉尔夫的前额。他的妆确实在开始往下掉，这导致更多的烦恼，进而引来更多的汗水。在对手假想的压力下，到处有人看到可怜的拉尔夫在擦额头上的汗水。

对于《黑皮书》来说，近年来可以收集的资料非常稀少。但对于那些喜欢演讲，喜欢四处周游竞选的人，挑战仍然以应对别人的介绍并提供诱人的开场白开始。

> 听完了长篇大论的介绍之后，我简直等不及听自己准备说的话。
>
> 声名卓著的缅因州参议员埃德蒙·莫斯基（Edmund Muskie）
>
> 认为以上的话来自艾德莱二世，
>
> 而艾德莱二世则认为它来自《黑皮书》

> 谈到一次热情的欢迎会："我想起在一个非常寒冷的早晨，牛奶被挤出后，奶牛转身对挤奶工说，'谢谢你那么温暖的手'。"
>
> 艾德莱一世

> 作为演讲的人，根据我个人的理解，我的工作是和你讲话。而你的呢，根据我的理解，是去听。如果你在我之前完成，只要举手就行了。

> 马克·吐温这样开始他的演讲："尤里乌斯·恺撒死了，莎士比亚死了，拿破仑死了，亚伯拉罕也死了，而我自己的身体也很不好。"

> 老贵格派鲁弗斯·琼斯（Quaker Rufus Jones）在给学校毕业生演讲时说："看着你们这些幸福的男孩和幸福的女孩，让我想起我也是小男孩和小女孩的时候。"

> 鲍伯·霍普在毕业典礼演讲时惯用的有效开场白："你们当中即将走出校门，进入世界，等着我忠告的人听着：不要去！"

> 我感觉像一个神学院里迫切等待的年轻人，在收到学位证书时惊

呼，"现在我已经准备好走出去，到圣职引导我去的任何地方，只要那圣职是高尚的"。

在给辛辛监狱的犯人演讲时，纽约州新近当选的州长艾尔·史密斯的开场白是，"公民伙伴们"，可后来想到，犯人已经放弃了他们的公民权，他重新开始说，"犯人伙伴们"，觉得后一种说法也不恰当时，他不得不再来一次，"嗯，不管怎样，在这里见到你们这么多人令人愉快"。

参议员昌西·德皮尤（Chauncey Depew）接受了一桩不让人羡慕的任务：他要在深受观众欢迎的马克·吐温之后演讲。他泰然地说："主席先生，女士们，先生们，在晚餐前，马克·吐温和我已经约定交换讲稿。他已经发表了我的讲话，我感激大家对讲话的热情反应。很遗憾，我把他的讲稿丢了，而且记不得他要讲的任何事情。"德皮尤在热烈的掌声中就座。

在演讲中，笑话和逸事能够帮助演讲人和听众建立友好融洽的关系。幽默是一种能贬低对手，又不显得刻薄小气的有效方法。幽默能吸引媒体的报道而不显得过分消极。"幽默"和"笑话"遍布《黑皮书》，而且除了他们目前拥有的特色外，难以进行其他的分类：多样和俏皮的机智和幽默片语，对观众来说，起到吸引和启蒙的作用。他们反映了不同的时代。这一代认为有趣的幽默笑话，在下一代身上并不适用，或者政治上不合适。艾德莱一世和艾德莱二世都发现，就一个对文化之间的细微区别和时机的冷热敏感的人而言，幽默是一种世界语言。我发现，让北京好笑的笑话并不一定能让利雅得笑起来。我曾经历过令人尴尬的时候：面对不同群体组成的观众，对同一个笑话或趣闻的反应是：一半人哄然大笑，另一半则面无表情地僵坐在那里。幽默对于那些知道如何使用的人是国际语言。当然，在很大程度上，这取决于翻译水平。

从总统职位离任后，吉米·卡特在东京对一大批观众发表讲话。在把一段话翻译成日语后，翻译加了一句，"卡特总统刚才说了个笑话，请大家笑一笑"。观众轰的一声爆笑起来。卡特总统非常高兴。我后来碰到那位翻译。他安慰我说，那个故事纯粹是编造的，在当今残酷无情的政治事务中，这个插曲丝毫没有减少逸闻的用处。

　　　　宴会主持人和演讲人的关系应当和扇子与舞扇演员的关系一样，即扇子应该让大家注意主题，但又不把主题完全遮盖。

艾德莱二世

捏造事实和谎言并不是新近的政治发明，当然，他们已经失去了很多的色彩，而且谎言现在已经超越党派之间的政治纷争，入侵政策的制定和高层次的讨论。

　　　　谎言能绕上地球半圈，事实还在穿鞋子。

马克·吐温

　　福兰克·乌尔福德（Frank Woolford）是来自肯塔基山区的国会议员。他被选为他所在的县和其他邻近县的联盟骑兵团上校。提起他来，艾德莱一世说"他知道怎样打仗，但是说起学校教授的战争学科，他却像坟墓一样一窍不通。据说，他全部的军事计策用两个命令就能概括：'集合开战'和'散开'"。

　　上校和丹威尔的将军弗莱（S. S. Fry）自孩童时期就是朋友，后来在墨西哥战争和美国内战时又成为战友，但他们分属不同的党派。弗莱是共和党，而乌尔福德是民主党。为了防止上校准备在一个烧烤野餐上的讲话可能产生的"恶劣"效果，共和党委员会邀请弗莱将军出席，并让他对当地县里的人发表讲话。到达目的地后，弗莱将军受到上校的热情招呼并被邀请去讲话，"而且想说多久就说多久。这些男孩子听我说过千万遍了……等你说完，当然，如果还有时间的话，我可能会对我们的男孩子说声'你们好'"。

　　这样一来，弗莱将军真的"开讲"，谈论了财政问题、关税、重建，又真诚透彻地论述了共和党对于近来反叛政府的人的慈悲大度。演讲至此结束。

　　乌尔福德上校起身站定，没说"你们好"，也没提财政或是关税一个字就开始了他的讲话。他说到共和党的"大慈大悲"："你们都记得斯通韦尔·杰克逊（Stonewall Jackson）。他是上帝造就的最伟大的人之一。具有同样慈悲心怀的共和党把他囚禁起来，在军事法庭装模作样审判他，甚至在他准备用刀自尽时，他们还把他像疯狗一样地枪杀了。"

弗莱将军插话说："唉，乌尔福德上校，你这是……斯通韦尔·杰克逊是被他自己的人在战场上偶然枪杀的，而且南北两方的人民都敬重有关他的回忆。"

乌尔福德上校说："不要欺骗这些人。我们不像你们丹威尔那里的大人物那样，装腔作势，身穿店里买来的衣服……但是，如果有什么东西这些人确实热爱的话，那就是事实。这个同样慈悲的共和党是怎样处置罗伯特·E. 李（Robert E. Lee）将军的呢？……嗯，当他在阿波马托克斯投降之后，他的部下都已经缴了械，他们还是把他拉到军事法庭审判走过场，而且当场把他击毙并分尸。"

弗莱将军义愤填膺地喊道："这简直不能容忍，上校乌尔福德，你企图用这样的陈述来欺骗这些人。李将军从来就没有被捕入狱，而且他还活着，是弗吉尼亚一个学院的院长，而且受到所有人的尊敬。"

乌尔福德上校接着说："现在，弗莱将军，自从你来到这个山区之后，你一直被人像绅士一样地款待。我们把最好的食品给你吃，把瓶子里最后的一滴酒让你喝，而且静悄悄地听你演讲……我们没有好衣服穿……但我们在滚木搭建的小屋里过着简朴的生活，我们吃的是锄烤饼，按规矩礼拜祷告，可是，如果在上帝的大地上我们有什么确实热爱的东西，那就是事实……是的，弗莱将军一直在跟你们说到同样仁慈的共和党，在逮捕他之后，他们是怎么处置这位可怜的老杰夫·戴维斯（Jeff Davis）的呢？其实，在他进了监狱之后，他像小孩一样无助，他们又是怎么对他的呢？他们把他拖出去，杰夫·戴维斯连装样的军事法庭都不过一下场就被绑起来，在火刑柱上烧成灰烬！"

弗莱将军又跳起来说："我的老天爷呀！杰夫·戴维斯还活着，在他密西西比的家中，而且从没被审判过。乌尔福德上校，你这样做是要遭报应的！"

乌尔福德上校带着深受伤害的口气继续说："弗莱将军，你我两人做了一辈子的朋友。我们还是孩子的时候，大家一起摘西瓜，猎杀浣熊，一起玩耍打闹！我们共用一床被，共吃一锅饭，在帕罗奥多和塞罗戈多并肩作战……我像兄弟一样爱你，但这也太过分了，这是让友谊经受最残酷的考验；这是我们的皮肉承受不了的。"

从沉重的情感之中缓过劲来后，他大声喊道："比尔，把你看到他们虐待老杰夫的情况说给将军听。"

瘦长的比尔是个山民，他身穿只有一个吊带的工裤，斜靠在一棵小树上发誓说，他当时在场，看到老杰夫被带出去，绑在火刑架上，最后在一缕青烟中消失。

听到这里，弗莱将军跨上他的马，既不左看，也不右瞧，原路返回丹威尔。在那里，他通知州委会说，如果他们还想继续和老福兰克·乌尔福德辩论，他们必须另派高人。

好多年后，艾德莱一世为国会议员福兰克·乌尔福德任命了"几个肥差邮政局长"后，他问乌尔福德和弗莱将军究竟有没有过那场辩论。

乌尔福德呵呵地笑出声来，残留的一只眼泛着奇特的目光。他意味深长地回答说："上校（艾德莱一世），不能相信你听到的所有的一切！"

> 我坚持我做出的所有错误的陈述。
>
> 乔治·W. 布什

《黑皮书》区别对待演讲人和演讲稿，除了谈论抽象的真理和谎言以及如今称为"交流"的现象外，还涉及演讲对话的艺术和本质。

> 就像空的容器响声最大一样，那些最不风趣的也是胡话最多的人。
>
> 柏拉图

> 空桶声最响。
>
> 约翰·莱利（John Lyly）
> 1579 年

> 想好你所要讲的一切，但不要说你所想到的一切。思想是你自己的，但你的话却不再属于你。
>
> 德拉尼（Delany）

> 言语赋予人类掩盖思想的功能。
>
> 塔列朗

语言当然是掩盖思想的有效办法。

　　　　　　　　　　　　　　　　　　　　伏尔泰（Voltaire）

所有的劳动都会有收获，但耍嘴皮子只能带来贫困。

　　　　　　　　　　　　　　　　　　　　　　　莎士比亚

智慧的倡导者的首要职责是让他的对手相信，他能够理解对方的论点，并且同情他们的合理感受。

　　　　　　　　　　　　　　　　　　　　柯尔律治（Coleridge）

即便你知道你想要说的内容时，偶尔保持安静是个不错的计划。

有时候一声不响，被人当成傻瓜比说开并消除所有疑虑更好。

　　　　　　　　　　　　　　　　　　　　　卡尔文·库利奇

带着他所有胆怯的吹嘘，他像一条剑鱼，把武器佩戴在嘴上。

　　　　　　　　　　　　　　　　　　　　　　马顿（Madden）

平凡不断的讲话习惯是脑力贫乏的征兆。

　　　　　　　　　　　　　　　　　　　　　沃尔特·白芝浩

在没有话说的时候，他也有说点什么的火气。

　　　　　　　　　　　　　　　　　　约翰逊博士（Dr. Johnson）

话声响，脑袋空。

　　　　　　　　　　　奥利佛·戈德史密斯（Oliver Goldsmith）

一个人想得越少，说得越多。

　　　　　　　　　　　　　　　　　　　　　　　孟德斯鸠

说话是银，沉默是金；说话是人，沉默是神。

　　　　　　　　　　　　　　　　　　　　　　　德国箴言

"Auditorium（会堂）"的定义：源自 audio（声音），去听；和 taurus（牛）。

君子慎于言而敏于行。

孔子

智慧由十大部分组成——九份沉默，一份简洁。

争执或讨论的目的不是赢得辩论，而是取得进步。

约瑟夫·儒贝尔（Joseph Joubert）
《沉思录》1842 年

总是有说出一个字的时间，却从没有反悔一个字的时间。

西班牙不知名作家
西班牙文学的黄金时代

但有一种艺术比绘画、诗歌、音乐或是建筑，比植物学、地质学或是任何学科都更美好，那就是交谈。富有智慧和修养的融洽交谈是人类文明的最后一朵奇葩，是人生赋予我们的最甜美的果实——是一杯可以无怨无悔敬献上帝的佳酿。交谈讲述的是我们自己的故事，它将我们的所有、所能及所知合为一体，并以更加精致的形式，再现我们所拥有的一切。

拉尔夫·沃尔多·爱默生
1855 年

一个人去理发师那里理发，给了一个银币之后，到椅子上坐下。吃惊的理发师谢过他后，说他从来没有先拿小费的经历。顾客马上回答他说，"那不是小费，是封口费"。

永远不要用事实的醋酸去稀释趣闻的油水。

没有比用丑恶的事实去抹杀美丽的神话更可怕的悲剧。

马克·吐温

真理最强大的敌人经常不是谎言……而是神话。

约翰·F. 肯尼迪

陈词滥调是一个所有人都同意，但明显并不真实的东西。

H. L. 门肯

尽管真理稀缺，但供却总是大于求。

乔希·比林斯（Josh Billings）

真理不可抗拒的本性是：要求现身的自由。

托马斯·潘恩

在《黑皮书》跨越的年代里，演讲越来越多地体现"幽默的陈述和笑话"的特点。有些今天看来并不幽默或是政治上不妥当的演讲，却反映了所述的时代。其中许多都被松散地归纳在较严肃的评论主题下。这些主题的设定使上述幽默和笑话便于演讲时信手采用。不言而喻，其中一些具有轻松贬低政敌的潜能，而且经久有效，更多地被收录在后记里。

田纳西山区一个贫穷的妇女有十个孩子。其中最小的一个婴儿爬进柏油桶里，出来之后全身都是柏油。别人问这个妇女该怎么办时，她回答说："我再养个新的比清洗这个更容易"。

胡安（Juan）和艾薇塔·庇隆（Evita Peron）对西班牙进行国事访问时，对方的接待仪式盛大，礼节隆重。一次，在游行队伍中，艾薇塔由西班牙大公亲手搀扶，跟随在阿根廷的独裁者庇隆和西班牙国王的身后。正当队列向前行进时，人群里有人高喊，"*Puta , Puta*"（妓女，妓女）。大公转过身，拍着艾薇塔的手臂安慰她说，"亲爱的，别担心，我离开部队已经有30年了，但他们还在叫我将军。"

第十二章　林肯

我们在林肯身上看到我们自己，正如他在人民身上看到他自己一样。他自身具有的伟大品质，在我邻居，我自己以及我儿子身上不是同样存在吗？当然，我们告诉自己，因为林肯是我们所有人的综合，他是建立美国的先驱们的代言人，是我们竭力维护的所有一切的代言人。是往后我们需竭力维护的所有一切的代言人。所以，当政治家不停地来去，作为一个人以及他所做的毕生的贡献而言，林肯仍然是我们所有人中最伟大的民主人士，是全人类永恒的启示。

艾德莱二世

林肯一直是史蒂文森家族的一部分。他习惯将故事记载转述，而且艾德莱一世很可能在他的激励之下开始收集资料的。

他们说我讲了很多很多的故事；我想，我确实讲了很多，但是在长期的体验过程中，我发现，不论你在哪里碰到他们，普通人更容易借助概括性实例的媒介得到启发，至于个别超挑剔的人怎么说，我并不介意。

亚伯拉罕·林肯

在 1852 年收入的一份资料里，艾德莱一世记录了他看到林肯在布鲁明顿的老酒店前走下马车时的情景，他刚刚结束去斯普林菲尔德市来回 60 英里的旅行，看上去"有些旅途困顿"。那天晚上，他聆听了林肯在政治会议上支持选举温菲尔德·斯科特（Winfield Scott）将军当选总统的演讲。那次演讲体现了突出的能力，但是皮尔斯将军军旅生涯值得称颂的部分，在演讲结束时已经所剩无几。

我的高祖杰西·菲尔是林肯的政治资助人和拥护者。在菲尔的要求下，林肯撰写并交付给菲尔他的个人简历。在林肯—道格拉斯的一系列辩论之后，菲尔正是用他的简历（附在本章的末尾）向世人推举这位鲜为人知的林肯为总统候选人的。这个文件一直在我们家流传，直至 1947 年交给国会图书馆收藏。菲尔最先提议在两者之间开展辩论。1854 年，他向史蒂芬·A. 道格拉斯参议员建议，就当时悬而未决的关键问题——把奴隶制扩展到领地以及道格拉斯"主权在民"的学说——进行"联合讨论"。当时还是卫斯理学院学生的艾德莱一世在场，他记录下了一个伟大的民主党人的反应：

"林肯先生代表哪个党？"道格拉斯问，"当然是辉格党"，菲尔说。道格拉斯"强烈地"拒绝了这一提议，根据艾德莱一世的描述，"从华盛顿返回家时，我在伊州北部受到一个老牌反奴主义者的攻击，在中部被辉格党攻击，在南部又被反对内布拉斯加的民主党攻击。我不可能让辉格党对反奴主义者说的话负责，也不可能让反对内布拉斯加的民主党为其他任何一方所说的话负责，这看上去像狗一样盯着一个人不放。"

林肯很快拜访了参议员道格拉斯。据艾德莱一世的记载，他们之间的会谈"非常礼貌，他们的对话，主要涉及他们的早年生活，也是最随和最常见的"。后来，林肯向道格拉斯建议"联合讨论"时，道格拉斯同意采纳。他们随后进行了 7 次辩论。每次 3 小时，辩论吸引了成千上万的听众：有步行去的，有骑马或乘马车到的。辩论为林肯带来高祖父菲尔所寻求的全国范围的注意。他随后利用林肯的自传在东部推举林肯竞选总统。林肯听从了他的设想。林肯在纽约库珀联盟学院的演讲资料一共散发了 50 万张之多。

1832 年，菲尔从宾夕法尼亚搬到伊州定居的那一年，林肯第一次作为候选人竞选伊州立法机构的公职。他在那次竞选中失利，但两年以后获选。显然，他和菲尔是在万达利亚，当时的伊州首府，第一次见面时，林肯当时只是州立法院成员。他们共用一个房间，在当时是普遍的做法。菲尔在代表布鲁明顿就立法事宜进行院外的说服活动。后来在 1860 年，他和他的门生，大卫·戴维斯（David Davis）一起，为林肯组织了共和党代表大会的伊州代表团。那次大会让芝加哥的人口暂时增加了 40%。

我假设你们都知道我是谁。我是谦卑的亚伯拉罕·林肯。我应朋友的恳求成为立法院的候选人。我的政治生涯像老太太的舞蹈一样短暂而甜蜜。我赞成建立国家银行。我也赞成内部改善制度和具有高度保护性的关税。这些就是我的感受和政治原则。如果当选，我会非常感激。如果选不上，那也一样。（1832 年）

我们不能承诺我们不该承诺的东西，为的是防止万一要求我们去履行诺言，我们无法实现。（1856 年）

没有一个政党能够在今年支持去年反对的原则而仍然得到人们的尊重。（1859 年）

相信永远和我同行，也一直伴随你们无处不在的上帝，让我们坚定地希望，一切都会安然无恙。把你们托付给上帝，正如我希望，在你们祈祷时，你们也将我托付给上帝一样，我和你们亲切告别。

亚伯拉罕·林肯

1861 年，对斯普林菲尔德市公民发表的告别讲话

沉寂的过去所提供的教条，远不足抵御眼前的风暴。

你不可能通过躲避今天去逃避明天的责任。

如果真的有时间为讨论而讨论，那自然不是现在。在目前这样的时候，人们不能说任何他不愿为之负责的话。

我必须保持一定程度的良知，即我和正义相差不远。我必须在内心深处坚定地保持一定的原则标准。

我知道有上帝，知道他憎恨不公。我看到风暴的来临，而且知道那里有他的手迹。但是，假如他有一片土地，并且有我的一块，我相信，我已经准备就绪。

你可以在某些时候欺骗所有的人，你也可以一直欺骗某些人，但你不可能永远欺骗所有的人。

在 1848 年 7 月 27 日的一次演讲中，国会议员林肯轻视了路易斯·凯思（Lewis Cass）将军的战绩，说支持凯思将军参选总统的民主党人是试图把凯思绑到"军队的尾巴上"。他说"他们像许多试图把狗拴到一袋豆子上去的顽童"。他接下去讽刺自己说：

议长先生，你知道我是一个战斗英雄吗？是的，先生。在黑鹰战争的岁月里，我流过血，但得以生还。提到凯思将军的军人生涯，让我回忆起自己的军旅生活。我不在斯蒂尔曼失败的阵地，但是，我离那里和凯恩离哈尔投降的地点一样近；和他一样，后来我很快看到那个地方。非常肯定，我没有断过剑，因为我没有剑可以断；但是有一次，我倒是把滑膛枪给弄弯过。

假如凯思弄断过他的剑，那他是在绝望时弄断的；我的滑膛枪也是偶然弄弯的。如果凯思采摘越橘时走在我之前，那我想，我进攻野洋葱时冲在了他的前面。假如他目睹过活着的，正在打仗的印第安人，那倒是比我经历得多；可是我和蚊虫也进行过许多次的血战，尽管我从没有失血到昏迷的程度，我还是可以实事求是地说，我经常很饿。

议长先生，假如我脱去我们的民主党朋友认为我身上存在的黑色封建主义装饰之后，他们可以接纳我作为他们的总统候选人，我会抗议，他们不可以拿我开心，就像他们对凯思将军一样，企图把我变成一个战斗英雄。

提起图谋阻止他连任的一位高级官员时，林肯说，"他像绿头苍蝇一样到处乱窜，见到腐烂的地方就产卵"。

林肯给他的内阁讲了一个小男孩给国王预报天气的故事。一心想知道小男孩准确预报天气的原因，国王让人跟踪小男孩并发现他咨询驴子的秘密。如果驴子的耳朵向前，那就表示天气好，向后表示有风暴。根据这一发现，国王让驴子成为首相。而且从那天起，每头驴都想做首相。

一次，在伊州洛克艾蓝的法庭和对手经过长时间乏味的交锋之后，林肯漫步来到密西西比河畔。他在那里见到一个男孩后，便问他对密西西比河的了解情况。那个男孩说，"我知道这条河所有的秘密。我出生前，这条河就在了，而且从此一直在这里"。林肯后来说，去那里他挺愉快，因为那儿有那么多的事实，那么少的观点。

在林肯的年代，人们会从大街上随意走进白宫，在那里见到总统并和他打招呼。这样一来，林肯总是被寻找工作和好处的人围困。因为感觉不适，他咨询了医生。医生说，他染上了轻度天花。他惊呼道，"太好了！现在我终于有东西可以给每个人啦"。

听到让他指派一位少将去接任重要职责的建议后，林肯说，在最近的一次战斗中，敌人已经捕获了 3 名少将和 4 车骡子。他说，这一事件令他担忧；他可以大笔一挥，提拔 3 名少将，但他不知道上哪里去弄骡子。在另外的一个版本里，林肯说的是，"多不幸！那些骡子要花 20 美元一头"。

林肯在斯普林菲尔德市的一个邻居回忆，"一天，我因为听到孩子的哭声去开门，看到门外林肯和他的两个儿子正在大踏步地路过，两个孩子都在号啕大哭。'怎么啦，林肯先生，你的儿子都怎么啦？'林肯说：'和整个世界都头痛的问题一样，我有三个核桃，但他们俩每人都想要两个。'"

在他发表"血染的土地"演讲的地点，国会议员林肯要求波尔克（Polk）总统出具入侵墨西哥的具体证据，但他的要求没有得到回应。另外一次他说，那些认为战争不是入侵的人，让他想起伊州农民说的话，"我并不是贪求土地。我只是想要我土地旁边的那块"。

林肯经常让他的将军失望，因为他对那些擅自离队的士兵的宽松处置。他解释说，"如果上帝给了人一双怯弱的腿，很难让他们不随两条腿一起逃走"。

林肯用胡克（Hooker）将军取代了犹豫不前的麦克莱伦（McClellan）。通过不断地汇报部队的行动，胡克企图制造部队紧张而有活力的假象。他发出的每一份战报都以"马鞍上的指挥部"开头。林肯说，"他把指挥部放在臀部该在的地方了"。

格兰特（Grant）将军被指责为醉鬼。"好呀，你弄清楚后，帮我个忙，看看格兰特喝的是哪一种威士忌。"林肯说，"因为我要给每个将军都送一桶去。"

在去盖茨堡发表他不朽之作的路上，弗莱将军催促林肯快走，这样就不会误车。林肯回答说，"我对这个演讲的感觉，就像我们伊州小城里的罪犯要上绞刑架时的感觉一样。当他在警察监护下奔赴刑场时，急于观看执行的人会挤挤推推地超过他。最后，他大喊一声，'孩子们，你们不用那么急地赶在我前面。我不到，精彩的部分不会开始。'"

提起最近去世的一位虚伪出名的政治家，林肯说，"要是将军知道他的葬礼有这么盛大，他一定会早死几年"。

赛曼·切斯（Salmon Chase）说，他遗憾有一封信他没有写，林肯的回答是，"切斯，永远不要为你没写的东西遗憾；恰恰是你已写了的东西常常让你觉得遗憾"。

早在他成为总统之前，有个律师事务所询问林肯邻居的财务状况。林肯回答说："首先，他有个妻子和婴儿；合起来，对任何一个男人来说，他们应该值50万美元。其次，他还有一个办公室。里面有一张值1.5美元的桌子和每把值1美元的三把椅子。最后，在一个角落里还有一个鼠洞，值得察看一下。"

林肯说起一个被大家扔上火车驱逐出城的人。当别人问到他有什么感觉时，他回答说"如果不涉及荣誉的事，我倒宁愿步行离开"。

当我们这些自大的人小心翼翼地为无名的墓地拼搏竞争时，一些命中注定要饥寒交迫的人却把自己忘却成永恒。

温德尔·菲利普斯（Wendell Phillips）对林肯的评论

林肯给杰西·菲尔寄发的自传性简历

斯普林菲尔德市，1859年12月20日

尊敬的先生：

以下是我短小的简介，正如你要求的那样——没有什么要写的，因为同样的原因，我本身没什么可写——如果从里面能提炼出任何东西来，我希望提炼出的是谦逊的简介，不要超出现有的资料范围——如果认为有必要综合我演讲里的任何材料，我想不会有反对意见。当然，本简介不要有出自我手的感觉——你真挚的……A. 林肯

我于1809年2月12日在哈定县出生。父母都出生在弗吉尼亚州的一个普通家庭——也许我应该说，二等家庭。我的母亲在我10岁那年辞世，

是汉克斯家族的人。他们当中有些现在在伊州的亚当斯县，其他的在梅肯县生活。我的爷爷，亚伯拉罕·林肯从弗吉尼亚的罗金厄姆县移居到肯塔基，大概是 1781 年或 1782 年。一两年后，他被印第安人杀害，不是在战场上，而是暗地里，当时他正在林间开垦农田。他的祖先是贵格派，曾试图与从宾夕法尼亚州的伯克斯县移居弗吉尼亚州和新英格兰的一户同姓人家认亲，但并没有得到更确定的结果，除了两家拥有相同的教名，如伊诺克、莱维、莫德凯、所罗门、亚伯拉罕等。

我父亲在他生父去世时只有 6 岁；他确实是在没有受过任何教育的情况下长大成人。在我 8 岁的时候，他从肯塔基搬到现今的印第安纳州的斯本瑟县。我们到达新家时，印第安纳州刚好加入联盟，那是一个荒凉的地方，林子里有许多棕熊和其他野生动物，我在那里长大，那里有一些所谓的学校；除了能够"读、写并按照三大规律计算"，对老师从来没有什么资格要求，如果一个走散的人碰巧在邻里逗留，而且被人相信懂拉丁语，他会被人当成奇才，绝对没有任何东西刺激人对教育怀有远大的抱负。当然，当我成人的时候，我也不懂多少，但不知怎么，我可以读、写、按三大规律计算，仅此而已。在如此的教育基础上，迫于需要，我不时地积累，取得现有的进步。

我是被培养去做农场工的，我在农场一直做到 22 岁。21 岁的时候，我来到伊利诺伊州，第一年在梅肯县度过。后来，我到新塞棱（那时属桑格门县，现在归莫纳德县管辖）的一个小店做了一年相当于店员的工作，接下去是黑鹰战争；我被选为志愿军队长——这一成功给了我以前从未体验过的快乐。我经历过竞选活动，被选中，同年（1832 年）竞选立法院但被打败——唯一一次被人打败。随后的一次以及后来连续三次的两年一度的选举，我都胜选并进入立法院。我后来没有再成为候选人。在立法院期间，我搬到斯普林菲尔德市，学习了法律并开始实践。1846 年，我曾被选进国会下院。没有成为候选人去连任。从 1849 年到 1854 年（包括这两年在内），我比以前任何时候都更辛勤地工作。政治上一直是个辉格党；通常都在选票上，而且积极争取选票。我对政治的兴趣正在削减，直到密苏里折中议案的废除重新点燃我对政治的兴趣。自那以后，我的所作所为人尽皆知。

如果需要对我的外表进行描述，可以说，我身高差不多 6 英尺 4 英寸；体型瘦削，体重通常为 180 磅，深色皮肤，粗黑的头发，还有灰色的眼睛——想不起其他的特征了。

你真挚的

A. 林肯

自传为国会图书馆收藏。另请参阅伊州斯普林菲尔德市《亚伯拉罕·林肯协会手稿》第三卷，1981 年；沃德·H. 拉蒙（Ward H. Lamon）的《回忆亚伯拉罕·林肯》；《林肯的一生》，维恩·威泊 1908 年为林肯 100 周年诞辰纪念协会撰写。

第十三章　宗教与政治

自基督教问世以来，成千上万无辜的男女老幼被烧杀、折磨、惩罚或监禁：可是，他们并没有因此向归顺迈进寸步。压制的结果？让这个世界上的人，一半变成傻瓜，另一半变成伪君子。

托马斯·杰斐逊

连美国创始人在内的政治家，都会随时祈求上帝的帮助和保佑，但是，在《黑皮书》里，宗教只是虔诚的语境，传达慈善和同情的理念。宗教同时也是疑议和幽默的主题。正如巡回布道的牧师、律师以及政治家所证实的那样，宗教与政治相关，但是，经过旧世界几百年的宗教战争和迫害之后，好像这一状态并没有威胁到宪法所秉承的政教分离。

一个没有宗教的世界将有可能是最美好的世界……我所理解的基督教，过去和现在都是一种启示。可是成千上万的寓言、故事、传说又是怎样和犹太教以及基督教的启示糅合在一起，变成有史以来最血腥的宗教的呢？

约翰·亚当斯（John Adams）

在它将近 1500 年的时间长河中，基督教的法律建制一直处于审判之中。审判结果如何？差不多在所有的地方，神职人员中存在自大和懒惰；世俗世界则存在无知和奴性，宗教和世俗世界同时存在迷信、偏执和迫害。

詹姆斯·麦迪逊

> 不同宗教派别的牧师……对科学进步的恐惧如同女巫惧怕白昼。当听到他们赖以生存的喽啰们即将被分割成更小的群体时，他们对宣布这一致命消息的预言者只能眉头紧蹙。
>
> 　　　　　　　　　　　　　　　　　　　托马斯·杰斐逊

美国的创始者是启蒙运动的产物。他们汲取的是 18 世纪洛克、孟德斯鸠和伏尔泰的思想。就杰斐逊而言，争取宗教自由的斗争是"我毕生经历的最严峻的抗争"。1786 年弗吉尼亚州采纳政教分离的宪章时，麦迪逊写道："在弗吉尼亚州，用立法控制人类心灵的狂想被永久地泯灭。"上帝，如果有的话，已经给予人类理性的天赋。神权是僵死的教条。上帝治人和人类自治的冲突得到解决。理性将治理人类的物质世界，上帝则管辖人类的精神世界。

早期的福音主义传播的是福音，宣讲的是拯救，而且往往利用《圣经》描绘一个关爱人类的耶稣。后来，它开始蜕变，最终成为通过轮回、时间的终结和宿命获得拯救的一种信仰。新英格兰的加尔文主义是其根基。在《黑皮书》里，这种类型的原教旨主义并没有侵入美国政治。上帝，如果存在，没有要求路德、加尔文或是教皇所宣扬的臣服。

《黑皮书》回顾了信仰治疗师、神创论者、营地布道会，反复提及那些通过实践和磨炼提高了"激情"的演讲技艺，并因此发达或没能发达的巡回传教士、律师和政治家。其实，他们往往是同样的一批人。传教士成为律师，布道者和律师均成为政治家和法官。但是，政治和宗教之间的分离没有受到威胁。

艾德莱一世回忆中的营地布道会纪律严明，秩序井然。会上没有时间狂欢，听众都是远道赶去的家庭，有骑马的，有坐马车的，还有的自带帐篷步行前往：

> 营地灯火闪烁，周围是一片漆黑的树林，一千人齐唱圣歌，组成令人肃然起敬、终生难忘的美妙音乐："来吧，卑微的罪人，在你们心中，千头万绪在旋转"……演讲人和场景融汇成一体。在绝对的真理之中，被上帝拯救的喜悦和丧失灵魂者的恐惧，只有"那些经过圣坛熊熊炭火烧撩过的嘴唇"才能够生动形象地描绘它们。

　　艾德莱一世对预言家约瑟夫·史密斯（Joseph Smith）并不抱多少同情心，摩门教徒不得不逃离他们在伊州纳府的定居地和教堂。"自穆罕默德至今，虚妄的历史表明，人们随时都在准备寻求新发明，抛弃陈旧的信念，迫切地以新的信仰将旧的取代。再恐怖的信条都会在一些人心中找到居所。"

　　根据《黑皮书》的记载，伊州早期的宗教由不同教派组成，而且在他们中间存在对立。归属各个派别的政治家需要掌控这些对立的派别。彼得·卡特赖特是巡回布道的牧师和民主党人。依据早期的记载，他对浸礼会和加尔文教派抱有同样的憎恨。"在我被任命的时候，我从来没有见过一个新英格兰的美国佬，有关他们的故事，我听到的都令人沮丧。据说，他们几乎完全靠南瓜、蜜糖、肥肉和武夷茶为生；另外，他们不能忍受大声激情的宣讲，而且他们携带着他们博学的牧师，总在评判我们这些粗野的布道人。"卡特赖特抱怨一位一半是"宿命论者"，一半是"宇宙神教"的"女教徒"，他说他很难跟上她，所以，他让她"一直悬吊在两个信仰之间受折磨，那个长着窄脸，罗马鼻子，巧舌如簧，啰啰唆唆的美国佬"。

　　类似的对抗情绪可以从卡特赖特温情告别一位以前的同事的话语里推断："他离开卫理教会去加入自由意志浸礼会；后来又离开后者去加入新明灯教会，随后，他又搬到得克萨斯州。在那里，魔鬼早早地把他召了去。"

　　在乡村的宗教集会上，很少听到"愿上帝保佑把我们的心通过基督之爱联结在一起"的祈祷；在许多宗教集会上，基督式的仁慈，即便是有限的一类，也是少见的品德。对于遵奉"顺从所有人"的基督教义的政治家而言，教派之间的对立无疑对他们构成了挑战。艾德莱一世通过回忆说明了这一点。

　　俄亥俄州的参议员塞布龙·万斯（Zebulon "Zeb" Vance），19 世纪 50 年代第一次竞选国会议员。他说到自己有一次在人烟稀少的荒郊骑着马小心翼翼地赶路时，突然发现自己跟前出现一群在"上帝的第一教堂"朝拜的信徒。用山里人的话来说，那是一次被人称为"延长了的集会"。

　　这群刚才还在干活的人被叫去歇息吃点心，而他则被邀请去和他们分享熏猪肉、炸鸡、面包、玉米饼、酸黄瓜和其他健康零食。当他作为候选人四处和大家握手交谈，享受众人的款待时，他心里最要紧的想法是："这是什么教派？卫理教圣公会？浸礼教？还是其他？"当他在为以上重要问题一筹莫展时，教众里的一位突然打断了他的思路，向他提出以下的问题："万斯先生，你是哪一门的？"可怕的询问必须立即得到满意的答复。放下手里的鸡腿、面包和酸黄瓜，他开始说："我已经过世的祖父，作为长老会的执政长老，度过了他经久有益的一生。"对这位观察力不太出色的候选人来说，当地牧羊人"紧锁的眉头和因为不赞同而左右晃动的脑袋"足以起到警示的作用。"但是，"他接着说，"在我父亲虔诚侍奉上帝事业的漫长岁月里，他同时也是卫理圣公会教堂的成员。"

牧羊人阴沉的脸暗示着潜在的危险。作为最后一搏，我们这位手里只剩下一颗子弹的候选人认认真真地继续说："在我长大成熟之际，通过祈祷和冥想，我能够独立阅读和理解《圣经》，并因此得出以下的结论：浸礼会的教义是才是正确的。"

"上帝保佑！"一位老布道者拽着万斯的手惊呼。

从密西西比来的约翰·艾伦（John Allen）是一位不出名的国会参议员。应艾德莱一世邀请，去他作为参议员时常去的饭店。当别人问他想要些什么的时候，约翰心不在焉地回答说，"点什么最终对我来说无关紧要"，转过身面对服务生，他又慢慢地拖着腔调说，"给我来只鳖和香槟吧……我在华盛顿时期习惯的东西……顺便问一下，你曾经听说过这样的话吗——在华盛顿之前？"艾德莱一世婉转地表示，他听过那样的表达方式。约翰继续道：

"我是在一个特定的环境里听到的。在我们选区的外围，有一个很陈旧，名叫硬壳或是铁甲浸礼教的教派；教徒当然都是超好，超诚实的人，但是他们的做派很陈旧，而且永远反对所有的时新观念，比如戒酒协会，传教士协会和主日学校。不过，在他们放弃古老和善意的宗教学说，特别是宿命论，并且不再计较之前，说不定他们可能会突然消失。喔，我告诉你们，他们其实以前老早就是宿命论者。对这个问题模糊不清的约翰·凯文，可能连尝试的机会都没有。"

"有时候，布道人在宣讲期间会转向教堂右前方的座位询问：'我的兄弟，什么时候你注定要得到永远的拯救或是惩罚？'……其实，'自从这个世界诞生以来'，从上苍那里得到的答案千百年来都一样。"

"第一次参加国会竞选时，我在对邻里讲话之后，除了整个周六的晚上都和其中的一位长老待在一起，周日那天去了教堂。在布道牧师就他热衷的学说高谈阔论时，他突然转向一位不知怎么被挤到教堂右前方的陌生人说：'我的兄弟，什么时候你注定要得到永远的拯救还是惩罚？'这个令人吃惊的询问弄得陌生人极其尴尬。陌生人迟疑地回道：'我记得不准确，牧师，但我想，应该是在华盛顿之前。'"

鼓励自己的教徒避免即将来临的愤怒时，一位传教士说"我要你们知道，到时候会出现哭泣、哀号和咬牙切齿的苦痛"。一位老年妇女站起来说："我没有牙齿。""太太"，那位传教士回应说："会把牙齿给你准备好的。"

《黑皮书》尊敬卡特赖特，我们巡回布道的牧师，一位民主党人。他比林肯年长，但是他的同辈，也是林肯1846年竞选国会议员时击败的对手。林肯称他为"我的牧师朋友"。他们的辩论没有被记载下来，而且要早于林肯12年后和更加厉害的对手，史蒂芬·道格拉斯之间的辩论。

彼得·卡特赖特对一群教友说："那些愿意去天堂的，请起立好吗？"除了一个人之外，所有的人都站了起来。卡特赖特又询问说："那些想去地狱的，也请你们站起来？"那个人还是坐着一动不动。气急败坏的牧师问他为什么还坐着。那个人说："我喜欢待在这里。"

这个故事的另一个版本说，卡特赖特要求知道那个男的究竟要去哪里，那个人（林肯）回答说："我要去国会。"

一个被判死刑的人正在等候处决。按照浸礼教的宗教仪式，死囚很好地进行了忏悔并渴求受洗。虔诚的牧师请求巡回法庭的法官允许死囚在附近的肯塔基河履行浸洗仪式。法官威廉·布莱斯通对法律理论的精通胜过对神学知识的了解。他拒绝让囚犯出狱受洗，但允许他在铁窗里受洗。听牧师解释了狱中受洗的不可行性后，法官回答说："我知道监狱没有空间给他按常规施行洗礼。端一盆水到他所在的地方去，把水撒在他身上。"牧师恳切地插话说，"可是，我们教会不承认洒水为有效的洗礼仪式。我们坚信浸洗才是神定的唯一办法。"
"那么，本法庭决定洒水是有效的洗礼；现在我最后一次郑重告诉
你，那个该死的歹徒要洒水受洗，否则，他就只能不经过洗礼就
处决！"

艾德莱一世陈述说，由于以上决定从未被上级法院否决，所以，一直
是长期存在争议问题的唯一明智的判决。

　　一位牧师不得不给一个因生活糜烂而死去的兄弟主持葬礼："再
见了，摩西。我们希望你去一个我们相信你不会去的地方。"

艾德莱一世

艾德莱一世向大法官法庭提交了一份要求减轻"祈祷"中所述的惩
罚法案。反对方的律师，当地长老会的教友，反对他的提议，否认原告有
权获得他所祈祷的一切补救。艾德莱一世回答说，他认为他的对手是一位
足够善良的长老会教友，所以他知道，每个人祈求得到的总是比期望得到
的更多。

　　犹太人有关一个期待看到救世主现世的人的故事："这个差事的
薪水不多，但是个稳定的工作"。

　　在与神学相关的一次辩论中，艾德莱一世建议 W.O. 戴维斯，他
儿媳海伦的父亲，一神论教徒，向"相关的人员"祈祷。戴维斯反
驳说，作为长老会教友，"艾德莱相信的是遵守十戒以及他的手够得
着的任何东西"。

伊丽莎白·芭翡·艾夫斯（Elizabeth "Buffie" Ives）
艾德莱二世的姐姐

福音基督教派在美国人的生活中一直起着重要，可能日益强大的作
用。在主流新教派别已经萎缩的同时，福音基督教派在得到加强，通过对
《圣经》字斟句酌的解读，他们使耶稣重新成为他们的救世主，并继续从
中汲取灵感。犹太复国主义基督徒已经成为以色列侵占巴勒斯坦的支持

者，他们相信犹太人的最终归顺。先发制人的中东战争起因来自石油和
宗教。

　　　　那些让你相信荒诞的人可以让你犯下暴行。

　　　　　　　　　　　　　　　　　　　　　　　　　伏尔泰

　　在《黑皮书》里，总统身上的瑕疵以及诸如同性婚姻、干细胞研究、
堕胎权利一类的议题没有激怒"宗教右翼"。美国政治并没有滥用福音基
督教，它只是把福音派的美德转化为公共政策。政治是"实用宗教"。宗
教和国家之间的隔墙既坚实又紧密。

　　1780 年的一天，在康涅狄格州的哈特福德市，午时的天空由蓝
变灰，下午，整个城市已经变得一片浓黑。在那个宗教主导的年代，
所有的人都屈膝下跪，祈求上帝在末日来临之前给予他们最后的祝
福。康涅狄格州的众院代表正在议政，许多成员都吵着要立即休会。
众院议长德文珀特上校起身后，用以下的话平息了众院的躁动："末
日要么是正在逼近，要么就是没有到来。如果没有，也就没有必要休
会。要是来了，我选择在上帝到来时看到我在履行我的职责。因此，
我希望大家把烛火点亮。"

　　达尔文的《物种起源》1859 年第一次出版发行。到了 19 世纪末，
所有的州宪法都包含了禁止学校传授宗教的法令，尽管事实上，他们经
常禁止的是传授其他派别的宗教。艾德莱一世 1900 年的竞选伙伴威
廉·詹宁斯·布莱恩，为基督教原教旨主义派展开了最后的冲刺，显
然，他指望他的征战能够导致经济上的公正，对剥削平民的产业和金融
利益实行监控。1925 年，他 65 岁去世时，世人几乎已经把他忘却。去
世前的几天，他在斯科普斯的"猴子审判"中和克拉伦斯·达罗
（Clarence Darrow）交锋并惨败。他为《圣经》的字句解读辩护，拒绝
达尔文的进化论。理性在美国获胜。

　　《圣经》对事件的关注远远胜过对思想观念的关心。《圣经》里
包含了思想，但是都受事件主导。通常不明确陈述的信念是，上帝更

多地通过历史来揭示自己，不是通过自然或其他方式……总体来说，书写《圣经》文字的人都满足于讲故事。

　　　　　　　　　　　埃尔顿·楚布拉德（Elton Trueblood）

　　在《黑皮书》完稿之际，跟随启蒙主义（理性和宗教容忍）的胜利到来的是原教旨主义，迷信、宗教不容和反改革思潮的兴起。前总统吉米·卡特，一位重生基督徒抱怨说："不论是宗教还是政治上的右翼，都放弃了耶稣基督的侍奉原则。"

　　有些福音教徒被说动的原因，不是基督徒所爱的福音美德，而是干细胞研究、同性恋权利和堕胎。有些人称这一现象为"阶级之战"，伟大的普通人布莱恩会失望：普通人针对他们自己阶层的人开战，为的是富人、特权受益者以及再生基督徒总统的支持者的福利。布什就体现了这一现象的滑稽性质——一方面，他热情保护胎儿，另一方面，却坐镇得克萨斯平均九天一次的死刑，当一位被判死刑的女士乞求"请不要杀我"时，他在电视上嘲笑对方的行为。

　　在《黑皮书》的现世政治生活中，公共政策反映了对人类生命的尊敬。极刑遭到艾德莱一世和艾德莱二世的反对。伊州体现了本州对人类生命以及在所有行动上都实行法制的敬意。古代欧洲的政治伴随着宗教战争和迫害的记忆，忌讳这种新的笃信。政治仍然在教堂和国家之间形成坚定的分界，更加主动的州带来了更加合理的收入分配，更好的医保、教育以及回避信仰纷争引发的战事。在方式方法上，"老"西欧更像老美国。

　　新美国具有鲜明的宗教商业化特点，其商业化程度是其鼻祖诺曼·文森特·皮尔（Rev. Norman Vincent Peale）20 世纪 50—60 年代从未想到的。他创造了一种伪心理学。这种伪科学滥用人们的信仰，鼓励人们自行思考，与外界脱离，依赖"肯定性思维"的空虚诺言，取得自我满足和自我实现。精神科医生和心理学家把这种伪科学称为以信仰为基础的心理欺骗。有些人说，这将威胁实行者的精神健康，可是对于皮尔来说，这是一件名利双收的事。皮尔反对艾德莱二世和约翰·肯尼迪的竞选。他成了理查德·尼克松的朋友和支持者。

　　　　使徒保罗人人爱。使徒皮尔人人嫌。

　　　　　　　　　　　　　　　　　　　　艾德莱二世

如今，无教派之分的规模巨大的教堂成了生意场。他们往往由生意人和商业顾问规划、开发和运作。他们把成千上万的教众分期分批地塞进教堂，给他们上圣经课，让乐队为其伴奏或演奏，设立咖啡店，提供摇滚乐以及愉悦听众的布道。这类宣讲多数对政治避而不谈，包括极右的以及基于信仰的政治。这是娱乐和生意，是基督信仰的商业化。早在2007 年 12 月 3 日，弗朗西斯·菲茨杰拉德（Frances Fitzgerald）就在《纽约人杂志》上有过详细的描述（文笔精彩，目光犀利的弗朗西斯·菲茨杰拉德年轻时就参与了《黑皮书》记载的各种冒险活动）。像法律、政治和医药一样，宗教也在新美国被商业化了。传统教会的会众已经减少。

就共和党向美国的第一个宗教性政党的转化，前参议员约翰·丹佛思（John Danforth）、凯文·菲利浦斯（Kevin Phillips）以及其他人都有文本证明并为此痛惜。也许理性将会回归。对全球变暖以及世界贫困群体遭受苦难的问题，福音派教徒已经显示了兴趣。共和党在选举中一直失利。而宗教商业化的兴盛，实际上和福音教徒的美德没有关联。

以下摘自 2004 年秋一封写给宾夕法尼亚的共和党参议员里克·桑托勒姆（Rick Santorum）的公开信。他在同年的竞选中失败。

尊敬的参议员：

非常感谢你为上帝的法律教育人民做出的大量努力。从你支持修改宪法，反对同性婚姻的演讲里，我学到了很多东西。我正在试图把我的理解与尽可能多的人分享。

比如，当有人要为同性恋的生活方式辩护的时候，我只要提醒他们，《利未记》第 18 章第 22 节（简写 18：22）里清楚地说明，这种生活方式是放荡行为。不用辩论。不过，有关上帝法律的其他成分以及如何遵从，我需要得到你的指教。

（1）《利未记》（25：44）宣称，我可以拥有奴隶，男性和女性的，只要他们是从邻国购买的就可以。我的一个朋友声称，那只适用于墨西哥人，不适用于加拿大人。你能澄清一下这个问题吗？我为什么不能拥有加拿大人？

（2）我想把我的女儿变卖为奴隶，这是《出埃及记》（21：7）里认可的。在目前的年代，你认为以什么价钱出手才公道？

（3）我知道，当一位女士处于经期不干净时，我不被允许和她接触。《利未记》（15：19－24）。问题是，我怎么能判断？我试图询问了解，但多数的妇女都为此被触怒。

（4）当我烧了一头公牛放在祭坛上敬献上帝时，我知道，那会给上帝带去香味。《利未记》（1：9）。问题是我的邻居。他们声称，那味道非常不好闻。我应该反驳他们吗？

（5）我有一个朋友，坚持要在礼拜天工作。《出埃及记》（35：2）清楚地说明，他应该被处死。我在道德上自己是否负有杀掉他的责任，还是应该叫警察去处理？

（6）我的一个朋友觉得，尽管吃海贝是可恶的行为——《利未记》（11：10）——但和同性恋相比，是轻度的可恶行为。我不同意。你能解决这个问题吗？是否存在不同程度的可恶行为。

（7）《利未记》（21：20）声明，如果我的眼睛有缺陷，我不能接近上帝的祭坛。我得承认我要戴眼镜。我的视力是不是一定要 20/20 才行，还是存在调剂的空间？

（8）我多数的男性朋友都削剪头发，包括两鬓的头发，即便那是《利未记》（19：27）里明确禁止的。他们应该怎么死？

（9）我从《利未记》（11：6－8）里知道，触摸死猪的皮是肮脏的，可是如果我戴手套的话，我可以踢足球吗？

（10）我的叔叔有个农场。他违反《利未记》（19：19）的规定，在同一块地里种上了不同的庄稼，就像他的妻子穿了用不同的线（绵/纤混纺）织成的衣服一样。他往往诅咒，常常对上帝不敬。是否有必要把全城的人都叫到一起，用石头把他们砸死？《利未记》（24：10－16）。我们不可以把此事作为私事，干脆把他们烧死不行吗？就像我们处理那些和亲家睡过觉的人。《利未记》（24：14）

我知道你对这些事情有过深入的研究，因此享有相当的学识，所以我坚信你会帮助我。再次感谢你提醒我们，上帝的话是永恒不变的。

　　　　只有那些把自己和上帝混为一谈的人，才胆敢在这个苦涩血腥的年代妄称，他们知道通向乐土的确切途径。

　　　　　　　　　　　　　　　　　　　　　　　　艾德莱二世

宗教在普通民众眼里是真实的，在智者眼里是虚假的，在统治者眼里是有用的。

小塞内加（Senece The Younger）

《圣经》不是我的书，基督教不是我的宗教。我永远不会同意基督教冗长复杂的教义。

亚伯拉罕·林肯

第十四章　媒体

一个不提供公众信息或不提供获得公众信息途径的民众政府，只能走向闹剧或悲剧，或同时走向闹剧和悲剧。知识将永远掌控愚昧，一个意欲掌握自己命运的民族，必须用知识赋予的力量来武装自己。

詹姆斯·麦迪逊

杰西·菲尔收购《布鲁明顿每日新闻报》（*Bloomington Daily Pantagraph*）的举措，使新闻业从此注入史蒂文森家族的血液。但作为备受关注的焦点，《黑皮书》很少论及新闻媒体。在一个自治的国度里，新闻媒休的作用不言而喻。报纸的英语名称，"*Pantagraph*"①，本身就表示了新闻媒体必须"印发一切"的职责。报纸于 1848 年在伊州中部的平原地带被命名，名称隐含了对民主起源的认可和对希腊经典的谙练。现在，《布鲁明顿每日新闻报》也变成媒体帝国庞大齿轮上的一个轮牙，一个时常被易手的商品，而报纸原先的社区根基大体已被割断。

在艾德莱一世的时代，家庭档案中有党派倾向强烈的媒体剪辑和漫画。登载在《法官》杂志上的漫画，对艾德莱一世的精彩描绘毫不留情：他被塑造成一个所谓的铜斑蛇，自豪地承认是民主党的打手。报纸很少假装中立。电视还没有问世。公众不可能被媒体假装的中立姿态蒙骗。报界的党派倾向在伊州一直持续到 20 世纪 60 年代。《芝加哥论坛报》的出版商，伊州共和党当时的后盾，是罗伯特·莫考密克（Robert McCormick）。他住在芝加哥有共和党倾向的郊区，威顿的尚绨霓，一个庞大的庄园。他

---

① Pantagraph 由希腊词 "panta" 和 "grapho" 构成，两词组合在一起意为"写一切事情"（"Write all things"）。——译者注

患有恐英症，是一个孤立主义者和反动的人。在被问到莫考密克的死讯时，艾德莱二世回答说："威顿镇会惦念他。"

莫考密克还是一个坚持要在《论坛报》使用英语缩写的怪人。据报道，他在圣诞时给雇员赠送牙刷。《论坛报》的政治编辑，乔治·泰格（George Tagge），也是报社的院外活动家。1965 年，他游说国会反对我提出的议案。我的提案要求院外活动人员注册并上报他们的费用。泰格以自由媒体的名义，帮助共和党和受其控制的州参议院否决了我的提案。

马歇尔·费尔德三世（Marshall Field III）在 20 世纪 50 年代组建了《芝加哥太阳报》，为芝加哥读者提供了一个与反对进步、孤立主义和党派倾向浓重的《论坛报》抗衡的替代性媒体。《芝加哥每日新闻报》是佛朗克·诺克斯出版的一家晚报。作为一位温和的共和党人，佛朗克·诺克斯后来成为海军部长，艾德莱二世的老板。他的报社聘用了世界范围的驻外记者。艾德莱二世在世时，芝加哥拥有 4 家日报，1 家赫斯特报。现在，只有 2 家。一家是肤浅乏味的《芝加哥论坛报》，媒体帝国的一部分；另一家是《芝加哥太阳报》，被霍林格的利益团体掌控，归属布莱克勋爵（Lord Conrad Black）——因为公司管理混乱，卷入法庭诉讼之中，他和马歇尔·费尔德三世的办报理念和品德相去甚远，就此而言，和莫考密克也不同。马歇尔·费尔德三世和莫考密克都没有在公司或是私人方面有过不妥行为。我撰写本章时，《论坛报》已经被身价亿万的业主山姆·塞尔（Sam Zell）收购。亿万富翁们瞄准媒体的目的并不仅仅是经济，还可能包括自我、政治势力和意识形态一类的因素。最近，鲁伯特·默多克（Rupert Murdoch）又赢得了受人尊敬的原来由家族拥有的报纸《华尔街日报》的掌控权。

芝加哥地区媒体的合并也是全国范围现象的写照。2004 年，在1500份日报中，大约有 280 家是独立的报社。五大跨国公司几乎掌控了所有的商业电视新闻。包括闭路电视、广播和报纸在内的新闻资源，总体上都对新闻进行了过滤，为的是提供市场需求的报道。电视上的偏激评论比在世界范围采集新闻要省钱，因为这些媒体帝国的关注焦点是利润底线。维亚康姆公司掌控的哥伦比亚广播公司，把公司在亚洲的新闻和通讯记者削减到 1 位，这位驻东京记者要负责整个亚洲的新闻报道，在伦敦中心办事处工作的有 5 位，特拉维夫有 3 位，罗马有 1 位，而阿拉伯或伊斯兰世界、南美洲或非洲都没有新闻记者。

2004 年,美国有线电视新闻网(CNN)全年的新闻报道总共花费约 3 亿美元。鲁伯特·默多克拥有的福克斯电视网络公司的新闻报道花费了大约 6 千万美元,其中多数都花在了以工作室为基地的新闻报道和评论上,比如右翼电视节目"奥莱利评论秀"(O'Reilly Factor)。作为共和党势力的延伸,根据里根顾问迈克尔·狄佛(Michael Deaver)的意见,为了和其他电视网络公司的真人秀竞争,福克斯电视公司通过提供迎合观众口味的新闻窃夺观众。在参议院的听证会上,就美国《宪法》第一修正案里媒体的义务和职责问题,我询问过鲁伯特·默多克。他毫无价值的答案大概深藏在参议院的"胃腑"里。他并不茫然,这意味着他不是没有考虑过媒体的义务,或者完全没有料到如此奇怪的提问。

根据皮尤研究中心的"人与媒体"的调查结果,每 10 个美国人里,有 6 位经常观看当地新闻,3/4 的人表示,电视新闻是选举信息的主要来源。由基金会支持的启发性新闻节目可以通过美国公共广播公司(PBS)、有线—卫星公共事务网络(C‑Span)、英国广播公司(BBC)的全球节目以及一些有线电视网络收看。正当世界日益复杂动荡,国际问题日益庞大繁杂,因此特别需要有良知的报道、诠释和忠实的门卫时,电视却使多数美国人对公共议题处于不知情或是被误导的状态之中。电视网络公司越来越多地依赖包括报纸在内的外界服务来定义"新闻"。可是,报纸正在消亡,新闻报道正在减少。

2007 年,报纸广告的消费下降了 9%。2008 年 1 月,《芝加哥太阳报》宣布削减 19% 的新闻办公室职员,只留下摄影记者和体育记者。30 岁以下的人群中,只有 1/5 每天看报。全美花在阅读报纸上的时间已经下降到每月 15 个小时,自 1996 年以来下降了 50%。美国电视网络每天花 20 分钟的时间报道国家和国际新闻,而且追随具有轰动、暴力和视觉效应的大潮流,致使美国人在某种程度上对这个世界形成失真的印象,而这个世界并不都是敌意或暴力的。

2007 年,位于麦迪逊市的威斯康星大学新闻实验室,对当地的电视新闻报道进行过调查。调查结果表明,2006 年,传统上以"劳动节"作为竞选开启日的随后的一个月里,36 个被监测的中西部电视台在 30 分钟的新闻节目里,平均 36 秒钟报道竞选活动,其中 1/3 的报道和民意测验、竞选策略以及竞选对手势均力敌的一类竞选信息相关。与此相反的是,广告占 10 多分钟，体育比赛和天气预报占 7 分多钟。"政府"新闻 1 分钟，"对外政策" 23 秒钟。2007 年 1 月 1 日到 3 月 31 日，在 30 分钟的节目里，被监测的电视台用 1 分钟 35 秒报道"政府"新闻，体育运动和天气预报共占用 7 分 41 秒，广告 9 分 12 秒，环球时事 24 秒。考虑到电视新闻对世界、政府和政治方面信息的报道质量，人们可能会认为，少一些报道就会少一些误导。包括法国在内的国家正计划创立或是扩大他们的英文节目，这样可以使美国人对世界时事获得更加客观的报道。让美国人民接触到真相，对他们同样有益。

20 世纪 70 年代，哈里斯民意调查表明，有 25%—30% 的美国人相当信任媒体。而 2005 年的民意调查显示，人们对媒体的信赖只排在律师事务所前一位，高度信任媒体的占 12%。正如美国广播公司（ABC）的代言人解释的那样，新闻已经成为"娱乐节目"。根据调查，一个美国孩子经常在 3 岁，甚至更早的时候就开始看电视，这会对他们的大脑造成损坏性影响。

有线电视网络、社区报纸、卫星广播和互联网生产了大量的信息资源。自 1990 年以来，报纸在全国范围的发行和晚间电视新闻的观众都大幅度下降。信息资源的海洋波涛起伏，博客以及随之而来的对人物和议题的评论倍增。在国家级的媒体资源里，政治职位候选人被卷入重重的信息旋涡，而且资源的出处往往不确定或不择手段。他们面临的资源量远远超出能够回复或应付的水平。2006 年 5 月，被跟踪的博客有 3730 万。博客天地的数量每 6 个月翻一番，几乎所有语言都有。这意味着，在正规的政治制度之外，世界各地的人民和组织正在获得组织政治力量的新潜能，而且在传统媒体的触及范围以外。真正民主的政治体系可能会因权力的社会化受到威胁，因为这是最宽松和最宽容的一种权力。

在《国会山上》里，朱里安·E. 泽利泽（Julian E. Zelizer）描述了新闻资源的扩散，媒体和政治家之间的敌对情绪日益加剧，轰动性新闻、丑闻和性丑闻受到关注。这一现象试图引诱政治家们注重同样的事情，使公众对政治和媒体的态度越来越消极。通过收买评论员，派遣与五角大楼和国防承包商有关的"军事分析家"协助媒体，使用政府资助的电视节目以推动政府项目，布什政权败坏了风气。

在充斥着竞争性信息资源的沼泽地里，公共关系成了一桩巨大的挑战性生意，而且已经变成日益强大的政治力量。根据 2005 年早期为当时的众议院少数党领袖南希·佩洛西（Nancy Pelosi）准备的一个报告，2004

年，布什政府在公关合同上的花费创下 8800 万美元的历史纪录，比 2000
年增长了 128%。根据公关公司顾问委员会的报告，在 2002 年，美国的
公关公司总共从客户那里收取了 25 亿美元，而 1968 年的总收入只有 1.92
亿美元。与此同时，公共广播基金被削减，节目的选编受到政治压力的左
右。美国联邦通信委员会拒绝实施《1927 年广播法》和《1934 年通讯
法》提出的标准：便利、公益、必需。空中波段属公共领域所有；政府
却越来越多地为私人领域帮腔。在美国，新闻就是生意；在市场上，报纸
生意不再受人青睐。2004—2007 年，独立拥有和公开交易的报纸出版商
在综合市场的份额降低了 42%。

让政治家们通过媒体和选民交流往往困难，因为媒体像托马斯·杰斐
逊和亚历山大·汉密尔顿抱怨的一样水平低下。而当时的媒体广泛被认为
是吹鼓手和党派的喉舌。1980 年，前国会众议员约翰·安德森（John An-
derson）是一位受人尊敬，善于雄辩的温和共和党人，他发誓以第三政党
候选人的名义参加总统竞选，另外，他的竞选运动将以议题为主导。他的
想法成了值得报道的新闻，直到他开始明确阐述他对各种议题持有的立场
时为止。公众对他的想法一无所知，只是知道，他为说明自己的观点召开
过新闻发布会。卡特总统 1980 年再度竞选总统的最后几天里，在得克萨
斯发表了准备充分的演讲。通过这一演讲，他寻求向民众说明他再次担任
总统时设立的目标。而普通大众听到的结果是，他有目标，但并不知道是
什么样的目标。离开总统位置时，别人问起他最大的失望是什么，他回答
说："伊朗和媒体。""而且，他们还埋怨我没有就议题进行讨论。"自那
以后，一切都开始走下坡路。

1982 年我竞选伊州州长时，除了抱怨我的规划涵盖的内容太多，太
复杂，因此无法报道外，媒体对我采取的是忽略对策。我能够感到他们的
变化。在新闻发布会上，大家并不就议题发问。只是在采访和谈话节目
里，对此关心的人才就议题提问。

媒体通过电话询问教育、税收和其他议题。在斯普林菲尔德市的一次
新闻发布会上，《芝加哥太阳报》的查尔斯·惠勒（Charles Wheeler）就
教育提问。在我的记忆里，整个竞选活动中，媒体就实际问题提问，那是
唯一的一次。媒体提出的问题和"政治游戏"相关——金钱和民意测验，
谁在支持谁，甚至谈到候选人的服饰。记者们很少和候选人一起旅行，至
少不是和我一起。他们在家里待着，收集并报道谣言，多数由他人栽植到

他们乐意听信谣言的耳朵里。我想起一个和我同行的记者。他说，他的体验绝对不是当地记者引导所期待的那样。现场观众的反应和过去一样，但是，他们大多都处在公众看不见和听不见的地方。

　　媒体成了操纵公众舆论的工具，所需的费用日益增多。2006 年的联邦选举周期里，竞选联邦公职的候选人总共募集了 25 亿美元的捐款，其中大约 3/4 来自利益集团。在 2008 年的总统候选人身上，投入的资金估计超过 10 亿美元。多数的钱都花在了顾问和媒体上，且经常是通过诡秘、消极和虚假的信息推销或贬损其他候选人，致使政治"议题"简单化，破坏了民主进程，尽管政府代言人在向日益怀疑的世界传播民主。每选举一次，选举的投入就要增多一次。这种现象一方面把政治论谈推向越来越低的层面，另一方面迫使候选人受他人的制约。用马克·莎莉文（Mark Sullivan）的话来说，在艾德莱一世的年代，体育比赛和幽默连环画的版面还没有出现，所以没能造成新闻的失衡①。

　　声名卓著的新闻工作者弗朗克·里奇（Frank Rich），在《有史以来兜售出去的最荒唐的故事》（*The Greatest Story Ever Sold*）一书里证实，布什当局滥用易受影响的新式公众媒体，通过弥天大谎欺骗公众，而且往往动用纳税人的钱，用电视提高事件和人物出场时的戏剧效果。披露真相不是布什当局的政治目标，除非真相和当局的信息和计策巧合一致。尼克松毫无原则的道德底线已经下降到前所未有的低谷。

　　以下的机智和智慧火星，数量不多，也不适时，因为美国政府依仗与之串通一气的媒体蓄意欺骗自己的人民，而《黑皮书》所述的政治活动从未体验或是想到过此类欺骗行径，史蒂文森家族创办的《布鲁明顿每日新闻报》也从未蓄意欺骗过读者：

　　　　假如要我承担回应报纸上的诽谤之言，不花上我和 20 个助手的全部时间，不会得到应有的效果。因为在我应付一个诽谤的同时，20 个新的诽谤又会被编造出来……对于公众认为合适招进委员会的人，职责要求他们承受这类伤害。

　　　　　　　　　　　　　　　　　　　　　托马斯·杰斐逊
　　　　　　　　　　　　　　　　　　　　　1798 年

----

① 《我们这个时代》。

战争首先伤害的是真理。

海勒姆·约翰逊（Hiram Johnson）
美国联邦参议员，1917 年

编辑是一位把麦粒和麦麸分开之后，决定印发麦麸的人。肩负追求重大利益的职责时，我可以无动于衷地面对新闻作者的厚颜。

托马斯·杰斐逊
1810 年

一位订阅报纸的人问当时在密苏里州一家小报担任编辑的马克·吐温，他在报纸里面发现蜘蛛是好运气还是坏运气。马克·吐温回答说，在报纸里面发现蜘蛛既不是好运也不是坏运。蜘蛛仅仅想把报纸浏览一下，弄清楚哪些商人没有刊登广告后，蜘蛛就会去那些商家店铺的地板上结网，过上没人打搅的宁静生活。

评论霍勒斯·格里利（Horace Greeley）在《纽约时报》发表的尖锐批评时，林肯说："他的批评让我想起一个高大的家伙毫无怨言地听凭他的小个子太太敲打他的头。他解释说：'随她去吧。她打我也不痛，倒是让她感觉好很多。'"

史蒂文森国际民主中心提议，设立利伯蒂维尔"农场"的目的是把世界各民主体制的学者和实践者聚拢在一起，商讨民主政体所面临的体制性挑战。中心提出的第一个主要研讨项目是：媒体、信息与民主。其他的民主国家设法投入更少的金钱，让更知情的公民参与开展更短期的政治竞选运动。那么在这个信息时代，美国人怎样才能用真相和信息使自己更加强大呢？

第十五章 教育

教育使人民便于领导，但不易驱使；便于管理，但不易奴役。

大法官亨利·布鲁厄姆

在艾德莱一世的年代，正规教育经常在只有一间教室的微型学校里开展。这类学校在由农民从林地划分出去的小块土地上搭建而成。早在 19 世纪 30 年代，我所在的伊州西北部就已经有居民居住。那里的居民区仍然保留着当时修建的几所小学校。沿着泥泞的道路，学生当时常常踏着深雪从洼地和平原上的农场木屋长途跋涉到校园，并在那里用大炉膛火炉烧柴取暖。

19 世纪，教育变成了"中心"学校：父母把他们的孩子送去"阅读，书写并学习计算"。学校突出的理想，正如马克·莎莉文所言，更多在于建立民主的世界，不是创造教育天地。创办和维持学校的原则是让所有人都识字。学校具有正当的目的，试图把学生培养成好男人、好女人和好公民，培养他们阅读、书写和运算的基础技能。

教育得到《读物》一类教科书的帮助。最有名的是麦加菲课本。这些课本使儿童接触到大量不同的文学选作，在向他们传授各种主题知识的同时，还让他们熟悉拼写和语法，了解道德、宗教、美德和爱国精神方面的演讲。《读物》课本试图为教育的主要目的服务：刺激好奇心，激发终身学习的兴趣。

校纪对学校来说好像并不是个棘手的问题。"省了棍子，坏了孩子"是我上学时熟悉的训诫。随手可取的棍棒、皮鞭和杖条，常常被用来惩治诸如迟到一类的小毛病。学习成绩不过关，拖沓迟到，都要在教室后面罚站。

　　在我就学的米尔顿中学，马萨诸塞州的一所寄宿学校里，纪律由带着木棍的"大男孩"维护。有一个被惩罚的学生死于阑尾破裂。1945—1946 年，我在伦敦郊外的哈罗公学上学。那里的"大男孩"看起来更喜欢使用不那么致命的鞭条。即使在那个时候，年轻人也不容易在学校里被惯坏。已经被儿童心理学家废弃，现在被认为是虐待的惩罚并没有产生负面作用。而儿童犯罪，行为异常以及学习成绩落后的问题，在当今更加严重。造成这类问题的因素众多，包括电视和电子游戏的干扰——电视和电子游戏的诱惑在两职工家庭中更为严重。这些因素也许能够说明美国教育的最高成就被东亚人取得的原因：在他们那里，家庭这样的社会个体得以留存，获取教育和知识的激情仍然高涨。

　　在《黑皮书》里，与尽责的媒体一样，学校教育对造就尽职尽义的公民至关重要。这是一个颂扬到位、讨论不足的主题。艾德莱二世在一次毕业演讲里评论到，学士学位像一块"尿布"。那是一个难得不恰当的比喻，原意暗指有了院校的学位，毕业生才算做好开始接受教育的准备。

　　和最高法院就布朗起诉教育委员会一案判决之前相比，当今的学校因种族和经济因素造成的分离状况更加严重。伊州校区每位学生的教育费用从 4000 美元到 15000 美元不等。最贫困的校区获得的州级资助最少，但支付的地税却最高。当地基层组织结构的松散加上凌驾于基层之上的三级管控，导致公共教育基金主要消耗在行政管理上。在联邦政府简单而硬性规定的"应试教育"的竞争中，包括地理、世界历史和外语在内的人文学科一并失利。2007 年公布的研究结果显示，学校开发学生的计算和阅读能力过度，忽略了包括历史在内的社会学科，学生的好奇心被扼杀，心智的开发被阻滞，影响了《黑皮书》里正规教育根本目标的实现——使教育成为激发终身求学习惯的过程。

　　根据全国公共政策和高等教育中心的报道，进入高中的新生中，68%的学生完成学业，40% 进入高等院校，18% 的人在 6 年内从学院毕业。根据 2006 年商业研究组织对 431 位商业领袖的调查，3/4 的高中新生被认为缺乏包括语法和拼写在内的英文写作技巧。30% 的人说，他们怀疑他们持有学士学位的雇员是否有拟写简单商业信函的能力。最近，另一个研究表明，美国准备进入大学的人当中，20% 不能识别位于加利福尼亚州和亚洲之间的海洋。

多种调查表明，尽管美国在教育上的花费相对高昂，在接受检测的所有工业化国家中，美国学生的表现最差或接近最差水平。2007 年，根据国际学生水平评估项目的报道，对"经济合作与发展组织"（OECD）30个工业化成员国的 15 岁学生的测试表明，美国学生的理科和数学知识排名低于平均水平，在大约 24 个其他国家和地区的分组里，美国在理科方面排在中间位置，数学上的排名则更差。该报告的结果和其他的一致，所有报告都得出以下的结论：即使在阅读和数学上，美国的考试分数都在下降。测试结果反映的只是症状，并不能对症下药。但是，对许多人而言，旧时的美国学校激发过学生对知识永无止境的渴求，这种渴求可能永远不会在新学校里被重新唤醒。西欧的学校教育到大学一直几乎全部免费，而且几乎全民都可以享受。中国的教育质量和人们受教育的机会一直在稳步提高。尽管起点低，中国的教育开支正在以每年 50% 的速度增长。当 6岁的美国孩子开始看电视时，中国同龄的孩子已经开始每天 10 小时，一年为期 10 个月的教育。儿童的家庭作业要做到晚上 9 点 30 分才结束。在死记硬背的教育方法遭到批评之后，中国人正在拼命开发新型的教育方法，刺激创造力、好奇心和对学习的永久兴趣，这一切曾经是美国学校的办学目的。

多年来，我在中国的大学里进行过多次演讲，与许多人一样，我体验到中国学生永不满足的好奇心和兴趣，包括对美国政治和时事相关的深入了解。面对他们，我感觉像回到早年的美国一样，在中学和大学里频繁面对学生连珠炮式的提问。2007 年，一位 21 岁的美国大学生陪同父亲一起访问中国时被问道："你怎么把握父母的期待？"在中国，父母对孩子抱有很高的期待。

美国拥有学士学位的成人数目在缩减。外国研究生涌入我们的大学校园，尽管美国目前对高级人才的需要最为迫切，签证的条件要求不是耽搁了人才的引进，就是把人才推向其他国家。更多的留学生毕业后选择回归祖国，特别是东亚地区，因为在那里，等待他们施展才华的机会更大。

有人猜测，美国现在正酝酿着一个心照不宣的阴谋：企图让美国人保持低下的教育水平，使他们容易受蒙骗，受政治控制的支配。显然，美国没有实现教育的目的：实施民主。在后工业的经济体制里，即便是作为提高国家经济竞争力的工具这一目标，美国的教育也没有达到。为迫切的公众有效组织并资助公共教育，其他发达国家和发展中国家都展现了充分的政治才能。

我们把原子弹变成奴隶而不是主人的唯一希望在于教育，一种广泛的教育。通过这样的教育，每个学生可以凭借自己的力量把自我从一成不变的偏见和禁锢中解脱，运用教育的积累，解决社会和人类的问题。

亨利·伍德伯恩·切斯（Henry Woodburn Chase）

在现代生活中，法规是绝对的，不重视智力开发和训练的种族没有前途可言。你有再多的英雄主义，海上陆地赢得再多的胜利都不能扭转命运的安排。今天，我们有足够的能力维持现状。将来，科学会把一切进一步向前推动，对没有受过教育的群体所宣布的判决，不存在上诉渠道。

阿尔弗雷德·诺斯·怀特海德（Alfred North Whitehead）

1916 年

你们在这里（学校）的时日越来越短。这是你们在这里的最后一个春季。现在，在这可爱之地的安宁之中，触摸真理的深度，感觉天堂的边缘。你们将随着故交好友一同离去。当你们离开时，千万不要忘记你们为何而来。

艾德莱二世

1963 年在普林斯顿大学毕业典礼上的发言

那么，我会说谁是受过教育的人呢？首先是那些能够自如应付每天遭遇的情景，准确判断随时出现的各种场合之后，很少错失良机的那些人；其次是那些和所有人交往时都能公正处事，不论他人如何不令人愉快或令人反感，还是能够轻松善意地承受一切，保持原本随和理性态度的那些人；再就是那些总是能够把握快乐，不仅不会被厄运过度伤害，还能以一般人应有的自豪方式，勇敢承担逆运的那些人；最后，也是最重要的，是那些不会被自己的胜利冲昏头脑，不会抛弃真我，像智慧冷静的人一样坚守自己的立场，无论因天性和才智还是因偶发事件带来的好事，都能以同等的态度庆幸的人；那些富有性格，不是只具有一种美德，而是拥有以上所有美德的人。我坚信，这些是受过教育的完整的个体，是具有一切应有之美德的人群。

　　　　　　　　　　　　　　　　　伊索克拉底（Isocrates）

　　　　　　　《泛希腊集会辞》（Panathenaicus），公元前 398 年

　　每一种健康的政治和社会过程，都应以通才教育为根基。这种教育把个人的感情和他对人类普通个体的理解相联系，使他和特殊利益分割，让他的思想和伟大的社群、城市、州省以及国家的共同利益结合，可能的话，和超越国界的人类兄弟连成一体。

　　　　　　　　　　　　　　　　　　　　　　伍德罗·威尔逊

　　我们将拥有世界上教育得最好的美国人民。

　　　　　　　　　　　　　　　　　　　　　　乔治·W. 布什

　　我的教育理念将在所有家长当中回响。

　　　　　　　　　　　　　　　　　　　　　　乔治·W. 布什

　　非常坦白地说，老师是教育我们孩子的唯一职业。

　　　　　　　　　　　　　　　　　　　　　　乔治·W. 布什

　　如果一个民族指望在文明状态下保持无知和自由，那么，那种状态永远不曾，也永远不会存在。

　　　　　　　　　　　　　　　　　　　　　　托马斯·杰斐逊

第十六章　罪行和正义

　　只有当没有受过冤屈的人像蒙受过冤屈的人一样义愤填膺时，不公才会结束。

一个雅典人的话

　　在《黑皮书》里，用艾伯特·施韦泽（Albert Schweitzer）的话来说，生命是受人"尊敬的"。州政府的一切行动都在寻求提高对人的生命和法制的尊敬。而在刑事诉讼案中，如果正义需要用生命来换取，那种正义既不尊重生命，也不尊重法制，而且失去的往往是没有足够财力进行辩护的人的生命，有时甚至是无辜的生命。在公司经理类的诉讼审理中，他们时常由他们抢劫的公司聘请法官为之代言，审判官给予他们有罪判决的比例比普通罪犯低。

　　在《黑皮书》描述的年代里，美国成了西方工业化国家里唯一一个仍然用死刑惩罚罪犯的国家。到了 2006 年，130 多个国家都在法律上或是实际上废除了极刑。根据大赦国际组织的统计，在 6 个还设有死刑的国家里，美国执行死刑的比例占已知执行总数的 90%。其他几个国家是中国、伊拉克、巴基斯坦、伊朗和苏丹。到 2008 年，美国有 230 万人被判刑送进监狱。不论是在相对还是绝对意义上，美国的罪犯数目都比其他任何国家要多。在美国，每 10 万人中就有 751 人被关押在监狱里。而所有国家在押人员的平均数只有 125 人。在《黑皮书》的年代里，美国的在押人口既低又稳。从 1925 年到 1970 年，美国的在押人数比例为每 10 万人中约有 110 个。亚历克西斯·德·托克维尔评论道："没有一个国家执行刑事法比美国还松散。"可是，在现在的美国，采用长期徒刑"严惩"罪犯成了受欢迎的做法。而且只有在美国，州法官和立法官员都通过投票选举。

　　美国还成了所有发达国家里暴力犯罪比例最高的国家，部分犯罪由毒品和枪支引起。其他国家实行有效的枪支控制，包括禁止持有自动武器，禁止或限制手枪这类犯罪枪支的整体性措施。随着严控枪支举措的实施，澳大利亚的暴力犯罪率很快有所下降。因为我起草了州级和联邦措施，规定枪支拥有者必须拥有持枪证并登记所持的枪支，枪支院外活动家频频攻击我。你不需要 0.38 厘米口径手枪或是 AK－47 自动步枪去猎杀野鸭，我解释说。因为一时情绪激动，轻易获得枪支会造成犯罪的危险。在可疑的情况下持有法律不允许拥有的枪支，会给执法官员造成起诉的机会。有时可以依靠枪支登记制度追踪到犯罪枪支和肇事者。

　　美国枪支院外游说机构代表的不是最负责任的猎手，我本人包括在内。该组织的反对立场是政治上的荣誉勋章。多数的公民都理解这一点。如今，这个院外活动机构对政治家的恐吓进一步加强。对枪支毫无限制的拥有权和占有权被当成自卫手段和受宪法保护的权利得到推崇。拥有自动武器的精神病患者，胡乱枪杀公民的事件日益常见。像加拿大人一样，澳大利亚人也喜好枪支，但他们的政治家好像更有诚信，或是更不容易遭受来自政治立场方面的伤害。

　　假如现有的囚禁倾向继续下去，在这一个 10 年的末期，10 个美国成人里，就会有一个在某个阶段被关在狱中，有些是因为莫须有的罪行。（2005 年美国律师协会的一份报告认定，在 31 个州以及哥伦比亚特区，有 150 名被判刑入狱的人总共被判了 1800 年的刑期，而他们后来都因为 DNA 的检测证明无罪。）

　　尽管最近出现过例外，但众所周知，美国政治的掠夺者，如同金融界和工业界的掠夺者一样，在美国的刑法体制中享有优待。秘鲁的印加人遵从不同的做法。对公务员施行的惩戒总是大于对那些涉及普通公民的处置，而且，职位越高，惩罚越重。他们的理论是，对于被挑选去惩罚他人的人，首要职责是自己不触犯法规。孔子的理论如出一辙。韩国总统进了监狱。美国总统则被赦免。乔治·W. 布什的助手，路易斯·利比（Lewis "Scooter" Libby）因妨碍司法和其他罪被判刑。乔治·W. 布什无视当局有关严惩的方针要求，让利比获得减刑的优待。

　　　　贫困孕育革命和罪行。

　　　　　　　　　　　　　　　　　　　　　　亚里士多德

贫困是万恶之大恶，万罪之重罪。

乔治·伯纳德·肖
《巴巴拉少校》

司法是地球上的人类最关注的事情。司法是把文明之人和文明之邦维系在一起的纽带。

丹尼尔·韦伯斯特

邪恶是面目如此恐怖的女妖，
只看一眼就足够你憎恨永远；
然而，多看几眼，你会熟悉她的容貌，
我们先忍受，后同情，最后将她拥抱。

亚历山大·蒲柏（Alexander Pope）

罪行的真正要义是，它破坏了人类群体已经确立的信念。

约瑟夫·康拉德（Joseph Conrad）

告诉我他们罪行的轻重，我会量刑惩处。

莎士比亚
《一报还一报》

礼仪比法律更加重要。法律在很大程度上依赖礼仪。法律偶尔和我们接触，要么在此时，要么在彼时。而礼仪却像我们呼吸的空气，一成不变地、不被觉察地始终存在着，让人烦躁或舒心，腐败或纯洁，崇高或低下，粗野或优雅。

埃德蒙·伯克

社会把罪行准备好，让罪犯来触犯。

亨利·巴克尔（Henry Buckle）
英国历史学家（1812—1862 年）

第十七章　法律和律师

当林肯在斯普林菲尔德市和亨顿先生一起执业当律师时，有个人找到林肯，要他帮忙向一个贫穷的寡妇和她的 6 个孩子索赔几百块钱。林肯回信时说："我们不会受理你的案子，尽管我们可能会帮你打赢这个官司。有些事情合法，但是不合道义。不过，我们会免费建议：像你这样一个精力充沛之人，我们建议你用自己的双手以其他方法赚回这 600 块钱。"

尽管学习法律为他们的其他追求提供了准备，但艾德莱一世、艾德莱二世和我都是律师。法律实践也是公职不景气时，人们能够赖以生存的职业。从头至尾，《黑皮书》对法律的尊重一直没有减弱。律师行业是人类各种行业里最荣耀的一类，是"社会的安全保障"和"自由的护卫"。随着时间的推移，对律师行业的敬重越来越降低。这不是因为该行业的价值，而是由于法律实践的嬗变。它已经成为谋利的手段。

记忆中，伊州的法律实践始于 19 世纪 40 年代。法庭的开庭时限在多数县不超过一个星期，因为法官和律师最多需要一个星期的时间骑马到达法庭。一位法官的辖区扩大到从伊州中部密西西比河的昆西到芝加哥，所以州长福特说："非常难得的是，他是一位骑马高手，符合巡回法庭优秀法官的最高要求。"

艾德莱一世说，后来才有的大型图书馆还没有出现。对于伊州的巡回法庭律师来说，一副马鞍袋就足以装上法律用书和"一两件换洗的麻布衣服"。然而，缺少定案卷宗并非是完全邪恶的事情。案件起因的辩论并不一定以原则为基础。艾德莱一世曾经摘引菲尔普斯（Phelps）教授的话，"在众多专家的意见被引用的情况下寻找单独的意见，要比在马歇尔提到的案例里寻找更容易——马歇尔精彩的司法生涯持续了 30 年之久；

他卷宗里含有的案件比韦伯斯特发表的所有辩论里提到的更多"。那时候的律师，少数例外，就像巡回布道师和政治家一样，和普通百姓接触密切，平易近人，随和周到。律师办公室像法庭一样对公众敞开。律师的环境也"有益于高度的社交往来"。在乡间酒店里讲故事帮助律师度过漫漫长夜。那时，

　　夜晚在歌声和喧嚣声中匆匆消逝。

　　　　　　　　　　　　　　　　罗伯特·彭斯（Robert Burns）

　　如果审理的是重要案件，其他所有的差事都被搁置一边。人们从周边数里外的地方赶去旁听。那时的诉讼和不久之后的不同。"现代社会的限制和便利在很大程度上并不为人知晓，总的来说，出于'自由精神'的缘故，很多罪行都将得到赦免。也没有大财团可以成为被告。"法庭的多数时间被用于审理不动产的归还诉讼，殴打案，违反承诺和造谣案。"经常发生的一类是归还扣押财物的诉讼，涉及猪的拥有权（根据没有疑问的使用权，所有的猪都允许无限制地到处跑）。"刑事审判，特别是谋杀罪，引起的兴趣最大。"像是被召集去参加部队阅兵一样"，大家会从四面八方赶去参加这类审判。这种场合为拥有天赋的辩护律师提供了特殊的机会："……结识公众，获得名声，标志着不只是成功精彩的政治生涯的开端。"

　　艾德莱一世评论说，对民情的透察——他们所处的环境、需求和梦想——往往促成了给新国家带来久远利益的立法。他声称，"为政治而参政"的现代意义上的政治并不为人所知。争取选票的竞选活动和初选还未出现。有从政愿望的人能够直接向民众陈述他们对官职的索求。很少听到选举时出现贿赂行为，甚至1858年林肯和道格拉斯争夺参议院席位时，"每一个投票都有倾向性，双方都没有出现过任何打算花一个先令贿赂影响选举结果的暗示"。

　　有关西部早期的律师界，艾德莱一世的回忆也是积极正面的。他引用一位"著名作家"的话描述说：

　　　　这一群体不仅具有尊严和宽容的杰出品质，还拥有侠义勇为的特点……当责任很可能涉及个体的时候，侮辱性和粗野恶劣的语言

变得非常危险，因此不能毫无节制地使用。常见的谨慎要求律师成员之间以礼相待，荣誉的崇高精神和良好礼教在行业里风行。给予对手的忠告是他不可违反的契约。如果律师暗示某个事实存在，法庭便会把暗示认定为可信的现实。暗示对方行业不端等于以恶名扣之于人。

陈述了西部的法律界后，艾德莱一世继而热情洋溢地肯定了法律对"社会进步"不可或缺的重要性：

随着律师的到来，世界出现了一股新生力量。钢铁大亨和他们的雇员被以前从未听闻过的，诸如先例、原则以及类似用语震惊。世界上真正伟大的安抚者是律师。其公文代替了战场。墨水的涓溢制止了血液的流淌。鹅毛笔筒篡夺了剑鞘。法律用语剥夺了野蛮的皇位。他的胜利是和平的凯旋。他留给所有个体和社群的印象是他现在试图留给世界各国的印象：世界上存在众多的争议，通过仲裁在争议中失利比通过枪战和流血获胜更佳。

在同一时间和地区，艾德莱一世对于法治的赞颂和林肯没有什么不同："像久远的过去一样，热爱自由民众之智慧，爱国精神及遵纪守法之美德乃未来岁月之坚强壁垒。正义的圣殿将雄辩证实自己是庇护的城堡。司法机构没有卫士、宫殿、财库或武器，有的只是真理和智慧；没有荣耀光彩，只有正义。"

在艾德莱二世的年代，律师纷纷进入罗斯福、杜鲁门以及肯尼迪政府当局任职，就像他们当年进入艾德莱二世领导的伊州政府一样。公务履行完毕后，他们回到原来的律师事务所，很少滥用任期里获得的任何特权和信任。而这一"旋转门"是私营和公共行业的活力之源。现在，为了防止人们离开政府后不公正，甚至腐败地利用手头的信息和关系，制订了规章制度，然而这些制度毫无作用。现在律师事务所的规模之大，远远超出艾德莱一世的想象。像商业部门一样，有些律师事务所把他们的服务内容广而告之，这样的做法在《黑皮书》所述的时代难以想象。我在梅尔—布朗—普莱特律师事务所从业时，使用名片是不妥当的。2007年3月，引用新闻媒体的报道，公司"淘汰"了45位合伙人。经管公司的合伙人解释说，律师事务所需要维持公司的"股票价格"。新闻媒体无动于衷地提及"法律生意"。为了争夺"生财的业务尖子"，律师事务所维持了合伙人的平均"盈利率"。我在 1958 年进入以上受人敬重的公司时，公司共有 67 位合伙人，是法律界的骄傲。合伙关系是终身的。2008 年，该公司因涉嫌同谋，被卷入重大的金融诈骗案，与此同时，公司为"加强名牌的声誉"，把律师事务所的名称缩短为梅尔—布朗。这一现象并不特殊。

受商业主义牵累，在《黑皮书》里深受尊敬的律师行业地位已经低落，律师们纷纷离职弃业。收费时间的多少成了新律师的招收标准。他们体验的是行业的创业压力和道德挑战——不再享有初始时的敬重。

由于深谙普通法律的传统、程序和宪法，在立法院里，律师做出过特殊的贡献。他们共同执着于审理过程。作为投票获选的州立法官员，林肯研究法律，并为从事律师职业做准备。到了我生活的年代，政党组织通常会支持律师在政府的立法机构服务。正如艾德莱一世指出的那样，普通法律的实践促使律师对人类处境有同样的了解。我是法学院的学生时，法官菲利克斯·弗兰克福特（Felix Frankfurter）告诉我，在高级法院前的最佳辩护师来自小城镇；他们都不是专业律师，所以要应付千姿百态的人类境况。传统上由律师主导的立法院，在很大程度上已经被医生，各种行业的商人，各种以劣迹闻名或是有募捐能力的人或者是初选中吸引"特殊利益"的投票者取代。来自得克萨斯的一个害虫清除员，一位再生的基督徒，被人恰如其分地称为"榔头"。被起诉前，他一直是美国众议院共和党多数派领袖。

史蒂文森家族的人习惯于把他们对法律的尊敬和幽默结合在一起，但是，正如与政治和政治家相关的评论一样，《黑皮书》涉及律师的轻松笑话在新式的美国社会体现出一番锐气。

> 我曾经是个律师，但现在我已经改邪归正。
>
> 伍德罗·威尔逊

一个农民约请了城里的律师给他办案。打赢官司后，律师把账单交给他看，律师费好像非常昂贵，农民抱怨说，案子一共只用了两天的时间。律师解释说，为成为律师他不得不做大量的辛苦准备工作。

律师说完后，农民把支票递给律师时说："这是这次的费用。下次，我会聘请一个大自然已经帮着做了些事的律师。"

提起一位律师，林肯说："他把最多的文字塞进最小的观点的本事比我所见过的任何人都要大。"

在一次审判中，和林肯相对抗的律师因为陪审员认识林肯而抗议他陪审。因为抗议有损法律顾问的名声，法官戴维斯（Davis）否决了他的抗议。仔细观察所有的陪审团成员之后，林肯发现有3个人认识对方的律师。盛怒之下，戴维斯法官谴责林肯浪费法庭的时间，因为陪审团成员认识法律顾问不够取消陪审资格。林肯说："可是我担心的是，有些陪审团成员不认识他，那会让我处于劣势。"

法律保护每一位能够聘请到好律师的人。

在他帮助客户打赢官司后，克拉伦斯·达罗的女客户兴冲冲地叫道："你让我怎么才能表达我的谢意呢？""亲爱的女士，自从腓尼基人发明金钱以来，针对这个问题，这个世界只有一种答复。"

在评论一个律师撰写的一篇啰唆冗长的论文时，林肯评述道："像曾经撰写长篇布道的懒惰牧师一样。之所以这么长，是因为他一旦写起来就懒得停笔。"

被邀请去帮助候选人竞选的一位律师的回答是，"我不能去。我已经不再涉足刑事。"

法律，尊敬法规，让每一个美国人，每一位自由的爱好者，每一位为后代祈求福祉的人，以革命的鲜血发誓，永远不违反至少尤其不违反国家的法规，也永远不容忍别人触犯。让美国的母亲将她们对法律的敬意通过气息传送给在她膝盖上咿呀学语、口齿不清的婴儿；将对法规的敬意在学校、神学院和学院里进行传授；将对法规的敬意写在初级课本里，拼写书和农历里；将对法规的敬意在讲台上宣讲，在立法大厅里宣布，在法院里执行。像 1776 年的爱国者一样，让每一位美国人以生命、财产和神圣的名誉为代价，支持《独立宣言》，支持《宪法》和法规。让每一个人记住，违反法律便是践踏先父的鲜血，撕毁他自己的宪章和孩子的自由。

亚伯拉罕·林肯

伊利诺伊州斯普林菲尔德市，1838 年 1 月 27 日

第十八章　金钱和经济

1905 年夏季，哥伦比亚大学校长，尼古拉斯·默里·巴特勒（Nicholas Murray Butler），得到德国恺撒的召见。他们讨论了与两国相关，包括金融在内的主题。威廉二世问，在美国谁管理政府的财政事务？巴特勒回答说，"上帝"。

史蒂文森家族的人对为赚钱而赚钱不感兴趣。他们迷恋于种植业、律师业、报业和政府部门的工作。他们靠上述行业为生，克勤克俭。婚姻给他们带来更多的财富。艾德莱二世，伊州南部的男孩，通过婚姻进入芝加哥名门，一个通过科罗拉多的矿业聚众敛财的波顿家族。在大萧条期间，外祖父约翰·波顿（John Borden）投机股市倾家荡产。史蒂文森家族有限的财富从布鲁明顿的高祖杰西·菲尔那里承继而来。哈罗德·辛克莱（Harold Sinclair）在他有关美国的小说《成长的岁月》里讲述了菲尔的故事。菲尔从事的是地产生意。

　　……在伊州中部，杰西·菲尔比其他任何人涉足的行业都要多。他触及过的所有事情都是为了公众利益。他自己也有收益；他当时是富裕的。但他捐献的和自留的参半。如果以现在的价值计算，他所捐赠的其实更多……他推崇学校、道路和铁路的修建，推进农业和禁酒运动，创建城市；他投资了十多家企业，尽管企业在财务上成功的可能性值得怀疑，只要他认为能够为社区服务就行。有些企业带给他丰厚的盈利。另外的一些只给他造成麻烦和损失。

接下去，辛克莱描述了菲尔在阿巴拉契亚山脉以外创建的第一所公立学校，现在的伊州州立大学，以及孤儿院的过程。他种植树木，建造公园，收购《布鲁明顿每日新闻报》让他的女婿经管。辛克莱描述了菲尔，一个律师，是怎样教导年轻的律师合伙人大卫·戴维斯，以及如何把那个"名叫林肯的瘦削的乡村青年培养出来，看着林肯超越他们两位并实现永恒"。

他后来描述了菲尔和戴维斯退休后，认真考虑林肯的房产以及林肯夫人的"财务异象"。菲尔是社区的推动人，政治活动家和慈善家，只要数据公开，他捐款时从不提出任何要求，而且只是给予，有多少给多少，他把林肯献给了美国——他没有提出任何要求。林肯造就了菲尔，一个贵格派教徒，内战时期的军需官。林肯任命戴维斯为美国最高法院法官。

史蒂文森家族的人在"经济学"这一"沉闷"的学科领域只接受过合格的正规教育，但他们没有因此受到限制。面对私人和公共生活里不断变化的环境和紧急情况，他们做了适当的调整，金融和经济正在逐渐占据更多的注意力。从1958年起作为银行律师，到成为州财政厅厅长；从参议院银行委员会委员和国际金融小组委员会主席，到东亚金融市场开发联合会主席，该机构负责在东亚地区开发金融市场和区域货币制度，再到跨太平洋投资银行，第一个美中投资银行创始人和联合主席，我一生中的大部分时间都花在了金融事业上。不论在美国还是在全世界的经济动态中，金融占据的作用越来越大。我在经济和金融行业受到的教育，都从实践中获得，包括东亚地区，并在实践中得到运用。

艾德莱一世面临的是不同的时代。他评论奥格尔斯比（Oglesby）州长时说，当涉及奴隶制、反叛、战争以及重建一类时下让人热血沸腾的议题时，他站立在竞选演说家的前列。可是，一旦这些关键问题退居到灰暗的历史角落，被关税、预算以及其他"日常"问题取代时，他便受到极大的限制。"奥赛罗的职业"便没有了踪影。冷酷的事实，"数额高达百万的数据"，会使他没有机会"发挥他奇特的想象力"。第二次竞选州长进行演讲时，欧格斯比州长用贬损的腔调说："这些民主党开始讨论财政问题了。他们不应该那样做。他们不可能理解财政问题。上帝的真相是，公民朋友们，我们共和党人所能做的是解析财政问题。"

哈佛直到1876年才授予第一个经济学博士学位。美国的经济学根基是赫伯特·斯宾塞（Herbert Spencer）的社会达尔文主义和亚当·斯密（Adam Smith）自由放任主义学说。适者生存，其他人不重要。如果存在足够的刺激去投资，创业者会刺激生产和就业。没有被监管的市场经济利益会因涓流效应按照自上而下的顺序，由社会各阶层享有。美国第一个"镀金时代"的强盗大亨抓住这一经济理论为这些现象的合理化进行辩解：他们掠夺性的做法，巨额的财富以及随之而来的贫困，还有对劳工阶层的压迫和劳动阶层的贫困。这些贫困的劳动者很多是移民，不得不挤入美国的贫民窟生活，他们的庇护所是安置房，教堂可能是民主党的政治机构。坦慕尼协会也是慈善组织。政治机构为他们提供滋补，有些人还能得到工作机会，找到成为中产阶级一员的途径。

在美国南部，经济同样被富有的奴隶主阶层掌控，作为公平和机会的施予者，政府既不涉及社会道德，也没有什么角色需要承担。政府要精简，因为市场可自行分配资源。要靠工业生产引擎的主人去刺激经济增长。根据卡尔·马克思的理论，对广大民众而言，其前景是日益深化、没有止境的贫困。在《黑皮书》里，专门报道丑闻的人揭露经济制度的弊端，并呼吁美国人民的良知。进步人士和民主党人因此做出反应。辉格党人率先领路。他们跟随亚历山大·汉密尔顿的脚步，设想一个强有力的未来中央政府，包括建立国家银行，利用关税保护处于襁褓中的工业不受外国竞争的压制等措施。

林肯在 1832 年作为伊州议会候选人进入政界。当年，亚历克西斯·德·托克维尔刚好结束他对美国的访问，杰西·菲尔从费城来到伊利诺伊州。德·托克维尔为新世界平等的人类境况所震撼。众多的美国人并不非常贫困，而且"拥有的土地足够让他们渴望秩序，但不足以招引嫉妒。这些人是暴力和骚乱的天敌；他们不焦不躁的状态使位居他们上下的阶层能够安稳镇定，确保社会机体的平衡"。

林肯是辉格派亨利·克雷（Henry Clay）的继承人，克雷信奉的美国制度包括提供健全货币的国立银行，通过高关税栽培幼小行业并为发展经济基础提供联邦支持——一个"内部提高"的系统。林肯在克雷失利的方面取得了成功，被选举为总统。

> 这个中产阶级的国家终于得到了一个中产阶级出身的总统。
>
> 拉尔夫·沃尔多·爱默生

林肯认为，美国政府既是"民享"，也是"民有"和"民治"的政府。他为保存联邦政府而奋斗,同时从道义上憎恨奴隶制,但林肯也是一位务实派,他从经验中汲取智慧,很多是严酷的现实经验。他的奋斗是为包括黑人在内的所有人争取机会的抗争。他懂得,美国人拥有通过节俭和勤劳获得成功的机会,这对共和国的稳定有着利害关系。他说,他的政治理念"和寡妇的舞蹈一样简短甜蜜"。但作为总统,他签署通过了《国民银行法》。该法案复兴了国家银行,并且为国家提供了健全统一的货币。他批准签署的另一项法案,把西部的土地赠予定居者和各州,让各州建立学院,为普通民众提供高等教育机会。另外的一项法案特许建立第一个横贯美洲大陆的铁路运输系统。

在《黑皮书》里,美国梦意味着机会——通过自己的劳动、工作和节俭来改善生活。人的精神战胜了逆境和人性的邪恶。第一个"镀金时代"随着林肯到来。商业的组织规模日益扩大。丑闻成倍出现。当艾德莱一世开始他的政治生涯时,社会达尔文主义和放任自由主义反映了当时的实际情况。身为副总统,他和保守、原则性强的格罗弗·克里夫兰总统从来没有很亲近。对工业有益的关税已经成为穷人身上的负担,克里夫兰奋力反对。布莱恩和艾德莱一世在 1900 年选举失败,但进步运动接踵而至。作家和记者揭露了劳工和移民的处境以及政治的腐败。改革随着1887 年通过的《州际商业法》和 1890 年通过的《谢尔曼反垄断法》继续进行。

西奥多·罗斯福,战胜艾德莱一世的对手,懂得天字第一号讲坛的威力。他解决了铁路和托拉斯的问题,支持食品和药品安全立法。他反对强盗大亨。威廉·H. 塔夫特(William H. Taft)上位之后使共和党回归常态。罗斯福和他所属的党派闹翻,这相当于推举了伍德罗·威尔逊。威尔逊是《黑皮书》里的英雄,艾德莱一世的儿子路易斯的私交。后者不切实际地在 1914 年寻求过副总统提名。威尔逊的改革观念来自心智,不是林肯严酷的经验结晶,而实现美国所有人都能享有机会和公正的美国梦想,显然成了威尔逊的政治和道德职责。他也是一位务实的政治家,知道如何击败新泽西党派系统内的政治家并被他们接纳。他是艾德莱二世的榜样。威尔逊通常和国际联盟联系在一起,而且毫不妥协地致力于民族自决。他削减关税,把税收从消费税转移到递进性的收入税上。1914 年,他帮助起草实现银行系统现代化的《1914 年联邦储备法》,还强制执行反托拉斯的《联邦贸易委员会和克莱顿反垄断法》。在威尔逊执政期间实施了保护儿童及劳工的法规。战争以及 20 世纪 20 年代紧随其后到来。社会达尔文主义和自由放任的正统经济学说通过沃伦·G. 哈丁、卡尔文·库利奇和贺伯特·胡佛（Herbert Hoover）再现——又一个"镀金时代"降临。哈丁一边把手放在白宫的《圣经》上宣誓就职，一边屈膝投入白宫内部的 3K（Ku Klux Klan）党怀抱，有好一阵，一拨拨的移民不得不面对不容和偏见。

富兰克林·德拉诺·罗斯福没有轻易拒绝政府越小越好以及财政收支必须平衡的正统观念，但作为创新家，他成就非凡。他乐意尝试，喜欢从有钱的对手身上取乐。他们把他看成叛徒。在发表 1944 年国情咨文时，罗斯福为美国人民详尽阐述了《权利法案》，美国梦再次得到肯定：

> 有权在国家的工业、店铺、农场和矿山拥有一份有用和有酬的工作。
> 有权挣取足够的工资以提供粮食、衣物和娱乐。
> 有权使每家拥有住房。
> 有权得到足够的保护，不受年迈、疾病、事故和失业等经济恐慌的侵害。

社会达尔文主义以不同的伪装再现。在《黑皮书》里，政府不是问题，而是解决方案的一部分。1969 年的一个夜晚，当我们结束在斯普林菲尔德市召开的民主党研究小组会议返回芝加哥时，休伯特·汉弗莱从我们乘坐的飞机上向下俯瞰。（作为州财政厅长，遵循在美国众议院里类似小组的原则，我在伊州议会组建了一个小组，为民主党讨论并制定政策。）放眼望去，当看到伊州村落闪烁的灯火时，他说，再早 40 年，我们看到的会是一片漆黑。政府规划实现了美国乡村的电力化。

> 研究经济的目的不是就经济问题获得一套现成的答案，而是防止受经济学家的欺骗。
>
> 琼·罗宾逊（Joan Robinson）
> 剑桥大学，2007 年

罗纳德·里根的口头禅是，让"市场魔力"掌控经济。被抹上学术色彩的所谓"供给经济学"认为，降低富人缴纳的边际所得税税率和联邦支出会提高投资，带来经济和就业的增长。在《经济增长的道德后果》一书里，本杰明·M. 弗里德曼（Benjamin M. Friedman）以事实证明，削减税收会带来经济增长的思想体系缺少实证的支持，尤其是减少股市分红和地税一类非劳动所得的财富会带来储蓄和经济增长。乔治·W. 布什最初把上述理论称为"巫毒经济学"，但后来转而相信这一理论。供给经济学成了政治宣言，是老式的社会达尔文涓流经济学的伪装，是通过削减富人税收刺激投资的理论依据。

弗里德曼认为，以上学说在现实世界行不通。在保罗·沃尔克（Paul Volcker）主席的领导下，联邦储备银行通过两位数的利率把通货膨胀挤出美国经济的决策，导致失业率飞涨到 1982 年和 1983 年的 10% 左右。联邦储备银行严厉的利率造成的低通货膨胀为经济复苏奠定了基础，展示了货币政策的严厉效果。该举措否定了把削减富人税收作为刺激投资和经济增长手段的价值。20 世纪 50—60 年代都与高税收、高储蓄和高增长相关。在共和党派的艾森豪威尔总统的领导下，收入税率最高的达 91%。

自上而下的涓流经济学说在乔治·W. 布什执政后继续当道，他是对社会达尔文主义学说的活生生的斥责。富人税收被削减的同时，为穷人提供的儿童福利、医疗救助和教育开支也被削减。开支的增加主要用于军事和"国土安全"。联邦预算以历史上最快的速度从盈余一下陷入赤字状态，使美国的年度储蓄经历大萧条以来第一次连续出现负值的境况。面临实际收入的下降，日益高涨的借贷、教育、健康保险和能源费用，人们不得不通过提取存款维持生活，目前他们还是如此。财政挥霍，调节性的货币政策，难以维系的家庭债务和房贷，不动产市场破裂的泡沫。外国信贷和投资维持着美国的经济。但是，美元开始下滑。2008 年 3 月我在撰写《黑皮书》之际，美国政府的信用等级评估受到威胁。中介机构利用深奥和欺骗性的包装、价值评估和推销，造成债务的商业化，货币、监管以及财政三方的滥交恶果开始显露。美国联邦储备银行没有及时应对低利率和美元日益疲软的情况。美国政府忽略了经济结构改革需要长期投资，同时，行政和立法机构却想利用借贷资助退税，支持国外商品消费来刺激衰退的经济。美国货币和财政的持续滥交导致了疲软的经济结构，这种结果在缺少健全的货币体制的全球经济状态里产生，而所有国家都会因为世界储蓄货币的疲软以及出产国的政治偏激承担不同程度的风险。

通过历史记载，弗里德曼展现了以下的事实：较高的边际税率与储蓄、投资以及高经济增长率相关。在第一位布什总统和克林顿总统当政期间，富人的边际税率增加——税收也有增加。经济增长随后出现，这归功于生产力的提高——和债券市场及利率并无多少关系，更多归功于信息技术革命——美国人的聪明才智的产物，部分由于公共政策的推动，包括政府对科技的民用研究的支持以及 20 世纪 70 年代刺激技术革新的措施。

《史蒂文森—怀德勒技术创新法》及其副案（我也参与撰写，后来被错误命名为《拜杜法》）推进了合作研究，使政府的国立实验室为技术运用开放，并使部分私营企业，包括大学，能够在政府资助的研究中获得专利权益。但克林顿总统通过牺牲投资美国来适应债券市场这一点，令他的前劳工部部长，罗伯特·莱驰（Robert Reich），一位现实主义者哀叹。教育、陈旧的基础建设和研究均被忽视。"市场魔力"在民主党领导之下统领一切。债务高涨，但均属私人、家庭和金融服务公司一类。克林顿当政时，美国信贷市场的债务增加了 72%。克林顿离任时，金融行业占总债务的份额已经上升到 30% 以上。不仅不去挑战经济权力被寡头全权垄断的现实，克林顿在 1999 年签署的法规还拆除了商业银行、保险、房贷以及证券业务之间的屏障。一个联合巩固、寡头垄断下的金融服务业成了美国最大的行业，成为金融衍生品。随着金融衍生品的发展，在全世界借贷操作已经深化的状态下，大范围往往不透明的信贷工具得以发展，该行业疾风骤雨般地大规模资助房贷和消费信贷、借贷收购、资本重组、股票买入，每年有亿万美元的投资进入全球的债券和股票市场。这类借贷资助的并不是教育、基础建设和民用研究。消费、投机和泡沫是其资助的对象——不是为全球市场提供真正产品的生产性消费。

自里根总统开始，联邦政府对民用科技研究的支持就已开始削减。20 世纪 70 年代，我们放弃了推动节能和开发替代能源的努力，而将上述一切交由市场决定。安然事件发生之后是加州的连环断电。军用开销在稳步提高。在《黑皮书》的年代，冲突一旦结束，军费就会缩减。在 1830—1913 年工业化和经济急速发展的年代，军费开销大约只有净国民收入（GNP）的 1%。

2007 年，佐治亚理工大学对"33 个国家的科技竞争力"进行过调查，调查项目由国家科学基金会资助。这一报告得出的结论是：中国的技术水平高于美国。根据多项"高科技指标"，在达到世界科技领先地位的道路上，中国在 15 年间展现了稳定的进步。美国的科技领先地位在 1999

年达到顶峰，自那以来的技术排名快速下降。日本的相对技术排名也有所下降。尽管不作为评判的整体，欧洲的竞争力却在上升。调查报告的一位作者评论说，中国卓越的科技和制造力相结合的竞争力，"不会给其他国家留下太多的空间"。最近反映"科技产品"价值的数据如"科技排名的关键成分"，中国和美国排位相同，美国对本国无法培养的科学家和工程师设置移民障碍，加剧了"自残"现状。对中国经济相对活力的更广泛的关注应包括其金融资源、高额储蓄、迅速发展的现代化物质基础、人力资源、金融服务行业和中国在发展中国家享有的良好声誉，包括资源丰富的俄罗斯在内。中国不依赖市场经济的魔力。意识形态至上者于 20 世纪 80 年代初期到达华盛顿，与此同时，他们正在离开中国。

　　艾德莱二世得到过约翰·肯尼斯·加尔布雷思（John Kenneth Galbraith）以及其他凯恩斯派现实主义者的忠告。第二次世界大战后，在美国的战略轰炸调查中，有些和他一起为国家服务过。这一调查的结论是，轰炸欧洲的经济费用对于轰炸方来说比被轰炸的一方要大。大萧条引发了大量的智力活动，大多以梅纳德·凯恩斯（Maynard Keynes）的宏观经济理论为基础。像他一样，上述许多知识分子都是有现实世界经验的务实派。他们来往穿梭于商界、院校和政府三地，开始用批判的眼光审视公司治理以及经济体制寡头垄断的特点。他们跨越凯恩斯学说的樊篱，就政府的开销、税收、效率、刺激和再分配的效果，做出定性的判断。在《肯尼斯·加尔布雷思的一生》的传记里，弗朗西斯·帕克（Francis Parker）就这段历史提供了详细的描述。是他们推动了"新政"以及随之而来的所有的国家大计，包括艾德莱二世提出的"美国新规划"。在艾森豪威尔过渡期间，他们充实了艾德莱二世设立的民主党顾问团体，后来又一同涌进"新边疆"和"伟大社会"的智囊机构，去实施他们的政策。

　　　　生产制造的每一支枪，建成服役的每一艘战舰，发射的每一颗火箭，最终都构成对饥寒交迫，无衣无食人的偷窃。这个被武装起来的世界不仅仅在耗费金钱，还在耗费劳工的血汗，地球上的天才、科学家，以及孩子们的理想。

　　　　　　　　　　　　　　　　　　　　　　　艾森豪威尔
　　　　　　　　　　　　　　　　　　　　　　　1960 年的告别演讲

　　第二次世界大战后，美国领导创立的国际秩序包括固定汇率的国际体系。各种货币和美元相连，而美元又和黄金相连。英镑向美元的顺利转换，标志着大英帝国的结束和新帝国的兴起。货币基金得以创立并用于监管固定的外汇利率和货币系统，提供支付融资的平衡。货币制度由凯恩斯和美国财政部设计，到 1970 年一直在为世界提供良好的服务：尼克松总统被迫终止美元的兑换并屈从货币市场的左右。美国的黄金储备在减缩。

　　就尼克松的行为，我主持了参议员的听审会。财政部部长说"那是我们的货币"，"其他人的问题"。得克萨斯州前州长约翰·康奈利（John Connelley）做梦也没有想到，他说得多么正确。因为在逃避自己的问题，一个不坚挺的美元货币，美国逐步变得日益脆弱。"像美元一样坚挺"的话，在美国的交谈中不再有人使用。尼克松的决定之后，美国财政部利用"货币兑换稳定基金"的资源频繁介入来支撑美元，而且每周将介入的情况秘密报告给我。如今在华盛顿，中国为支持外汇兑换体制的介入被美国国会成员冠以"操纵"的恶名。

　　国会成员第一次发现"外汇稳定基金"是 20 世纪 80 年代，当时美国用它拯救墨西哥，同样被政治化了。泰国在 1997 年没有得到拯救，这一反差在东亚倍受瞩目。在财政部和央行紧闭的门后，东亚正在悄悄地建立自由贸易区，而且东亚还在亚洲开发银行建立一个区域性的货币体制和货币单位基金来救助东亚，最终解除世界对靠不住的美元的依赖。2001年 9 月 11 日，纽约世贸中心被袭击的那个令人耻辱的日子，我在中国香港召开的东亚金融区域化大会上做主题演讲。大会由世界银行和中国香港的货币监督机构共同承办。所有的发言人在原则上都支持东亚的区域性货币体制和货币单位，而且他们都对在广大区域实现上述目标的政治意愿和能力表示怀疑。但是，那是在美元还没有失去作为世界储备货币的角色，国会试图通过把世界贸易组织和国际货币基金组织变成汇率警察，使两大机构政治化之前。实现东亚金融区域化的努力以《清迈倡议》开始（为支持货币建立的一个有限的货币互换协议体系），并且已经推广到其他区域，包括阿拉伯湾。随之而来的努力可能是建立一个全球性的价值单位，同时，使更多的货币和疲软的美元脱钩。科威特已经这样做。维持世界储蓄货币给美国带来很多的经济优势，而美国正在放弃这些优势。

　　早在全球化成为老生常谈之前，法国的历史经济学家费尔南·布罗代尔（Fernand Braudel）对世界经济就有过描述，他所述的经济现象在有些人眼里是自由市场和浮动汇率的学说，而实际上却是商界和政府需要管控的一个事实和状况。全球化一直就是全球经济，不过已经不再被冷战时期的断层分割，也不再受科技的制约。全球经济把世界各地的贸易和制造商的市场范围迅速推广到其他地区。贸易壁垒、运输费用和资本控制都已削减。根据有些预测，包括贸易和投资开放在内的全球化，给美国经济增加了5000亿到1万亿美元的年收入。在具有无限可能的全球经济体制里，美国正在退缩。没有外来信用的支撑，美国的往来账户和财政赤字不可能维系。而外国信用对美国的金融资产越来越警惕。在美国境内，全球化的益处没有公平广泛地分布。保护主义思潮正在高涨。新保守主义信仰上帝和市场。民主党威胁要报复中国并实施贸易保护措施；他们还终止了总统的贸易谈判权力。民主党和共和党都宣扬正统的财政观念；但两者既不实施以上观念，也不践行新凯恩斯的现实主义原则。

在高度竞争型的后工业时代和全球经济里，美利坚帝国正在失去它的相对优势，不是输给无法补救的命运，而是输给了更加实际和理性的国家和地区。在现实世界里，贬值的美元，并不像正统经济学所预测和每月并不重要的数据所显示的那样，会减少贸易赤字。无论是1971年美元贬值后，还是20世纪80年代《广场协议》的签订使日元相对美元升值，抑或是欧元相对美元升值后，美国的赤字都没有减少。在美元坚挺时，美国一样出现贸易顺差，产业公司的进口相对低廉，有利于他们分布世界的投资。现实世界里不存在"贬值美元"一类的灵丹妙药。石油输出国组织（OPEC）的石油生产国为抵消美元的贬值提高了以美元来计算的石油价格。上述做法加大了美国的贸易逆差，通过降低欧洲石油的相对费用，使美国的欧洲竞争对手受益。由于欧洲货币相对美元升值，欧洲得以提高它的出口量。

人民币升值使中国的对外投资更加低廉，就像它的出口产品一样。我撰写本书之际，中国对外直接投资每年在以40%以上的速度增长。1986—1991年，其对外投资是30亿美元。至2006年，投资已经达到700亿美元。在埋怨外国竞争造成美国贸易赤字的同时，包括共和党和民主党在内的美国领导人正在把他们的国家变成中国和其他外国投资者的廉价地下室。当世界储备货币失去价值时，中央银行不得不使投资多元化，开发替代性投资产品，也许最终开发一种世界货币，像梅纳德·凯恩斯梦想的那样。主权财富资金的创建是为了使储蓄货币投资多元化，为国家利益服务。

新的美国存在重蹈西班牙、哈布斯堡王朝、荷兰以及英国覆辙的危机。他们都创造了财富并成为财富的管理者。会计、法律、咨询、报税服务、博彩和金融服务都是美国的增长行业。当不明债务的捆绑和推销扰乱市场，破坏债权人的资产负债平衡，威胁到无辜的借贷人的生存时，投资银行系统的薪水仍然高居全国所有行业之上。

在国家和帝国的生命周期里，经济从农业向商业，然后再向工业阶段发展，穿越凯文·菲利浦斯在《美国神权》里称为"金融化"的阶段——往往伴随昂贵的军事开销，颓废和衰败。经理们在帝国生命周期的早期把工业产品的生产、商品以及服务出口到其他国家，甚至受到移民限制威胁的美国农民也建议将农业产品出口其他国家。财富管理和财富拥有权的脱离，导致更多没有监控的高流动性金融市场的发展，金融工具和资金管理公司日益繁杂，其中许多都以不透明的方式高度借贷运作。金融机构通过整合扩张，为同样的公司提供金融服务和投资管理服务。

1997 年，美国的观察家们得意地把席卷东亚的金融危机归因于"裙带资本主义"。自那时起，一个又一个的"裙带资本主义"案例席卷美国金融系统：安然、安达信、世界通信公司、霍林格、泰科、瑞悟科（Revco）、共同基金和保险业。最大的美国投资银行也不甘落后。以公司短期成效为基础的奖励制度，促使公司经理人员牺牲银行长期盈利和偿付能力自我奖赏。美国政府对此一声不吭。在斥责别国的同时，却在美国本土布下道德险区。美国的监控机构好像研究了经济学，但就是没有发现格雷欣法则：坏钱赶走好钱。好投资滞留，坏投资到处走，一直到崩溃。2007 年，美国大型投资银行报告了数百亿美元的损失，由于 5 家最大机构的行政人员非法获利 400 亿美元，造成的损失比上一年增加 10%。

20 世纪 90 年代末，计算美国消费者价格指数（CPI）的传统方法进行了调整，有对食品、家居和能源费用方面的计算，同时以上费用的降低被归因于电视、电脑以及其他类似产品主观的衡量标准（享乐主义）。使国内生产总值（GDP）相对提高的同时，这一方法似乎把消费者价格指数每年降低约 2%，因此自然而然地把与消费者价格指数挂钩的社保和其他福利削减下来。既不清楚别国是否已经同样调整了传统方法，也不清楚所有的中央银行，主权财富基金和其他投资者是否欣赏，相对他国而言，美国低估了通货膨胀但高估了经济增长。

不论通过操纵经济数据，把经济活动集中在金融服务系统，还是挽救银行财团，迎接道德挑战并通过税务政策拉大贫富差距，都不能弥补一度具有强大生产力和竞争力的美国经济的结构弱点。银行利率的降低将进一步降低储蓄率，削弱美元。对这类现实，世界已经有所警觉，东亚以及掌控金融储备的石油生产国在内的国家正被鼓励把货币和石油定价与美元脱钩，而且加速发展替代美元的储备货币。美国的"纸牌屋"在摇晃。第一个"镀金时代"的强盗大亨们建立了工业和铁路。现在，他们大多经营的是金钱，而且胡乱经营。

　　　　金融家渴望的不是荣耀，而是盈利；不是公共财富，而是私人酬金；因此，涉及战争与和平问题，或者任何范围广大但后果长远的规划，很少有人找他咨询。

　　　　　　　　　　　　　　　　　　　　　　　　　约翰逊博士
　　　　　　　　　　　　　　　　　　　　　　　　　托利党人

相对低下的教育成就和动力，贫富差距拉大，人民内部分化，体现了社会达尔文主义的人类成本。美国目前的财富和收入差距不亚于"镀金时代"，而且在上述几个方面超出了瑞士以外的其他所有工业化国家。诺贝尔奖得主、经济学家罗伯特·索罗（Robert Solow）说，目前正在发生的是"名副其实的精英式掠夺"，财富再次分配给富有者，权力再次分配给有权人。近 25 年来创造的所有财富几乎被 20% 的家庭占有。自 1970 年以来，即使丈夫、妻子都在工作，工作时间更长，美国家庭收入的中间值一直停滞不前。由于布什当局的税务削减，年收入 1000 万美元的纳税人，纳税额与收入的比例要低于那些年收入为 10 万美元的人。公司经理为高额酬金和福利待遇的辩解是，一切都由市场决定——似乎他们像商品一样被拍卖给了出价最高的投标人。他们的失误常常被奖励价值上百万美元的"金色降落伞"①。

　　　　有些行业里的人非常强大，他们天生能够点石成金，但他们的理

---

① 金色降落伞（golden parachute）是指雇用合同中，对失去工作的雇员，通常是高层管理人员，进行补偿的规定。——译者注

想从根本上不过是那些光彩的典当经纪人的美梦而已。

西奥多·罗斯福

在保持社会主义学说的同时，中国共产党为了政策和特权，放松了控制，深入中国内部后，我看到的是任人唯贤制度的兴盛。在开发金融服务部门的同时，中国逐渐解放了外汇体系和资本账户。在 20 世纪 90 年代初的俄罗斯以及 1997 年金融危机之后的包括东亚在内的世界其他地区，华盛顿正统经济学惨败，中国从这些惨痛的后果中吸取了教训。对这样具有讽刺意味的结果，西方自由市场正统学说的信奉者视而不见，他们正在赌上血本在中国这样一个"社会主义市场"经济中激烈竞争，即便中国的银行和证券公司也在悄悄开始国际化的操作，以便今后与美国金融机构竞争。理性在统领着中国，或者如新加坡国父李光耀所述，务实主义是中国的主导意识。

新美国还在等候反应，或者用阿诺德·汤因比的话说，在等待"回应"。在 20 世纪 70 年代，我们商讨了美国经济的结构性缺陷，研究了其他国家，特别是日本的工业政策。1980 年，参议院民主党制定了全面的经济策略，包括提高美国竞争能力的结构性措施。为扶持科技创新，日本曾实施了其中的一些规定。美国的努力随着里根的当选而死亡。美国应该努力推进一个由政府经营，全民享有的健康保险体制；为后工业化时代提供就业培训；通过提高汽油税，投资更新包括公共交通在内的老化的基础设施；改革和支持学前和中小学教育；为合格的学生提供一直到大学级别的全民教育；通过恢复义务兵役制，提高军队人数，降低战争成本，消散战争热情；投资建造替代性能源项目，建立一个利用公共区域资源为公众生产石油的国家石油公司，从而在与石油生产国的国有公司谈判时，提高美国的议价能力；采取重新分配财富和全球化福利的措施，打破金融寡头垄断，加固社会安全网络。许多的措施和政策在绘图板上已经搁置很久。用于以下各个方面的多余的及不相干的资金都可以削减：武器系统、专门项目拨款、自行持续的战争、农场、乙醇和猪肉补贴。但是，美国缺乏过去所拥有的政治意志和实力。

我不喜欢救济。我不喜欢补贴。我不喜欢对自由市场，自由人和自由企业的任何干扰。但是我知道，只有在经济平等、社会平等和机会均等，每一位个体都能享有最大限度地发挥聪明才智的公平机会的条件下，真正的自由才会实现。

　　　　　　　　　　　　　　　　　　　　艾德莱二世

　　这些商人和律师非常善于利用感觉良好和崇高的字眼来遮盖他们对保证行业的公平运作和道德标准所必需的重要运动的反对。显然，他们尊重宪法，但不是为了帮助正义，而是利用宪法阻拦反抗非正义的行动。

　　　　　　　　　　　　　　　　　　　　西奥多·罗斯福

　　商人对付重大政治问题时的场景让人看了心痛。我认为，但凡触及政治时，除个别的一些人外，商人比其他任何阶层的人都更糟糕。

　　　　老亨利·卡伯特·洛奇参议员（Sen. Henry Cabot Lodge, Sr.）
　　　　　　　　　　　　　　　　　　　（帝国主义者）

　　艾尔文·凯利（Alvin Kelly）是一位深受欢迎的男主角。他设想了一种新式的群众娱乐：稳坐旗杆的表演。在表演时，大部分时间他保持纹丝不动的状态，但偶尔也会高高地拎着装有食品、报纸以及他每天要抽的四包香烟的提桶。股市暴跌后的早晨，他从旗杆上下来时，记者要他谈谈他对华尔街灾难的看法。凯利考虑之后回答说："要是大家练过坐旗杆的话，昨天的灾难就不会发生。坐旗杆教你遵守纪律。如今，所有人都还没有学到的是自律。"

　　　　　　　　　　　　大卫·亚历山大（David Alexander）
　　　　　　　　　　《恐慌》作者谈 1929 年的股市暴跌

　　盛宴让人开怀畅笑，美酒令人狂欢大闹，金钱则解决一切问题。

　　　　　　　　　　　　　　　　　　　　《传道书》

　　对某种类型的人来说，金钱具有一种非常突出的吸引力。你是否曾经注意到？

　　只要他有足够的资本和内部信息，任何人都有可能在华尔街血本无归。

　　　　　　　　约瑟夫·P. 肯尼迪（Joseph P. Kennedy）

他们并不繁荣；他们只是富有。

萧伯纳

我希望，在金钱公司的贵族诞生之际，我们就让他们粉身碎骨，因为他们已经在挑战政府，要与之较劲，并且蔑视国家法律。

托马斯·杰斐逊

石油价格从来就没有太高过。但当你的一桩生意掌握在个把人的手中时，他们定会确保价格居高不下。价格并不由供求双方决定，而是由操纵之手调控。

威尔·罗杰斯
1931 年

如果有一天资本和劳工真的联手合作，对我们大家来说就是碰到了良宵。

杜利先生（Mr. Dooley）

曾几何时，只有蠢人才会很快和他的钱财分手。如今，每个人都很快和他或她的钱财说再见。

我深信被称作"自由企业"——因为缺乏更好的词语——的价值。但是，自由企业……必须是提供众人福祉的资源，否则，它就不可能享有非常久远的自由。

艾德莱二世

第十九章 外交和外交政策

在帝国主义和孤立主义之间，在否认权力责任、枯竭资源和声张权力之间，我们必须开辟出一条狭径来。

艾德莱二世

《黑皮书》反映的对外政策由一批治国有方的官员制定实施。他们不仅拥有这个世界广泛的实地经验，而且对文化和历史的冲突与交融，对经济和政治相互纠缠的动态具有一定程度的了解。《黑皮书》记录的花絮来自实地和现实世界，它不同于传统的俗套，传统的做法往往是辩论和大众媒体呈现的景象。《黑皮书》的视角与坐在沙发里的战略家和辩论家建造的象牙塔相去甚远。

制定并实施政策的官员大多在国务院工作。外交官员被安排到世界各地工作。他们在实地锻炼学习并晋升。国务院是国家外交政策的执行机构，由总统负责，并且不受制于国家安全委员会的"协调"，后者由一批有抱负却不断更迭的学者领导。[兹比格涅夫·布热津斯基（Zbigniew Bryzinski）是一位学者，卡特国家安全理事会顾问，后来成为包括中东在内的时事评论家。]在这段历史中，五角大楼还没有出现，也没有错综重叠的情报机构。《黑皮书》年代所述的外交界，美国大使没有通过竞选捐款获得大使位置。他们由来自外交界的官员升任，抑或由在政府其他机构贡献卓著的官员担任。根据"响应政治中心"的报道，乔治·W. 布什当局把43个大使职位授予了竞选捐款人。上述的每一个任命都中断了一个外交官的生涯，美国外交界人心涣散。

早在20世纪70年代，外国使馆在国会山游说是对国务院事务不妥当的干扰。到了70年代末，连外国大使都在游说。外国政府在聘请公关公司和院外活动顾问为他们提供服务。根据《黑皮书》的描述，正如丹尼尔·韦伯斯特声称的那样，政治从来不会真正在岸边驻足，但外交政策既不由执行分支机构的唯意识形态论者制定，也不由没有经过现实世界磨炼的国会议员制定。

20世纪40年代，外交界的官员由于汇报中国实情遭到迫害。但麦卡锡主义只是异常现象，而且迫害他人的麦卡锡主义参议员受到同事的惩处。煽动者、现实主义和理想主义者都是一再出现的模式的一部分。近几年来，所谓的现实主义者经常缺乏现实世界的经验。他们可能是克莱门斯·梅特涅（Count Metternich）和19世纪权力政治平衡学说的信徒，但都不切实际。印度支那战争、尼克松学说、在内战时期"偏袒"巴基斯坦、在智利暗杀阿连德、美国领导下的北约在科索沃的战争——这些选择性的"现实主义"行动是不现实的，而且根据实地情况判断，是可以预料的，正宗的现实主义者很少在那里涉足。他们选择性地忽视了在塞拉利昂、刚果、阿尔及利亚、卢旺达和斯里兰卡发生的残暴行径。

1900年的一幅海报描绘了威廉·詹宁斯·布莱恩和他的竞选伙伴，艾德莱一世。海报下方写有以下文字："共和国，不是帝国。"帝国赢了，而且打着解放、自由、文明、民主一类冠冕堂皇的名义，当年的威廉·鲁道夫·赫斯特和后来的鲁伯特·默多克之流都是煽动者。一直到上帝回答了他的祈祷为止，麦金利就如何处理被解放的"菲律宾人"伤透脑筋。美国被召唤去把菲律宾人转变为基督徒，但他们当中的多数人都是罗马天主教徒。菲律宾以上帝的名义被残酷地变成了殖民地。古巴被美国从西班牙人那里解救出来，最终，古巴又被菲德尔·卡斯特罗（Fidel Castro）从腐败专断的美国帮佣那里解救。

在《黑皮书》里，共和党常胜不败。外交是战争的替代。那时的美国外交欢迎世界的多元化，并通过以身作则和提供发展援助来宣扬民主和人权。其外交实践反映了美国对以下观点的认识：一个伟大的国家行事必须谨慎。国家越强大就越要通情达理，易于调和，菲律宾外交部部长卡洛斯·罗慕洛（Carlos Romulo）用谚语说明了以上道理："竹子长得越高，弯得越低。"

战争在政治上极易代替外交。恐惧和狂热容易升温，然后被政治家利用。勋章、丰碑和竞选捐款不是敬献给和平使者的。1960年春，当艾德莱二世被劝说去第三次寻求民主党的总统提名时，他被邀请去苏联驻华盛顿使馆和苏联大使米契柯夫（Menshikov）会面。会议室远离墙壁放着两

把椅子，这是秘密谈话的标志。大使解释说，总书记赫鲁晓夫（Khrus-
chev）指示他告知史蒂文森州长，苏联准备协助他获得总统获选人资格。
为了从大使那里得到更多的信息，"州长"询问大使，赫鲁晓夫心里想的
是什么样的帮助。对他的这一询问对方早有准备。大使回答说，他被指示
请"州长"提出建议。州长后来拒绝了苏联的提议。

一年半之后，美国探测到苏联在古巴部署导弹的行动。在行政当局内
部，史蒂文森大使提议和解。为了不使冲突升温成核对抗，他提议用美国
在土耳其境内已经过时的基地作为条件，换取苏联撤出在古巴的导弹部
署。这一建议被泄露给媒体并且被用来公开耻笑"州长"的"软弱"。在
公开场合，肯尼迪当局立场强硬。

1962 年 5 月，在和苏联驻联合国大使佐林（Zorin）戏剧性的对抗中，
艾德莱二世把导弹部署的证据递交给联合国安理会。他的举动导致世界
舆论转向支持美国。苏联后退让步，导弹被撤离。但是外交手段也有缺
陷。正如"州长"建议的那样，肯尼迪当局已经和苏联达成从土耳其
基地撤离的协议，但是却坚持对协议的相关部分保密。多年以后，国务
卿迪安·腊斯克（Dean Rusk）承认了这一举措。肯尼迪总统因为立场
强硬而获得赞赏，赫鲁晓夫则因为屈就而受辱，他有关基地的协议也是
保密的。恐怖与和平仍然势均力敌。赫鲁晓夫的屈辱是导致他下台的部
分原因。他被一个反动的领导集体接替。从这群人当中，列昂尼德·勃
列日涅夫（Leonid Brezhnev）脱颖而出，成为他们的首领。莫斯科的强
硬派接替了赫鲁晓夫。战略军备竞赛升级，给美国造成的耗费大大超过
苏联的支出。

作为世界的朋友和赫鲁晓夫在 1960 年支持的总统候选人，"州长"
在世界的舆论法庭指责并判定了苏联政府的恶行。后来，美国国务卿科
林·鲍威尔（Colin Powell）无意中对美国政府提出指责，称它提供了有
关伊拉克境内藏有大规模杀伤性武器的虚假证据。布什当局无视安理会在
遏制萨达姆·侯赛因（Saddam Hussein）的同时对稳定中东局势的重视。
无知的康多莉扎·赖斯（Condoleeza Rice）把国务卿鲍威尔对安理会的陈
述称作"艾德莱·史蒂文森式的时刻"。"州长"开启的限制战略武器的
进程已经被长久地放弃了。

赫鲁晓夫是一位直言不讳、非斯大林化的改革派和鸽派（按苏联的
标准）。他富有幽默感，在我后来结识的包括勃列日涅夫在内的苏联领导

人中是少见的。联合国副秘书长布莱恩·厄奎哈特勋爵（Sir. Brian Urqhart）至今还惊叹艾德莱二世的外交技巧。他说，和艾德莱谈判的对手有时候并没有意识到他们正处在谈判之中。根据厄奎哈特的观点，艾德莱二世可以让苏联外长安德烈·葛罗米柯发笑。党总书记赫鲁晓夫曾经邀请我的两个弟弟留在莫斯科并和两个"苏联的好姑娘"结婚。

对外交上的意外事件，朝鲜的描述是："要不是因为你的栏杆，我的牛不会折断她的犄角。"

锡兰（斯里兰卡）的一个格言："消除仇恨的不是仇恨，而是善意。这是永恒的规律。"

芬兰谚语："即使和约存在不足，也胜过令人满意的争议。"

在外交上，"君子协议是一种但凡君子都不会写下的协议。"

外交界的三大规则：
永远不要失去主动；
永远不要胜上求胜；
永远不要站在狗和路灯之间。

　　　　　　　　　　　　海诺德·尼克逊（Harold Nicholson）

我生活在词语的海洋，
名词和形容词在那里到处流淌，
动词被用来描述从不发生的行动，
句子在不断地来来往往。

　　　　　　　　　　　　　　艾德莱二世
　　　　　　　　　　　在伦敦，联合国一次会议上编写

外交是一件需要你不触碰豪猪的芒刺而能对付豪猪的差事。

什么时候人们才能理解，把我们和他人连接在一起的是我们的精神，不是我们使用的机器。

麦考利（Macauley）

外交由礼节、烈酒和补品三样组成。

疲倦的艾德莱二世

作为一个了解自己实力但克制自己不滥用武力的大国，我们能够承担保持克制的代价。

伍德罗·威尔逊

政府的行为短暂而有限，人们之间的关系则恒长久远。

萨默·威尔斯（Summer Welles）

把利剑拿走；没有它时，国家才能被挽救。

里世琉（Richelieu）

另一个我们不得不吸取的教训是，我们不能从绝对的道德立场出发来处理对外政策方面的问题。妥协本身不是不道德的或是背叛行为。妥协是谈判的目的，谈判则是和平解决冲突的工具。但是，谈判时，我们必须就一件事或是为一个目的而谈。如果僵硬和绝对的态度使我们的代表失去用于谈判的条件，那他们也就失去了谈判的目的。

艾德莱二世
哈佛大学，1954 年

根本的问题是，涉及对外政策时，我会成为成功的总统吗？我会成功，但是除非我成为总统，否则就难以证实我认为我是更加有效的一位。

乔治·W. 布什
《纽约时报》2000 年 6 月 28 日

我会有一个外国通的对外政策。

乔治·W. 布什
加利福尼亚州，2000 年 9 月 27 日

　　我们会让我们的朋友成为维护和平的人，让名叫美国的伟大国家
成为和平的领导者。

乔治·W. 布什

得克萨斯州休斯敦市，2000 年 9 月 6 日

　　近年来，拥抱世界的多元化，拆除滋生无知和恐惧樊篱的努力鲜为人
见。20 世纪 90 年代，在太平洋经济合作理事会（PECC）担任美国代表
时，我特意没有理会美国和东南亚孤立共产主义越南的政策。向时任国务
卿沃伦·克里斯托弗（Warren Christopher）汇报了我的意图后，我到了越
南的首都河内，在那里受到热烈欢迎。我为越南打开了一条通向太平洋经
济合作理事会、亚太经济合作组织（APEC）、东南亚国家联盟（ASEAN）
和世界的通道。越南和美国以及东南亚关系的正常化随即实现。美国和友
好的、经济上活跃的越南签订了贸易协定。越南最近主办了一次有布什总
统出席的亚太经济合作组织的年会。历史上，美国没有理由孤立和鞭挞其
他弃民，这样做只能孤立自己。

　　20 世纪 70 年代，作为参议员，我试图通过开发贸易和投资使东欧脱
离对苏联的依赖，而不使东欧投入卢布共同体，从而有效地实施波茨坦会
议上达成的关于苏联在欧洲战后分界问题上的安排。1974 年通过的《杰
克逊—瓦尼克修正案》限定了美国的贸易和信贷用于"非市场型"，即共
产主义国家的条件。对这些国家的贸易和信贷必须根据这类国家执行自由
移民政策的调查结果，而且必须经过国会的年度审批，一直到这些国家由
国会批准升级为正常的贸易伙伴为止。唯一感兴趣和涉及的移民是寻求从
苏联移居美国的犹太人，而且要缴纳移民税。1979 年，在向邓小平解释
上述修正案时，卡特总统强调了修正案的独特目的。据说，非自由市场经
济的中国领袖邓小平问道："你们要几百万？"美国和东欧国家关系正常
化由于政治原因被耽搁。第一个受益于修正案的国家是罗马尼亚臭名昭著
的齐奥塞斯库（Ceausescu）政权，它使布加勒斯特成为所有逃离苏联的
犹太人的中转站。在国会批准通过修正案后，第一批牺牲品是犹太人，他
们的出移受到苏联的限制。

　　承担了推进"东西方"贸易的责任后，我探访了东欧。驱车到达他
在特兰西尼亚喀尔巴阡山脉的疗养所后，我见到齐奥塞斯库和其他几位共
产党头目，在布达佩斯会见过匈牙利的亚诺什·卡达尔（Janos Kadar）。

在黑海附近的多瑙河畔，我追寻到保加利亚的托多尔·日乌考夫（Todor Zhivkof）的足迹。卡达尔很聪明，但是，总的来说，东欧的共产党领袖都是出身平凡的普通人，是抵抗德国的领袖。像他们的民众一样，他们都是渴望自由的民族主义者，保加利亚是苏联军队从奥斯曼土耳其帝国的统治下解放的。在东欧各国，我见到的领袖和平民首先是民族主义者，一半出于必要，一半由于信念，他们也是集体主义者，尽管东德由于难以渗透，情况不清。除了被柏林墙阻隔开来的一半德国外，我在东欧到处都受到热情的欢迎。作为一个寻求突破东欧封闭状态的孤独的美国人，他们鼓励我坚持下去。连保加利亚也授予我勋章，以鼓励我的努力。

我支持《杰克逊—瓦尼克修正案》，该议案是以色列院外活动机构和理查德·珀尔（Richard Perle）［当时是参议员亨利·杰克逊（Henry "Scoop" Jackson）的助手］合作的奇异作品。作为回敬，杰克逊支持了我提出的，后来成为《史蒂文森修正案》的提案。当国会不知不觉地让东欧人围绕苏联轨道运行时，现实主义派的国务卿基辛格，却每年给予苏联价值 10 亿多美元的现金和信贷，寻求"缓和"与后者的关系。结果是，苏联一边在得到美国的补贴，另一边东欧人却在受到美国的惩罚。《史蒂文森修正案》结束了基辛格利用金钱追求关系缓和的做法。修正案规定，给予苏联的现金和信贷以首先获得国会定期审批为条件，有效地结束了他无意中延长苏联寿命的做法。在没有援助的情况下，米哈伊尔·戈尔巴乔夫（Michael Gorbachev）任总书记期间，苏联才由于内部矛盾和重压垮台，东欧和苏联加盟共和国最终解放。

我在 1975 年作为第一个国会代表团成员访问中国，当时的中国正在经历"文化大革命"最后几年的磨难。我们是"资本主义的走狗"。街上的行人都穿着不成型的毛式外衣，他们担心和我们交流时被发现。我们在那次访问期间见到了邓小平先生，他 1979 年访问华盛顿时我曾做过他的短期陪同。在尼克松当局的试探性努力和对世界开放之后，中国的改革随后开始。在卡特当局的领导下，中美外交关系实现了正常化。在《长城》一书里，帕特里克·泰勒（Patrick Tyler）详细描述了使中国对外开放成为可能的过程，使用过的蒙蔽和障眼等计策。右翼的支持是用中国这张王牌对抗苏联的理由争取到的，而中国台湾院外活动机构则通过对台湾提供军事援助得到安抚。中国对观念和信息敞开国门。随之而来的是中国的和平崛起与发展。

谨慎的外交家认识到，恐惧和敌意在四面被围困的孤立和黑暗中只会加剧。朝鲜就是一例。美国的压力经常适得其反。国家很少会因为压力而屈服，他们可能在没有压力的情况下自行崩溃。古巴的卡斯特罗政权经历了8位美国总统。另外，古巴还把古巴人民的困境怪罪于美国的禁运。其他国家在古巴投资并获取古巴的生意。美国被拒绝在古巴市场之外。通过施加压力和孤立的手段迫使别国就范的企图被人称为"要是你不照规矩办，我就再给我的脚开上一枪"的现象。

美国喧嚣的敌意和制裁使原本不情愿的伊朗人加入保护本国专制政权的行列。在我撰写本书时，美国的敌意削弱了改革派哈塔米（Khatami Mohammad）总统的力量，加强了强硬派的势力。在伊朗，不同政见成了与美国同谋的代名词。20世纪50年代，美国插手推翻了民众选举产生的摩萨德（Mossadegh）总统，威胁要针对"邪恶轴心国"发动战争，并且寻求制裁。2008年1月，布什总统对波斯湾的友好国家进行了迟到的访问。他乘飞机秘密降落在政府管制的"绿区"之后很快离开。伊朗总统艾哈迈迪—内贾德（Ahmadinejad）随后访问伊拉克，在巴格达大街上受到包括伊拉克总统和总理在内的人群的热烈欢迎。连波斯湾沿岸一向礼貌和敬重的阿拉伯人都跑上街头抗议布什总统的访问。阿拉伯媒体也表示抗议：

> 美国总统选择中东之行的阿布扎比来攻击伊朗。像往常一样，以上决定体现了美国当前外交政策背后相当混乱的思维。布什说，伊朗资助恐怖主义极端分子，破坏黎巴嫩的和平，为塔利班运送武器，企图用令人震惊的辞藻恐吓邻国，无视联合国，并且拒绝公开其核计划，造成整个地区的动荡不安。如果把为塔利班输送武器的部分去除，很容易把对伊朗的这一描述错当成关于以色列的计划。不同的是，伊朗则刚同意就其核计划问题做出答复。
>
> 《沙特公报》
> 2008年1月14日

我们不需要更多的战争威胁。60年来，好战已经造成了这一地区最大限度的不稳定。布什就伊朗发表煽动性威胁，把他在中东访问期间从每一个阿拉伯国家政府那里所听到的和平忠告扫之一隅。不论伊朗现在还是将来会构成怎样的威胁，都必须以和平的手段通过谈判解决。在这一地区造成更多战争将导致惨重的后果。面对伊拉克战争的废墟，即便布什本人一定也能看到这种后果。可是，在他就伊朗发表的对抗性讲话里，他没有提供胡萝卜，走向和平的手段或是和谈——只有美国大棒。这不是以寻求和平为目的的外交。这是寻找战争的疯狂。

《阿拉伯新闻》

2008 年 1 月 15 日

中东的不稳定已经波及阿富汗和巴基斯坦。卡尔·冯·克劳塞维茨（Carl von Clausewitz）将军（1780—1831 年）在他的经典著作《战争论》中解释说："……战争不仅是政策行为，而且是真正的政治工具，是政治活动通过其他手段的继续……让政治观点屈从于军事观点将是荒唐的，因为政策导致了战争……战争是迫使敌人听从我们意愿的武力行为。"最佳形态下的战争是防卫性的。克劳塞维茨将军是启蒙主义的产物，对战争有一定的了解。

在我结束《黑皮书》的撰写之时，美国正在巴格达"绿区"104 英亩的土地上建立包括 20 多栋建筑的使馆区。建筑群包括 6 幢公寓楼，2 栋可供 1000 人使用的办公楼，1 家美容店，购物市场、美食广场、电影院、健身房、网球场、一所学校、供社交集会使用的美国俱乐部和高级外交官住宅——所有建筑都有 9 英尺高的围墙保护。美国驻伊拉克使馆拥有自己的军队和雇佣军，他们从美国境内和世界各地每月以 1 万美元的薪水被聘用。这座有些人称为"东征军城堡"的堡垒，丑闻不断，每年的维护估计需要数十亿美元的税收。国会已经拨出 5.92 亿美元的建造费。新美国的外交官被与他们应该联络的人民分割开来。他们乘坐防弹车出行，防弹车的保护由国务院花费几十亿美元承包给合同商。许多钱不是被窃就是被挪用。世界各地的美国大使官邸正在被国务院出售并以新建的"保险"建筑取代，而且这些建筑把外交官和当地人民用围墙隔离。

外交的时间是现在。

康多莉扎·赖斯

即将上任的国务卿，2005 年 1 月 17 日

　　"国际战略研究所" 2007 年度调查指出，美国权威在世界上正在衰退，美国势力的衰竭已经导致 "无极" 世界的产生。在这样的世界里，包括俄罗斯在内的其他国家都能为自己的权益声张。美国的势力 "在削弱，在去神圣化"。美国的敌对者相信，如果他们设法让美国卷入持久的战争，他们就能战胜美国。美国在中东丧失了影响力，鼓舞了尤其是伊朗等国家炫耀他们的实力。一些激进组织企图诋毁与美国持有牢固关系的国家领导人，美国的衰退无异于给他们提供了军事武器，而且使得其他国家和美国在外交关系上留一手。调查报告得出的另一结论是 "恢复美国战略权威所需的时间好像注定比新总统就职需要的时间更长"。

　　2007 年 9 月 13 日，布什总统恳请美国人支持以戴维·彼得雷乌斯（David Petraeous）为首的将军提出的建议——包括迅速扩充美国军队。他明显是要把伊拉克战争拖到下一届政府。在《黑皮书》里，军界服从政治权威，而且由政府制定政策并负责外交事务。哈里·杜鲁门因为道格拉斯·D. 麦克阿瑟（Douglas D. MacArthur）将军违命而解除他的军职。尽管杜鲁门的以上举措极其不受欢迎，但是，在麦克阿瑟无视政治权威，侵犯朝鲜之后，杜鲁门的决定可能避免了美国在亚洲大陆，尤其是在中国的交战。（林肯评论说，他大笔一挥造就将军很容易，但用 20 美元一头的价格找到足够的骡子比较困难。）

　　　　战争太重要了，不能完全交给将军来负责。

　　　　　　　　　　乔治·克列孟梭总理（Georges Clemenceau）

　　　　　　　　　　1918 年

　　当美国的军国主义使圣战信徒漫延，造成混乱的世界，而这个世界越来越多地指望中国领路并提供经济推动力的时候，美国外交重新抬头变得更加艰难。如果和平降临巴基斯坦，那将是因为人民奋起拒绝美国军国主义，坚持给予外交一次机会的结果。在一个通过反对布什当局的军国主义及其 "盟友" 穆沙拉夫将军联合成一体的新型巴基斯坦，一定程度的稳定是能够实现的——一个违抗布什当局，以外交取代武力，并且把各种派别的穆斯林公民的利益协调一致的民主的巴基斯坦。反对布什当局的军国主义的力量有可能阻止美国核技术向印度的传输，鼓励印度政府和新的巴基斯坦通过外交解决克什米尔争端。这样一来，当美国继续在世界上遏制自己，美国军国主义的失败有可能使其他国家复苏通过外交寻求和平的努力。

　　我对我们自己的力量和野心感到恐惧；我对我们过于让人恐惧而恐惧……我们可以说，我们将永远不会滥用这一惊人，而且迄今未曾听闻过的力量。但是，其他所有的国家都认为，我们会滥用我们的力量。那是不可能的，但是，事态迟早会造就一种让我们以毁灭告终的敌对的综合力量。

埃德蒙·伯克

第二十章　战争是容易的

> 透过眼镜看战争，战争显得容易。
>
> 阿拉伯谚语

　　停战协定终结了第一次世界大战后，世界领导人在伍德罗·威尔逊总统领导下，立志一劳永逸地解决战争问题，实现美好的未来。在关于战后和平会议的《巴黎 1919 年》里，玛格丽特·麦克米兰（Margaret MacMillan）史诗般地讲述了威尔逊从法国布雷斯特港乘坐夜车前往巴黎参加会议的经过。铁路沿途的人家静立路旁夹道欢迎，恭敬地脱帽致意，翘首期盼装载着美国总统威尔逊和更美好世界的列车。威尔逊总统在巴黎受到狂热的欢迎。他是一位难以相处，但原则性强，目标坚定的睿智之人。像西奥多·罗斯福一样，在世纪交替之际，他在某种程度上是个帝国主义者，但后来成为国际主义者与和平的创造者。他提出的 14 点计划引导了巴黎会议，其中包括在巴黎会议的指导下所有人民理应具有自决权的原则，这一原则很有价值，但有点天真。在出卖阿拉伯人、瓜分奥斯曼帝国的同时，欧洲帝国主义在中东种下了纷乱和不稳定的种子。

　　威尔逊提出的建立国际联盟的方案，受到会议所有领导不同程度的支持。联盟为世界提供了一个防止战争，实现永久和平的机会。

> 人性的帐篷已经扎建。人类又一次在进军。
>
> 简·克里斯蒂安·司玛兹（Jan Christian Smuts）
> 1919 年提及国际联盟计划时的讲话

> 这里集结的不是党派的军队，而是人性的力量。人心在期待着我

们——民众的生命悬而未决——民众的希望召唤我们去明述我们要做的一切……应该存在的不是力量的平衡，而是力量的群体；不是有组织的对抗，而是有组织的共同和平。

伍德罗·威尔逊

摘自第二次就职演说

国际联盟，特别是第 10 条，限定了联盟成员彼此保护，抵抗外来侵略的责任。这一条款遭到亨利·卡伯特·洛奇领导下的美国参议院共和党人的反对。威尔逊号召全国团结一致，但是自己又毫不让步，而且他正濒临死亡的边缘。《凡尔赛和约》和国际联盟遭到参议院反对，人类的进步因此中断。

在崇高的进取中失败时，失败也伟大。

胜利者的强劲收获的成果被资深政治家一笔勾销。

惠灵顿公爵（Duke of Wellington）

正如威尔逊预言的那样，又一次世界大战紧接着爆发。

我的炮手，坦克排长问我，"中尉，就战争体验而言，在你看到、听到或闻到的东西里，哪一方面的感觉最可怕？"在第二次世界大战中，坦克排长哈里·哈伯（Harry Harbor）曾经作为海军陆战队员参加过南太平洋岛屿的战斗。我反问他同样的问题。他毫不犹豫、斩钉截铁地说："气味。"

直到 1971 年年初，我才真正理解他的回答。南茜和我在达卡，当时东巴（巴基斯坦）的首都。东巴是现今的孟加拉国。巴基斯坦的内战正在接近尾声。晚间，我们能够听到炮火的轰鸣。在尼克松当局倾向巴基斯坦总统叶海亚·汗（Yahya Khan）之后，印度军队出兵援救东部的孟加拉人。在给国务院的电报里，美国驻达卡总领事，芝加哥本地人阿切尔·布拉德（Archer Blood）抗议巴基斯坦"灭绝种族"的行径。他敦促政府采取行动。他的努力被尼克松总统和他的国家安全顾问亨利·基辛格（Henry Kissinger）断然拒绝。据估计，当时被屠杀的孟加拉人有 300 万之多。

为了表示他们对巴基斯坦西部残暴行径和美国政府共谋的愤怒，我们孟加拉国的朋友执意带我们参观掘开的万人坑。那时候我才理解坦克排长哈伯的回答；嗅觉反应不会被时间冲刷干净。像许多大屠杀一样，这次大屠杀既没有在当时受到人们关注，也没有被人们记住。战争期间的视觉、听觉和嗅觉感受，《黑皮书》没有记载，而且，相关的记载也是所有记录里反映最少的方面，这些仅仅是痛苦和灭绝人性的后果，是战争给经济、政治和文化造成的动荡。

在菲律宾首都马尼拉市外的美国军人墓地，面对周围群山上一排排仿佛在行进中的白色十字架，亚洲游客曾经伫立深思。他们凝视着烈士陵墓里的墓碑，上面镌刻着成千上万迷失疆场的美国士兵的名字。在朝鲜的一个山头，我无意穿过北面一个没有标界的布雷区，在那里，我曾经发现失踪战士的遗迹。那时候，除了把他们可怜的遗骨留在他们最终能够不被人打搅的安息之地，海军陆战队从来没有想到采取任何其他的行动。在越南和朝鲜，失踪士兵的处理后来带上了商业和政治色彩，悲痛的家人得到的是失望，上百万的税金被用来挖掘和筛选这些痛苦的遗骨。烈士陵园有一幅马赛克绘画。描绘的首先是保卫东南亚，继而收复从太平洋到日本的一个个岛屿的史诗般的战斗。在日本，柯蒂斯·勒梅（Curtis LeMay）将军低空飞行的轰炸机在城市火药桶一样易燃的居民区投掷了汽油弹。据报道，当他们投掷的炮弹爆炸时，飞行机组人员在空中能够闻到死亡和毁灭的气味。在汽油弹轰炸了一夜之后，东京有 8 万名妇女、儿童和老人在战火中丧生。年轻的男士都在远方服役。

东京日本桥区一座孤零零的石庙在轰炸中得以幸存。在庙宇的屋檐下，保存了描绘 1923 年大地震之后场景的一排油画。在油画的下面是一排反映其他灾难的照片：美国汽油弹空袭图。除了偶尔可见的石造建筑的残骸和几棵光秃秃的树干外，照片显示的是一望无际的废墟。照片的近景是几乎难以辨认的空袭受害者烧焦的无形躯体。人们无法逃避勒梅的轰炸机对日本城市居民造成的大屠杀。几年以后，朝鲜的村庄和市民将被美国轰炸机摧毁，其工业和人民都被驱赶到地下。在欧洲，第二次世界大战最后几天里美国轰炸民用目标的记忆，因为美国在伊拉克的暴行而被重新唤醒。

在维也纳，我听到美国轰炸机飞行员在瞄准哈布斯堡市民、皇宫以及教堂时进行交流的录音，录音在 2005 年第二次世界大战结束 60 周年之际播放。(以温斯顿·丘吉尔为首的英国人,对市民的痛苦更加麻木。)

在富兰克林·D. 罗斯福、杜鲁门以及艾森豪威尔三位总统的领导下,艾德莱二世这一代人决意在威尔逊失败的地方进行新的尝试。艾森豪威尔总统了解战争。哈里·杜鲁门也一样,他是"一战"时期的炮兵军官。他们面临共和党孤立主义派以及陈旧的国家权力政治学说信徒的反对。罗伯特·塔夫特(Robert Taft)取代了亨利·卡伯特·洛奇,成为参议院保守派领袖。但是,民主党和共和党温和派占了上风,从而使美国成为发源于部落和封建基础的演变过程的领袖。这一过程最终导致民族国家的形成,产生了 17 世纪不干涉他国事务的学说,19 世纪初期的维也纳会议以及新的世界秩序。这一秩序要求一定的主权牺牲,依赖于经济援助、法治、军备控制与执法,在所有事务中实行国际合作,在相互依赖的世界推进和平与人类进步。在国际联盟和第二次世界大战的灰烬中,美国援助了已经衰落的敌人,尽管后来以抵御共产主义的名义,领导了联合国以及许多国际组织的创立。美国当时是一个超级大国。自由不是战争的借口。富兰克林·罗斯福的四大自由包括免受战争侵害的自由。

在《黑皮书》里,当美国在为和平奋斗、尊重人类的观点并建立能够保证集体安全的民族联盟时,美国是伟大的,美国也有安全感。拒绝了国际联盟并且抵抗二战后的国际秩序的共和党保守派,体现了早在华盛顿离任的告别演讲里就提到过的优越主义和封闭主义意识。《黑皮书》阐述了战争中诞生的国际主义。新型的保守派用摩尼教的观点看待世界;他们认为,自己是为帝国而战,为反对邪恶而战。这一理论的信奉者,很想称他们为阿亚图拉们,包括信教的犹太复国主义者、犹太教徒和基督教徒,他们憧憬《圣经》里描绘的疆域更大的以色列及其"王国"。

不论是宗教驱使的战争和迫害,还是以上帝和命运的名义发动的战争,都不是新鲜事。根据爱德华·吉本(Edward Gibbon)的意见,宗教不和,尤其是基督教的不容,是罗马帝国衰败的关键。多个世纪以来,欧洲饱受朝代和宗教之争的迫害。欧洲各国首脑都以上帝的名义发动了第一次世界大战。"在我,德国帝王的身上,上帝的精神已经降临。我是他的利剑、他的武器和副摄政王。让灾难降临违抗之人,让死亡降临那些懦夫和不信者的头上。"对他手下的将军来说,威廉恺撒(Kaiser Wihelm)是"战争的主帅"。

美国自封的"战时总统"乔治·W. 布什提出了无缘由战争的理论,

包括有选择地针对那些可能拥有或研制大规模杀伤武器的国家使用同样的武器。同时，布什政府还退出了《反弹道导弹条约》，通过把核武器技术传授给印度，部署国家导弹防御系统并支持外太空军事化以及可以使用的新一代核武器，破坏《核不扩散条约》。而美国早已拥有 6000 多枚核弹头，其中 2000 枚可在 15 分钟内随时待发。显然，他没有看到这一提议的异常性，而是想在多极或无极的现实里，寻求由美国称霸全球的单极世界，一个新保守主义的新美国世纪——一个非美国化的、不现实的主张。

强大的帝国是债权国和生产国；在他们衰败之前，他们在自己的领域投资，收获成果并且分配好处。他们以不同的方式展现了《帝国时代：超级强国如何成为世界主宰及失败的原因》一书中，蔡美儿提及的"容忍"。在 1895 年中日甲午战争后，日本间接地促进了台湾岛的工业化和农业发展；在日本被军方掌控后，又野蛮地资助了伪满洲国和朝鲜的工业化和农业。欧洲帝国主义则更具剥削性。他们都失败了。美国步其后尘。那时的美国成了世界强大的生产商和债权国；可是现在，美国却成了世界巨大的债务和消费国。帝国依赖的是美国在世界上排名第一并且经过专门训练的军队。英国殖民地提供的部队，在"一战"和"二战"中均占大约总兵力的一半。美国没有殖民地，其盟国也越来越不乐意。帝国的高科技武器可以用来有效地杀死原住民，而且不受惩罚。

1957 年酷夏，南茜和我参观了 1898 年恩图曼战役的遗址。盎格鲁—埃及的联合军队用炮火和马克西姆枪杀害了 1.3 万名轻装上阵的苏丹人，损失了 48 名英军士兵。英军当时正在苏丹恢复政权，为在喀土穆遇害的总督戈登报仇。马赫迪是奥萨马·本·拉登（Osama Bin Laden）的前任，一个虔诚迷人的家伙。在他的鼓舞下，苏丹人为他们的信仰、弟兄和土地而起义。他们击败盎格鲁—埃及人军队，占领了喀土穆并杀死戈登。

越南、老挝、柬埔寨、朝鲜、海地、科索沃、波斯尼亚、索马里、古巴、尼加拉瓜、阿富汗和伊拉克，要找到具有成功政治结果的美国军事行动，那就不得不回顾历史，搜遍直到"二战"为止的所有战争、攻击和入侵行动，除非把对格林纳达的侵犯也算在内。而多数的军事行动都适得其反。更多的行动还在筹划之中，比如在非洲角一带。更多的行动，像在伊朗和叙利亚，正在新保守主义的规划图上。对于"小罗纳德"里根没有预警就侵犯格林纳达，一个英联邦微小的成员国，撒切尔首相用外交辞令说，是百思不得其解。

第二次世界大战是卫国战争里的英勇一战。在此之前,美国的进攻、战争和侵犯行动往往和预计的结果相违背,如菲律宾战争,尽管那场战争和后来的一样,总是披着崇高目的的外衣。美国出于不可告人的目的,采取了一些得到大众支持且自以为是的军事上的冒险行动,其累积的后果适得其反。对此,《纽约时报》的驻外通讯记者斯蒂芬·金泽(Stephen Kinzer)在他《颠覆:美国改朝换代的世纪——从夏威夷到伊拉克》的书里有详述。美国的这类行动并没有终结。

经济制裁是战争形式的一种;出口和投资控制是我多年来在参议院任职期间的直接责任,我的小组委员会研究较多的一个主题是国际金融。正如我在前面《外交和外交政策》一章里提到,我们寻求突破美国针对其他国家精心策划的孤立行动,让这些国家重见阳光。制裁往往给无辜的人民带来贫困,使他们失去信心和希望,特别是最容易受害的弱势群体。由于缺少营养和医护,老人和儿童经常忍受慢性死亡。(4万多名伊拉克儿童可能由于美国领导下的制裁丧生。)而萨达姆·侯赛因一类的领导人继续安然无恙地生活。菲德尔·卡斯特罗正好把他们灰心无望的人民的苦难怪罪于美国人民。美国在经济上的竞争对手在古巴、伊朗、缅甸和其他地区获取美国放弃的生意。被禁运的国家自主开发具有军事用途的科技,最明显的是俄罗斯和中国。经济制裁失去作用,美国不仅等于在自己的腿上开了一枪,还把自己的钱包打了一个洞——只是没有军事行动罢了。但美国军力已经被小规模的战争耗费殆尽。所以,美国要靠其他国家维持。中国悄悄地通过外交拯救朝鲜和苏丹。海湾国家合作理事会的成员国正在悄悄地为贸易和安全事务的安排与伊朗进行谈判,而美国和有些欧洲国家正在加强制裁。为了在被美国搅乱的地区寻求安宁,他们在伊朗投资并且在外交上对美国留着一手。美国正在对自身实行制裁。

现实继续证实冯·克劳塞维茨理论的正确。美国的经济战争充其量也只是昂贵无效。为了避免上次战争的弊端和未来战争政治上完全正确和零伤亡的要求,当综合的军工企业不停地开发日益昂贵的科学技术时,常规战争的低效也愈加严重。根据美国总审计局的报告,五角大楼就新型武器系统承诺的费用已经从2000年的7900亿美元上升到2007年的1.6万亿美元。95%的主要系统比原先的预算高出2950亿美元,而且平均的交付时间比原定的期限推迟差不多两年。多数情况下,这些系统都不能兑现承诺的实力。高科技的"大型系统"包括52亿美元一艘的濒海战斗舰,增加数十亿美元建造先进的潜水艇、驱逐舰、战斗机（原计划用于美国和苏联的冷战）以及高科技坦克和其他耗能高的机动车辆。而且，如果实战地形像我作为坦克排指挥官在朝鲜作战时碰到的那样，以上车辆根本无用武之地：因为在我驾驶吉普车前去执行侦察任务的地方，悍马军用吉普车无法运行。在现实世界里，我们的坦克也只适合一般用途，比如为疲劳的步兵提供掩护和运输。耗油的新型坦克散发的热量太大。而前线的实情远离今天的华盛顿。对深入城市居民的叛乱分子进行空袭所带来的政治、道德和费用的代价也越来越昂贵。战争在地面上进行，而陆地刚好是"叛乱分子"擅长的作战地形。2007 年五角大楼的反应受到国会的欢迎，包括制造开销超过 24 亿美元的 1.5 万辆新型"防爆"车。这些高油耗车辆必须通过飞机运送，每辆重约 30000 磅。其中 1 辆已经被炸弹摧毁，而炸弹大概要花费 300 磅火药制造。

哈利伯顿（Halliburton）和凯洛格—布朗—路特（Kellogg, Brown & Root）一类的公司，为美国的新兵提供饮食和清洁服务。受伤惨重的老兵，泰密·达克沃斯（Tammy Duckworth）报道说，哈利伯顿公司，以成本价格附加上公司与五角大楼的合同价格，给美国驻伊拉克部队提供诸如龙虾和牛里脊一类的晚餐。尼泊尔雇佣军不需要价格为 1 万美元的纺纶背心，更不需要为美国新型"职业"士兵提供龙虾、博彩和美容店的待遇。在我们当兵的年代，中士不需要修脚服务，下士也不会怀孕生子。军队的职责不会交给"黑水公司"① 和其他有政治关系的昂贵承包商。他们在伊拉克触犯暴力罪行免予起诉的特权也是有代价的。2008 年 2 月，在日本，包括他们子女在内的美国军人的活动范围被限制在基地以内，目的是要缓和公众舆论，因为又一起涉嫌强奸的案件引起了公愤。日本首相福田公开抱怨美国没有"控制好"自己的军队。

即便考虑通货膨胀的因素，伊拉克和阿富汗战争 4 年以来的开销仍然数倍于越战的费用，而重建的费用还未计算在内。况且，结束两国的战争局面目前都是遥遥无期。自上任以来，布什当局 2009 年的预算将把军费开支提高 70%，尽管阿富汗和伊拉克战争 2009 年绝大部分资金仍没有来源。根据美国国防部部长盖茨（Gates）的意见，该年国防的真正总支出

---

① 黑水公司（Blackwater），为美国军队提供训练和保安等服务，曾因枪杀事件名声受损，后更名为 Academi。——译者注

可能会超过 6850 亿美元。各种战争费用的预测都会不同；没有人能够预测和看不见的对手无止境地交战以及随之而来的宗教战争的蔓延所造成的费用。根据国会预算办公室的报告，伊朗、伊拉克以及其他地方的军事行动费用在 2001—2017 年可能会达到 17000 亿美元。该数目已经超过第二次世界大战在考虑通货膨胀因素后的费用，而"二战"是一场涉及日本、德国和意大利三国武装力量的大战。

根据哈佛大学的琳达·比尔米斯（Linda Bilmes）以及哥伦比亚大学诺贝尔奖得主约瑟夫·斯蒂格利茨（Joseph Stiglitz）的研究报告，时至 2007 年 1 月，伊拉克战争平均程度的耗费就达 11840 亿美元之多，费用包括医疗和康复治疗，还本付息和征兵费用的增长，但并不包括对其他国家造成的耗费，也不包括诸如增强了圣战者的势力以及导致美国失去权威和安全一类的主观效应。战争在美索不达米亚，"人类文明的摇篮"，造成的文化暴行更是无法估量。占领巴格达后，美国军方让久享盛誉的伊拉克国家博物馆遭到掠夺。遍布伊拉克的遗址仍然在被人洗劫。至今，美国基地的选址和重要设备的运输都极少考虑战争对遗址造成的破坏。3000 年前留存至今的巴比伦遗址成了美国/波兰军队的运输集转地。

在国防开支、执法、环保、健康以及人员服务方面的预算含有误导性臆测的情况下，布什当局提出的 2009 年联邦政府预算是 3.1 万亿美元，相当于 7 年间增长了 50%。美国军人为战争付出的代价是他们的生命与躯体。

塞缪尔·亚当斯（Samuel Adams）警告说，常备军对"人民的自由而言"永远危险。公民参军的传统保持了民众的参与，保护了自由并确保了政治职责的履行。

　　　　在任何形式的政府之下，过度发展军事机构，对自由都是不祥之兆，而且，对于共和国的自由来说，理应被当作特具敌意的机构。
　　　　　　　　　　　　　　　　　　　　　　华盛顿总统
　　　　　　　　　　　　　　　　　　　摘自 1796 年的离任演讲

在"一战"牺牲的一名英军士兵身上发现的一封他给未出生儿子的信：

探奇和冒险精神是你孩童时得到的永恒的象征。祝你永远保持这种精神，当你的心中拥有这样的精神时，你永远会在彩虹的另一端寻找金子，在沙州之外寻找牧场，在大海的彼岸寻找黎明，在黑暗的边缘寻找光明。在这个大家都已疲惫不堪的世界，祝你永远真心寻求轩昂的勇气。保持你对生命的热爱，但抛弃你对死亡的恐惧。生命必须挚爱，否则就等于失去，但永远不能溺护生命。对伟大和高尚的事物保持好奇，譬如阳光和雷电、雨和星辰、风和大海、树木的成长、庄稼的收获以及英雄的伟大。让你的心保持对新知的渴求、对谎言的痛恨以及对强权的义愤。

当政府在实行民主并为之而战时，却不具备采纳义务兵役制的能力，以解决兵源匮乏的问题；因此只能靠提供 4 万美元奖金招募陆军和海军新兵，对再次入伍士兵的奖励高达 15 万美元。通过提高奖励金额，提供终身福利，对那些犯有多种轻罪或者重罪的新兵以"道德豁免"降低招收标准，通过授予"美国公民"身份的承诺吸引外国人入伍等各种方式，陆军和日益壮大的新兵招收队伍仍然不能吸引足够的兵源满足定额。不具备高中教育水平的新兵中的一半都没有完成基本训练。越来越多经过高水平培训的年轻军官，都在 5 年内脱离陆军部队。通过把军队的职责输出给有政治关系的承包商，政府刺激了其他国家的军用人力的竞争和军费开销。政府对每一个美国士兵的终身资助已经超过 400 万美元。军队的兵力目标通过经济灾难和失业有可能实现，而美国的军国主义又促使后两者的形成。

作为国内生产总值（GDP）的百分比的一部分，如果美国像过去一样，拥有主导全球性的生机勃勃的经济，维持如此庞大的军工情报整体是可行的。但是，这些开销已经在竞争激烈的全球性经济中加速了美国现今的衰败。健康和人员服务、执法、环境、教育、研究、对外经济援助、医护、基础建设等方面的开销都被削减或忽略。本来前途光明，拥有通过互联网有效管理能源系统的一家伊州公司，因为"国家安全"是块肥肉而把业务向国家安全方面转移。3 万亿美元以上的赤字预算必须通过更多的债务来资助。白宫承认，2009 年，布什总统任职第一年结束时的 5.7 万亿美元国债预计会增长两倍，达到 10.38 万亿美元。军事力量会铺展得既散又薄。如今的美国要靠从中国和其他国家借贷，或是向他们出售资产来资助战争。

不能指望军方规划官来斟酌他们的规划效应和经济支出之间的平衡关

系。他们也不去平衡国家的资债，更不会把他们支出的后果和国家岌岌可危的经济以及国家安全的含义衡量对比。以国家安全的名义，政府认同的是国家不安全的理念。而国会议员听之任之；实际上，他们经常加快国家衰退的速度。他们为地区多余的军事基地和国防合同商的武器系统辩护。他们把国防和金钱对等看待，不能在国防问题上显得"软弱"。以上的总体描述对有些众议员不公，但是，像被选中的法官一样，众议员往往听命于他们的投资人，包括国防项目承包商以及居住在国防设施所在地区的选民在内。没有和平承包商。他们必须支持一个"在战"的国家。正如亚历山大·汉密尔顿警告和赫尔曼·戈林解释的那样：战争是容易的。

随着常规战效果的日益衰退，非对称战争的效果日益增强。非对称战争的实践者把他们在恩图曼领会的经验借助胡志明市传播开来。他们拥有获得现代武器和技术的途径。利用电视做宣传，利用讹诈和网络指挥、控制并误导敌人。对他们许多人来说，除了放弃他们受折磨的生命，赢得天堂外，几乎没有其他任何损失。而美国军队就非对称战争所做的计划和提供的训练都为时过晚。非对称战争需要语言和文化感应方面的训练，实际上现有军队无法提供更加机智灵敏的军人。虽然金钱不能替代忠诚，军队却在当地用每天 10 美元雇用伊拉克人，而这些人在遭到屠杀，也许会被杀绝。来自许多国家的"动乱分子"在伊拉克和阿富汗获得正规的训练和经验。如前所述，他们渗透遥远的国家，扰乱拥有核武器的巴基斯坦的稳定。正如国际原子能机构总干事穆罕默德·巴拉迪（Mohammed El Ba-radei）承认的那样，最危险的核威胁不会来自伊朗这个会被"粉碎"的国家，但可能来自那些用"愤怒、耻辱和绝望"喂养大的极端分子。他说，核材料正在消失。对于恐怖分子而言，威慑不是一个相对概念。恐怖主义成了我早在 1979 年就已经预言的国际化"恐怖场景"（请参见随后的章节），而且这一恐怖场景正像传染病一样，通过有野心但互不相关的组织和个人，蔓延到被恐怖主义者认为与新美国和以色列利益一致的伊斯兰世界的"变节"盟国。

《黑皮书》涵盖形形色色的政治家，但不包括"战争总统"。他在外交事务、国际金融和军事领域缺少经验，而且对世界缺少至少可以观测到的兴趣。他对事务的确定性来自上帝和他的顾问，这些顾问带有救世主动机、有限的现实世界经验和狡猾的党派目的，他们准备不宣而战，无缘由地发动"战争"。对他们和许多政客而言，战争是容易的。

如果我们只关注战争，那我们就不可能拥有和平。战争不是一起偶然事件。战争是一定的人生之道的逻辑产物。如果我们要攻击战争，那我们就必须攻击产生上述战争的人生之道。

A. J. 穆斯特（A. J. Muste）

1967 年

当你的国家在你周围平和歇息的时候，你为什么一定要保卫你的国家？……你的存在不是为了修正过去的错误，而是为了实现未来的诺言。

艾德莱·伊·史蒂文森州长

以上摘自美国总统民主党候选人 1952 年 9 月 20 日

在马里兰州匡提科城为艾德莱三世及其海军陆战队

队友举行的委任仪式上的演讲

如果我们在世界各地赢得人们的心，那不是因为我们是一个强大的国家，而是因为我们是一个伟大的国家。强大可以威风一时，伟大才能持久一世。

据布什总统办公厅主任安德鲁·卡德（Andrew Card）先生说，公布伊拉克战争的时间被推迟到 2002 年 9 月的原因是，"从营销的角度看，人们不会在 8 月引进新产品"。

第二十一章　和平是艰难的

制造战乱比建立和平要容易得多。

乔治·克列孟梭总理
1919 年

在环球旅行、探索世界的过程中，南茜和我在 1967 年的"六日战争"后尾随以色列部队进入约旦河西岸和叙利亚戈兰高地。我们当时正在前往以色列的公费旅行途中。考察旅行项目由以色列魏兹曼研究所资助。去以色列的公费考察旅游对美国政治家来说是常事。我当时刚刚当选为伊州财政厅厅长。但南茜和我偶然决定绕道穿行戈兰高地、约旦河西岸。我们沿途看到了在另外的时间和场地可以被称为灭绝种族行径的证据，在西岸的一个没有人迹的城市里，只有一位坐在门阶上，因为恐惧或威吓而说不出话来的老人。

除了摒弃与埃及的停火协议、占领当时的约旦河西岸外，以色列还对叙利亚发动了进攻。我们设法越过以色列军队的检查站，进入叙利亚的戈兰高地并乘车绕过加利利海。叙利亚对以色列的抵抗大多发生在北部。而在我们途经的地带，房屋被遗弃，家庭财产四处散落。在我们进入的一户人家里，我们在客厅的饭桌上看到一本打开的儿童图书。我们的照片记录了荒无人烟的城市街道，所有的建筑都被以同样的方式严重损坏，金属百叶窗都呈现了从里向外爆破的共性，房屋里的家什撒满一地。在检查站之外的地区，我们在戈兰高地既没有看到任何人迹，也没有听到炮火或是战斗，好像居民都被突袭杀害，或驱逐，或是毫无抵抗地逃离突然接近的以色列部队。后来有关库奈特拉毁灭的报道加深了我们的这一印象。以色列把库奈特拉的毁灭归结于战争的破坏、战斗以及抵抗。访问的人并没有报告战争或是抵抗造成的破坏和痕迹，发现的只有居民逃离被系统性破坏了的城市的征兆，这与我们的记录是一致的。（在 2005 年，美国和法国官员抱怨叙利亚部队 20 世纪 80 年代进驻黎巴嫩，在确立并维持安定之后滞留黎巴嫩不走的情况。但对以色列不请自到，进驻叙利亚戈兰高地的事却忽略不提。）

我们的印象和美国参谋长联席会议前主席，海军上将托马斯·穆勒（Thomas Moorer）的理论相吻合：仔细侦察到的情况显示，以色列首先通过幻影战斗机，后来又通过鱼雷艇在西奈海岸几英里远的地方向美国"自由"号情报船发动进攻，其目的是阻止美国监听以色列的通信交流，不让美国发现在戈兰高地突袭叙利亚的计划。而那次的进攻在以色列攻击"自由"号以后的 24 小时以内发生。34 名美国海军士兵死亡，171 人受伤，更多的后来死于重伤或是无人照料。此次事件的真相被掩盖并归罪于失误——国务卿迪安·腊斯克后来承认，那次进攻并非失误造成。近期，沃德·波士顿（Ward Boston），美国海军调查法庭的律师召开会议调查此事。沃德·波士顿打破 30 年来被迫的沉默，证实了海军法院曾奉命掩盖攻击的事实真相。他被一直存在的粉饰真相的企图激怒。

我们访问了约旦的一个巴勒斯坦难民营，听到有关以色列罪行的控诉，目睹了新一代流离失所的巴勒斯坦人成长的恶劣环境。我们穿过约旦河上的艾伦比大桥（约旦人称为侯赛因国王大桥）来到西岸。在那里，著名的漫画家和朋友比尔·莫尔丁（Bill Mauldin）以及芝加哥民主党委员，西摩·西蒙（Seymour Simon）会见了我们。西摩后来成为库克县专员，伊州高级法院法官。

1976 年，我作为参议院国际金融小组委员会主席寻访了中东主要的阿拉伯国家的首都和德黑兰，偶尔会戴上参议院情报收集及生产小组委员会主席的黑帽子，隐身于大众的视线之外和中央情报局情报站的头目会面。对于情报"资源和收集办法"，他们告诉我的远比我指望或是想要知道的更多，而且由于我对他们的高度关注不常见，他们好像总是感激有加。

这些勇敢的公务员们使用的"操作指令"反映了华盛顿的偏见，那时候，由于到处都以苏联的活动为中心，这些指令忽略了眼皮底下的动乱。中央情报局最近的批评家没有认识到，外国情报往往支持对外政策，是一个天生含有缺陷的脆弱过程——因为收集情报的优先重点和推测由情报的用户，而不是提供者决定。美国依赖外国情报机构提供情报。当时的这类服务机构包括伊朗国王沙（Shah）手下的情报机构萨瓦克（Savak），提供的是伊朗的情报。现在，美国仍然依靠以色列的情报机构提供该地区的情报。外国情报机构支持的是他们本国的政策。据报道，以色列的情报在 2002 年证实伊拉克拥有大规模杀伤武器，可能并没有像后来声称的那样存在问题。以色列情报机构可能一直在支持以色列政府的政策，诱使布什当局在伊拉克投入一场难以脱身的战争，就像萨瓦克当年诱导尼克松当局松懈对伊朗的警惕，陷入自满状态一样。

我在大马士革会见了叙利亚官员，其中包括与总统哈菲兹·阿萨德（Haffez Assad）总统 3 个小时的会晤，之后，我和比尔·布埃尔（Bill Buell）一同驱车前往贝鲁特。比尔是一位富有成就、资历高深的外交官，他被借调成为我的下属。我们在叙利亚—黎巴嫩边境遇到艾尔·法塔游击队——在我们脚下的木板地上摆放着冲锋枪，我们一起飞速通过山口前往贝鲁特，在游击队脏乱的总部会见亚西尔·阿拉法特（Yassir Arafat）。在总部外面，一个炸弹被引爆，可能是为了某种效果。政治化的投机指令反映并庇护了美国的成见和无知，导致阿拉法特及其助手无法与美国官员接触。他们向我们提议在具有缓冲地带以及联合国维和部队的条件下，从被占领地区系统地撤离以色列军队。那是一个促进西岸非军事化，同时又尊重以色列国家犹太人特点的一个和平建议。在当时举行的一系列会谈里（两次高级别会谈除外），我们都看到，人们明确愿意接受美国支持的联合国决议，并将此作为永久性结束争端的解决办法：按照 1967 年战争前划定的边境，通过谈判达成"两国解决方案"。黎巴嫩好像永远在和自己打仗，外界难以解读黎巴嫩对以上提议的态度，其他所有的阿拉伯国家，还有伊朗以及巴勒斯坦解放组织，都愿意对边界进行小范围的修改，为失去返回家园权利的巴勒斯坦难民提供一定的条件，接受以色列作为国家的存在，这是和平的基础。上述事实多年来已经许多次在我和这一地区的阿拉伯官员以及美国专家的谈话中得到证实。连巴勒斯坦人自己也多次在公开场合证实：一次是 1988 年，另一次是 1993 年在奥斯陆时，还有一次是 2000 年在埃以边境的塔巴城。

在我 1976 年进行的对话中，拒绝以上述条件为基础解决巴以争端的中东国家政府只有伊拉克和以色列。考虑到伊朗为以色列提供石油，伊朗国王沙对以色列人可能具有的影响力，在把阿拉法特的建议送交伊朗国王之后，我们回到美国并把同样的建议递交国务院。在那里，建议的内容被外泄，迫使阿拉法特否决原先的建议。那时候，没有一位阿拉伯国家领导人能公开认可牺牲巴勒斯坦难民回归权的做法，除非上述的牺牲成为按照联合国同意的边境解决争端的整体方案的一部分。所有国家都愿意支持这一整体性的方案，只有巴格达例外。在那里，为我驾驶的是一位为美国代表工作的（美国在伊拉克没有大使馆）的库尔德族人。他不得不跛脚走路，他的大脚趾甲已经被伊拉克的复兴党政权的喽啰给拔除，他们一直在周期性地盘问他，就因为有一次他回答时不够直截了当而遭遇上述的残害。这就是萨达姆·侯赛因政权，而当该政权在对伊朗和伊拉克人民使用大规模杀伤武器的时候，这一政权在金钱和情报方面得到里根当局的支持。（根据来自约旦的报告，20 世纪 60 年代，在与共产党人争夺权力之际，伊拉克的复兴党人也获得过美国的支持。）

在 1976 年 4 月给参议院递交的报告中，我预测了伊朗事态的"爆发"，之后不久伊朗国王沙的政府崩溃，沙政府是美国 20 世纪 50 年代改朝换代的产物，也是美国援助的目的，这些援助包括尼克松—基辛格当局提供的核技术转让。沙政府是尼克松学说皇冠上的明珠。尼克松学说没有根据地声称，柬埔寨无能腐败的朗诺（Nol Lon）当局是抵挡苏维埃共产主义蔓延的区域中心。朗诺政权导致柬埔寨被魔鬼般的红色高棉政权发动的"农村化"运动断送，越南和中国的入侵。报告还预测了埃及总统萨达特（Sadat）的倒台。随后，像他一同造就和平的伙伴，以色列总理拉宾（Yitzhak Rabin）一样，萨达特也很快成为"为上帝帮忙的"暗杀者的牺牲品。

早在 1976 年我就在利雅得和当年的沙特阿拉伯王子（如今的在位国王）阿卜杜拉（Abdullah）见过面。2001 年，他和体弱的法赫德王子，后来同样体弱的国王一起，公开提出遵守联合国决议划分的边境争端解决方案。那时，包括伊拉克在内的所有阿拉伯国家，都公开把这一方案当作中东和平公式来接受，只有以色列的利库德政府例外。利库德政府仍然在实地编创让和平不可能实现的事实。在递交给参议院的官方报告里，谈论到以色列官员的时候，我报告说："具有讽刺意味，但并不异常的是，一个民主选举的政府居然被观点极端、情绪强烈的少数人束缚。以色列在西岸和戈兰高地的定居点在公众场合——根本不是在私下——被人怒气冲冲地保护着……正如以色列分析家所说的那样，军事平衡正在向错误的方向转移。但是，在中东，发动战争比建立和平要容易。"

近年来，所有的阿拉伯国家都已经正式确定，他们愿意接受阿卜杜拉的提案，其中包括承认以色列国的建议，而美国曾经给予的支持也以此为基础。伊拉克研究小组的报告承认，以巴问题是整个中东和平的核心。特别委员会同样认可了这唯一的和平方案。但是，战争还是更加容易。

1976 年，在西岸定居的以色列人有 4500 名。但巴勒斯坦的辛酸和无奈在日益加剧。（自 1948 年以来，800 多万巴勒斯坦人为了给寻求祖国的犹太人让路而搬迁转移、背井离乡。）在约旦，我访问了为巴勒斯坦抵抗运动献身的"烈士"和包括恐怖分子在内的战士的孩子创办的巴勒斯坦学校。除非美国代表它和以色列的和平利益，否则不难预测恐怖的到来。任何做过努力的人都能看到这一真相。不需要外国情报：只要愿意面对并不让人舒服的事实和理性的智慧。无知随手可得，在美国甚至需要无知。美国官员参照政府法令，特意无视阿拉伯的观念，而且禁止和巴勒斯坦解放组织接触。在加深彼此互不了解的无知状态方面，阿拉伯人曾经起过对等的作用，愚蠢地试图通过经济抵制来孤立以色列。

因为美国的主权遭到攻击而被触怒，我起草了《阿拉伯反抵制法》（Arab Anti-Boycott Law）。该法案规定，对以色列采取经济抵制的美国公司不合法。代表以色列利益同时也代表美国利益是可行的。可是，部分出于无知，部分是蓄意为之，美国政治基本上和中东的现实脱节，而且被成见左右。美国在实行自我孤立。和平不可能，战争却成了容易的事，正如英国记者罗伯特·费斯克（Robert Fisk）在《世界文明之战》一书里描述的那样，包括《奥斯陆协议》在内的"和平进程"破坏了和平的所有希望。和平的进程已经成了随机应变的过程，需要巴勒斯坦保证占领者的安全，这样一种不可能的自相矛盾使以色列继续在巴勒斯坦加强其存在，同时，把没有国土的巴勒斯坦人丢弃到相互隔离、贫困潦倒的贫民窟里。2007年，布什总统在安纳波利斯召开的"和平"大会不过是最近"和平进程"的随机应变的范例。

在《偶然的帝国：以色列和定居点的诞生 1967—1977 年》一书中，格肖姆·格仁伯格（Gershom Gorenberg）详述了 1967—1977 年，以色列犹豫不决的政府是怎样顺着阻力最小的道路下滑，在加沙西岸、戈兰高地以及后来被以色列兼并的东耶路撒冷定居，并以此寻求《圣经》里所说的拯救和安定。在一段时间里，以色列政府曾经试图通过把定居点称作军用营地来掩盖其非法性质。当看到以色列的推土机摧毁巴勒斯坦人的家园和果园的场景时，以色列一位资深官员忍不住流下眼泪——他梦想的是一个与邻国和平相处的民主的以色列。他是许多人的代表，但是宗教极端分子和军国主义者大行其道。帝国获胜。美国没有采取行动抵抗以色列的挑战。亨利·基辛格悄悄地向以色列领导人保证，美国将永远不会要求恢复1967 年时的边境线。采取典型的欺骗手段，这位"现实主义者"奉劝以色列官员不要公布定居点的消息。

利库德于 1977 年接过以色列政府的控制权。其领袖，利库德的第一任总理，恐怖组织伊尔根的前头目，著名的梅纳赫姆·贝京（Menachem Begin）正式宣布犹太山地和撒玛利亚地区以及西岸为以色列国土，或者像外交部部长达扬（Dayan）早些时候说的那样，这些地区是"以色列帝国"的一部分。以色列的目标已经明显成为宗教极端分子和右翼的目标，否定了美国领导下以色列创建时期的理想以及犹太人历来以之闻名的自由和人道传统。

《戴维营协议》承诺，在协议签署 5 年之后，巴勒斯坦人将拥有自治权，或者至少卡特和萨达特总统这样认为。在《戴维营协议》签署后的那个早晨，贝京参加了一次有参议员出席的闭门会议，会上，我听见他否认巴勒斯坦的自治。现在回想起来，自治对于他来说意味着巴勒斯坦人的自治，而不是巴勒斯坦的自治，这一区别卡特总统和埃及的萨达特总统都忽略了，但他们的同僚没有，我的朋友，当时的副总统蒙代尔这样说。埃及外交部部长辞职抗议。与以色列的《和平协议》迫使埃及保持中立，利库德政府积极推进东耶路撒冷、西岸、戈兰高地和加沙的定居。通过在"实地制造既成事实"，以色列将使巴勒斯坦无法参照美国支持的联合国决议所通过的"以土地换得和平"的模式实现自治及和平。犹太复国主义者的宗教诉求以及巴勒斯坦人的现实诉求水火不容。而美国则在资助以色列挑战美国的政策，该政策把定居点视为"和平的障碍"。孤立的恐怖事件是自古就有的一种战术，世界其他部分也在发生，特别是北爱尔兰。我坚定地认为，国会开始深入研究恐怖主义的时候到了。通过资助利库德非法占领巴勒斯坦，美国将会有被人进攻的危险。巴勒斯坦人没有坦克或是阿帕奇武装直升机可以用来抗击。他们不得不诉诸非对称手段。在巴勒斯坦培养烈士遗孤的学校里，比尔·布埃尔和我都感觉到，他们正从事类似的准备工作。

经过 1 年的研究，参议院情报搜集和生产小组委员会在 1979 年制定了《全面抗击恐怖主义法》。我把法案介绍给参议院时警告大家，认为"美国不会发生恐怖主义"的假设是"不负责任的"。议案报告继续解释说：

> 当恐怖组织发现他们习惯使用的劫机一类的计谋不再具有原先的震撼价值后，他们将会转向更加引人瞩目的大规模破坏或毁灭性行动……由于恐怖组织已经形成跨越国界的联系网络，恐怖主义正在变成日益国际化的一种现象……结果出现的不是一个恐怖主义的国际组织，即一个国家的组织往往代表另一个外国组织或权力采取行动，而是国际的恐怖主义场景……来自不同国家的组织彼此提供训练、财政以及操作方面的支持，还提供避难所。

《全面抗击恐怖主义法》授予总统组织各级政府处理灾难的法定权力，并修正了《外国情报监视法》，放宽司法机构批准电子监控的标准，以便于深入恐怖分子内部，阻止灾难的发生。正如先前提到的那样，我们担心对恐怖行动的过度反应，通过建立一种更能帮助政府机构预测和防止恐怖主义行动的标准，我们寻求平衡隐私和安全双方的诉求。

民权自由主义者反对上述法案。对于上述努力，美国媒体也是不闻不问。1980 年，我在参议院议事厅提议修正上述法案，提议把美国对以色列的年度援助减少 2 亿美元，直到总统能够证明，以色列的定居政策和美国政策一致为止。（2006 年，美国给以色列的年度援助已经高达 40 亿美元。）估计其中大约 2 亿美元被以色列用在西岸和加沙地带的非法定居点。我并没有指望通过修正案，但是，希望投票的结果表明以下现实：当国会可以在支持美国或是支持以色列蔑视美国之间做出选择时，国会支持的是以色列。

没有一位参议员为定居点辩护。有些参议员赶紧冲到议事厅记录下他们反对修正案的投票。他们申辩说，修正案的提出不合时宜，我们应该给以色列自信心，不可以强迫他们行事等。纽约州的参议员雅各布·贾维茨（Jacob Javits）建议我做到"不偏不倚"。我指出，该草案并没有为巴勒斯坦提供任何金钱，就是说，如果是"不偏不倚"，参议院将要取消给予以色列的所有资金援助。他一声不吭。修正案得到 7 张投票，其中 1 张来自多数党领袖，令人敬畏的罗伯特·伯德（Robert Byrd）。不论当时还是后来，他多次表现出"见义勇为"的胆量。已逝参议员昆廷·伯迪克（Quentin Burdick）代表并不完全是犹太复国主义堡垒的北达科他州，他是一位面容粗糙但心胸开阔的朋友，投票过后博第克伤心地说，"抱歉，艾德莱，我今年要重新参选"。竞选捐款在北达科他州起很大作用，捐款是否来自本州已经不再是问题。修正案在以色列议会可能会得到更多的赞成票。战争像无知一样容易，但和平却不。"9·11"事件前，总统和国会一直没有采取任何行动。而后来，正如我们担心的那样，反应过度，正好上了恐怖分子的圈套。对于很多人来说，哪怕对恐怖主义开战的宣称就足以证实奥萨马·本·拉登的指控——美国在向伊斯兰教开战。美国媒体没有在乎我的提案的投票结果，但却关注以色列的院外游说机构。

恐怖分子有很多动机和手段，难以笼统概括。老练的、政治上活跃的恐怖分子寻求的是反应。盖伍锐尔·普林西浦（Gavril Princip），1914 年在萨拉热窝暗杀了奥匈帝国大公的塞尔维亚民族主义者并没有打算推翻整个帝国。他指望的是反应。奥匈帝国的反应是发布最后通牒，挑起世界大战，并带来帝国的毁灭。布什当局不仅顺应了本·拉登的期待，其反应程度远远超出本·拉登的预料，他期待的只是"经济"反应。正如前一章节提到的那样，联邦预算以历史上最快的速度从节余一下跌落到 2008 财政年度的 19000 亿美元的联邦债务。美国陷入依靠外国债主和投资人度日的困境，更不要提美国在石油的供应上对动乱中的中东和苏联的依赖（世界上只有 10% 的石油储量控制在西方财团手里）。美国在经济和政治稳定上的代价无法估量。奥萨马·本·拉登得到的"经济反应"大大超出任何可以想象的期盼。美国在"9·11"之前反而更加安全。

试图用轰炸机追踪本·拉登，但最终还是让他在阿富汗逃跑之后，布什政府进攻以伊拉克总统萨达姆·侯赛因为首的非宗教性的复兴党政权。在那里，圣战者正在得到扩充和训练。这一政权也是伊朗的敌人。现在，真主党和伊朗势力在上升。塔利班可能在阿富汗恢复实力，而且很可能已经和伊朗，他们先前的敌人讲和。美国实际上在世界舆论的法庭孤立了自己。不用说，布什政府吞下了钓钩。19 个手持短刀的人不可能降伏整个美国。只有美国政府能够做到。

让伊朗以及中东地区所有国家都参与到地区安全计划中的提议众多，但所有的提议都要求解决巴以冲突，正如伊拉克研究小组和所有的阿拉伯国家政府都认识到的一样。自 1976 年以来，以色列在美国资助下占领巴勒斯坦，已经在西岸和东耶路撒冷 40% 的土地上产生了约 45 万犹太人口。包括基础建设在内，以色列在定居点上已经投入了 140 亿美元，但并没有在社会服务方面投资。路障和宵禁造成了一个毫无希望、相互无关、无人管理的绝望的巴勒斯坦社会。对此，这里不需多言。甚至美国媒体在抱怨巴勒斯坦没有能力提供“安全”的同时，也报道了以色列压迫恐吓巴勒斯坦人，绑架他们选举的领袖以削弱巴勒斯坦当局。哈马斯、真主党、伊斯兰圣战者、穆斯林兄弟会以及其他武装分子中的一部分接受 1967 年的边境划分作为解决争端的基础，在 2006 年袭击黎巴嫩以及杀害巴勒斯坦儿童方面，他们得到支持。100 万枚炸弹被投掷在黎巴嫩南部 65 万居民的头上，其中的许多炸弹是美国制造的。黎巴嫩的儿童将会死去或是长期伤残。以色列失去控制。巴勒斯坦则没有控制权可以丢失。当以色列只有通过搭建高墙获得安全保障时，恐怖在蔓延。在我撰写本章的同时，以色列人中的大多数以及奥尔默特（Ehud Olmert）总理领导下的政府均承认，定居点是个错误，但为时已晚。

针对以色列及其美国支持者的愤慨已经遍及全球，这使美国和以色列到处受到威胁并被孤立。正如常见的政治动态一样，以色列和伊斯兰的武装分子都再次在政治上占上风，这已导致暴力、愚昧和仇恨的恶性循环。像伊拉克人一样，没有阿帕奇武装直升机的巴勒斯坦人，用自己的身体作为攻击民用和军用目标的投掷武器。他们和他们在伊斯兰教世界的什叶派和逊尼派兄弟一样，正在获取更先进的武器。化学、放射性以及生物一类穷人使用的大规模杀伤武器，对于他们来说并非鞭长莫及，用于武器制造的核材料也可以得到。在以色列，集体殉难并不难想象。温和的逊尼派政府面临威胁，传染病正在蔓延。过去和现在都不曾有过“和平进程”，随着暴力和不容的加剧，只有随机应变的过程，而实实在在的现实使“两国解决方案”及和平越来越遥远。

2008 年年初，位于英国的经济与和平研究所和英国的经济学人智库一起发表了全球和平指数的年度报告。该报告通过各国国际政策和包括犯罪及监禁率在内的国内环境审核，对 140 个国家的和平程度进行评定。美国领导的入侵使伊拉克排名最后。政治安定以及与其他国家的友好关系使冰岛排名第 1，而且冰岛没有常规部队。以色列排名第 136，位于乍得之后，阿富汗之前。在 20 个最和平的国家中，16 个是欧洲国家。中国排名第 67。美国排名第 97。战争比和平容易。

邪恶获胜必备的全部条件便是好人什么都不做。

埃德蒙·伯克

实用的人像猫头鹰一样，在自我偏见的昏暗光线里看得一清二楚，但在真理光芒的照射下却失明。

弗朗西斯·培根

我不知道任何一个国家像美国一样缺少心灵的独立和讨论的自由。多数人在言论自由周围竖起强大的樊篱；在樊篱里面，一个权威任意撰写他想写的东西，但是如果他的写作超越樊篱，他便会因此遭罪。

亚历克西斯·德·托克维尔
《美国的民主》

宪法里最能体现高深智慧的条款是把战争与和平的大事托付给立法机构，而不是执政部门解决……战争其实是执政部门扩张权力的真正护卫。战争需要创建军队，而指挥军队的是执政者的意志。在战争中，公共金库需要开启；而且要由执政部门的人来分发……最后，同样是在战争中，桂枝要摘取，桂冠装饰的是执政者的脑袋。人类心中最强烈的情感，最危险的弱点：野心、贪婪、虚妄、对名誉（无论是可敬还是情有可原）的热爱，都在合谋对付和平的欲望和责任。

詹姆斯·麦迪逊

第二十二章　艾德莱三世的墓志铭

> 我不和远方的敌人咬舌，但要和那些近在咫尺与我合作，却听从前者指使的人争吵，没有这些人，远方的敌人对我毫无危害。
>
> 亨利·梭罗（Henry David Thoreau）

1981 年，当我在参议院的第二次任期结束时，我没有寻求再次竞选参议院的职位。一年以后，我参加了伊州州长的竞选，寻求把握"杠杆"，改革一个多少代以来一直对我的家庭不错的州政府，而且可能像我父亲已经做到的那样，利用州长办公室的平台影响国家政策。

我几乎在无人反对的情况下赢得民主党的提名，我发誓通过选举检验美国政治并向人们展现以下事实："政治家仍然可以把事实托付给人民，而且是全部的事实。"可是结果并不明确。我细致地陈述了伊州经济的发展和改革计划。我在县级法院、在伊州的大街小巷竞选；像过去一样，尽早并且经常地辩论，但没有举行民意调查，因为我不需要民意调查告诉我什么是正确的。我从骨子里了解伊州人民，而且需要节省费用。主要因为我反对贸易保护，支持对竞争有益的政策，来自劳工的支持不特别热情。问题出在以色列院外游说集团。其神经中枢是位于华盛顿的美国以色列政治行动委员会，该委员会通过遍布全国的组织和政治行动委员会的网络散播消息。竞选捐款来源不仅枯竭，还转而流向我的对手。南茜和我都被唾骂成反犹太教的人。一些媒体也开始反目。犹太民主委员会也在压力下衰弱萎缩。犹太朋友和支持者同样受到唾弃，其中包括菲利浦·克拉兹尼克（Philip Klutznick），前美国驻联合国大使、商业部长、世界犹太人理事会主席。他是我们家族的朋友和顾问。克拉兹尼克是现实世界的老手，自由和人道的犹太传统的化身。像许多人一样，他支持我反对利库德的定居点政策。和有些人不同，他给予我坚定不移的支持。

我、南茜和米尔顿·费希尔（Milton Fisher）及其家人同住一个村舍。费希尔先生是我以前从业的律师事务所的合伙人，我竞选运动的财务主管，而且是犹太人。他打电话给华盛顿以色列政治行动委员会，询问他们积极反对正在竞选州长的史蒂文森的缘由，他不会在外交政策有发言权。费希尔打电话时没有透露身份，他被告知，艾德莱是位反犹太的人，而且如果不把他挡在伊利诺伊州内的话，他将来会竞选总统，这个念头还真在我的脑海里闪现过。

只要他们反对以色列的政策，或者有反对以色列政策的激进阐述，差不多所有的公职候选人都会遭到以色列院外游说集团（以 The Lobby 著称）的攻击。它旨在威吓美国的犹太人和政治家，而且目的得逞。对于以色列的残暴行径，以色列的组织，比如以色列反酷刑公共委员会、以色列人权医生组织，以及像人权观察以及大赦国际组织一类的独立机构，进行了详细的记载，与以色列占领行径相关的事实已经超出任何理性的争辩范围。而给批评者扣上反犹太人的帽子已经成了对付批评以色列意见的一种条件反射。

在《勇气之外》（Beyond Chutzpah）一书中，诺曼·芬克尔斯坦（Norman Finkelstein）教授解释说，既然以色列是位于民族之林的"犹太人"，对以色列的任何批评都被视为具有"反犹太性质"。因此，不论是犹太人还是非犹太人的批评，本质都是反犹太的。芬克尔斯坦受到德保罗大学的教师和学生的大力支持。但是，首先，由于他的勇气，校方管理机构毫无理由地剥夺了他终身教授的资格；后来，他又被剥夺进入教室讲课的权利，并被迫辞职。2006 年年初，芝加哥大学的约翰·米尔斯海默（John Mearsheimer）教授以及普林斯顿的斯蒂芬·沃尔特（Stephen Walt）教授在纽约遭到拒绝后，在伦敦合作出版的文章里，详尽阐述了美国实行的以色列政策应当成为美国辩论主题的理由。他们理性周密的建议被自然而然地扣上"反犹太"的帽子，一种常见的现象，其本身恰好证明了两位作者的观点。2007 年，他们发表了脚注繁多，长达 350 页的《以色列院外游说集团》（The Israeli Lobby）。该书详细记录了以色列的残暴行径，院外活动机构采用的计谋，以及他们恐吓美国政策制定人给以色列和美国造成的危害。芝加哥全球事务委员会经常邀请两位作家在委员会组织的活动中讨论他们的著述。委员会负责人后来撤回邀请，原因是委员会无法确保另一方代表到场演讲。对于观察记录下的以色列占领西岸、加沙、东耶路撒冷以及戈兰高地的事实，并不存在另一方。这也是以色列院外游说集团诉诸人格诽谤、利用"反犹太的谴责"以及类似的高压手段压制言论的原因。因为把以色列在占领地实行的政策类比为种族隔离式的，吉米·卡特撰写的一本书引起同样的反应。

美国在中东支持以色列的政策起到事与愿违的效果。因为他们让公众注意到以色列对美国政治家的威慑力。2008 年参选的所有总统候选人发誓，他们将无条件地支持以色列，中东的"民主国家"，美国的盟友，尽管贝拉克·奥巴马大胆对巴勒斯坦人表示同情，他因此遭到严厉的批评。一位共和党候选人提出了让以色列成为北约成员，从而使之获得美国核保护的建议。

格兰特·F. 史密斯（Grant F. Smith）在他的《外国特务》一书中记载了以色列院外游说集团对美国中东政策的控制，其间谍活动和作为外国特务的非法身份。芬克尔斯坦、米尔斯海默、沃特以及其他人解释说，以色列院外活动机构代表的既不是以色列，也不是多数美国犹太人持有的自由和进步的观点。由于该机构拥有个体和组织形成的发达网络，对于以色列的政策批评能够做出训练有素的反应，并且用金钱奖励政治上的附庸，它自然而然地成为以色列的院外活动机构。它对犹太主流采取先发制人和威吓手段。以色列政策论坛、美国现在的和平组织以及英国的正义与和平同盟一类的组织根本无法与之抗衡。不论以色列还是美国的政策和利益如何，国会议员都一律顺应以色列院外活动机构的意愿。以色列总理拉宾就抱怨过该机构的强硬路线。1995 年，国会支持把美国大使馆从特拉维夫搬迁到耶路撒冷的法案让美国和以色列双方政府都尴尬难堪。"新犹太人"包括犹太国家安全事务研究所以及华盛顿近东政策研究所在内，已经接手并联合新保守派和基督教原教旨主义者共同损害美国和以色列的利益。实际上，新保守派和新美国世纪项目的犹太发起者大体是同一帮人，新项目的目标是建立大以色列以及改变伊拉克、伊朗和叙利亚国家政权，不代表美国和以色列的主流观点。正如以色列评论家汤姆·塞格夫（Tom Segev）在以色列的《国土报》中描写的那样："要是美国今天能够把以色列从以色列自己手中拯救出来会更好……以色列在美国的院外活动机构伤害了以色列的真正利益。"[丹尼尔·莱维（Daniel Levy），以色列总理办公室前顾问，2006 年 7、8 月发行的双月刊《美国展望》里对此有详尽阐述。]

欧洲的民意调查显示，反犹太主义现在主要是以色列在巴勒斯坦的政策产生的一种功效。反犹太主义成了以色列和以色列院外活动机构悲剧性的产物。以色列政策的批评家、犹太人和基督教徒，梦想的是与邻国和平相处的民主的以色列。而现在的以色列却躲在分割巴勒斯坦人，同时也把巴勒斯坦人和以色列人相互分割的高墙之后。高墙的历史从不令人欣慰。只要以色列保持犹太人占多数的状况，政府就可能退回到种族清洗的劣境。

　　伊州大学的一位犹太教授说："在我死之前，我可能会被要求佩戴黄色的大卫星章①。""为什么？"艾德莱三世疑惑地问道。"美国人民可能会发现，他们给以色列的支持为他们的国家带来了什么样的后果。"

1982 年伊州州长选举的前一个星期，根据媒体的调查报告，我将以大约 18% 的差距落选，这样的报告会损耗资金和人力。由于没有钱做电视广告，我把竞选余下的最后几天用来在市内社区发表演讲，争取选票，一边和选民握手，一边攻击民主党的所有敌人，包括伊州在任的共和党政府。我的活动得到一些电视新闻的报道，这是我不熟悉的一种体验。海诺德·华盛顿是我的老朋友和伊州众议院的邻座，后来成为芝加哥市长，他在街道和地铁站帮忙。选举的当天，当几乎所有县的投票都上报之后，我领先 20 万张。但是，杜佩奇县幅员辽阔，是个有共和党倾向的选区，它推后了选票的结果报告。杜佩奇县后来上报的共和党选票足够让我的对手领先 5013 票，即凭借总票 14% 份额里的 1% 比例的差额当选州长。

竞选运动重新活跃起来，并且马上实施伊州法律保护，检验投票的权力，在伊州 102 个县召集志愿服务的律师。他们在许多县都发现了异常，包括做假证据。在坎卡基县，一个公共住房建筑里的居民，90% 的人投了我的赞成票，正如预期的那样。同一个公共建筑群里缺席投票的居民却百分之白地投了共和党的票。在伊州南部的华盛顿县，全部民主党选票都没有计算在内。对于唯一的选举法官来说，这绝不是"上帝的安排"。在其他

---

　　① 六角形的黄色星形图章，是犹太人的标识，也是第二次世界大战纳粹迫害的象征。——译者注

县，成千的投票都没有按照法律要求经过选举法官签署其姓名的首字母给予认证，尽管这一现象可能是无辜的行为。民主党的堡垒，库克县，当时第一次使用现在已经臭名昭著的打卡投票系统。选举的当天，伊州北部正好在下雨。选民的手都是潮湿的；当投票人笨拙地摆弄着潮湿的投票卡和陌生的机器时，选民自然地排起长队等待。芝加哥参与投票的人大大超过预计的数目。投票站并没有一直开放，成千的投票人因此被打发回家。

我们的律师发现了后来众所皆知的被冲压过的圆形纸屑还挂在选票卡上的一类选票，因污损没有被计算在内的选票以及相关选民的选举权因之被剥夺的实情。专家们在当时以及后来都解释了戴博公司电子投票机器的设计程序很简单，或者说很容易被黑客侵入制造出想要的选票结果。［戴博公司总裁，沃顿·奥戴尔（Walden O'Dell），在 2003 年 8 月 14 日写道，他"致力于帮助俄亥俄州明年把选举学院的选票递交给总统"。］选举当晚，我们在杜佩奇县中央"修改中心"的观察员，亲眼看到官员们为了"反映投票者意愿"，系统地把选票丢进打卡投票机。而任何类似的行为如果发生在民主党的库克县，那一定会听到全国上下义愤填膺的号叫和讥讽。乌克兰的中央统计和修改中心在 2004 年的总统选举中因为同样的违法行为激起全世界的谴责。乌克兰最高法院命令进行新一轮选举，该选举扭转了先前的结果。大量异常投票的证据立刻被美国前副总检察长约翰·施密特（John Schmidt）呈交给伊州高级法院。在 2000 年的总统选举中，最高法院用一天进行听证，第二天就做出裁定。和最高法院不同，伊州高级法院投票选举出的法官慢慢腾腾数着钟点走。等到离伊州州长就职仪式只有 3 天的时候，伊州法官才以一票之差的结果宣布，鉴于投票的异常证据不足，伊州的重计法规不符合宪法。伊州宪法没有重新计票的法规。

两位民主党领袖警告我说，伊州高级法院的 4 位民主党法官中的 1 位会加入 3 位共和党做出拒绝重新计票的裁定。他们解释说，他是犹太复国主义者，另外，他儿子所在的律师事务所从我的对手，州长詹姆斯·汤普森（James Thompson）那里接过生意。那位法官就是西摩·西蒙，1967年，是他和比尔·莫尔丁一起迎接南茜和我的。当时，我们正在从约旦穿越艾仑比桥进入被占领的西岸，而且要求绕道去纳布卢斯了解我们听到的有关种族清洗的说法是否属实。

这里重述一下《黑皮书》里死因裁判官有关我政治死因的判定。死因是"可疑状况下的上帝行动"。以色列政府 1977 年的定居点政策带有自我毁灭性和挑衅性，我为美国政府与之撇清干系做出了努力，并努力阻止恐怖主义行经，如果我不做这些事情，选举结果永远不会有疑问。

不能确保重新计票之后，史蒂文森的竞选组织也不能量化出现的欠计票数的问题，之后发现欠计选票的问题出现在使用打卡式投票机的低收入民主党选区。就1982年选举进行的唯一的研究结论是，伊州人民被剥夺了选择州长的权力。在2000年的选举中，打卡式投票系统终于引起媒体的注意，库克县的书记官发现，那个县有12万张投给总统的选票没有登记在册。在佛罗里达2000年的选举之前，当伊州北部的投票人在雨中第一次和打卡投票系统较劲时，没有人能够体会1982年伊州选举制度崩溃的程度，当时的事情早已被人遗忘。

1776年，华盛顿在致"朋友和公民"的告别演讲里警告人们说：

> 同样，一国对另一国的热恋会产生多种恶果。对最惠国的同情，除了在毫无共同利益的状态下造成利益共通的错觉，在一国倾注对另一国的敌意以外，还会出卖前者，导致前者在没有足够利诱或理由的情况下陷入与后者的争战。另外，这一情结还会使一个国家对最惠国让步，使最惠国拥有别国同样要求但已被拒绝的权利。由于不必要地放弃本应保留的利益，在同等权利被褫夺的国家激起嫉妒、恶意和报复倾向，以上做法往往加倍伤害已经做出让步的国家，为野心勃勃、堕落或充满臆想（尽忠最惠国）的公民出卖或牺牲本国利益提供便利，给他们遵从野心、腐败或是痴恋的低级愚蠢的劣行披上尽职尽责、敬重公意以及热心公益等令人称颂的华服。

1986年，在两大党派所有的候选人中，我以最大的多数票再次获得当选州长的提名。大选的结果毫无疑问。然而，在我去斯普林菲尔德市的路上，发生了一桩有趣的事情。（艾德莱二世30年前在通往白宫的路上的一个小翻版）海诺德·华盛顿市长和爱德华·伍瑞多利亚科（Edward "Fast Eddy" Vrydolyak），库克县的民主党主席，正在争夺芝加哥市委的控制权。他们都支持我，但是民主党的库克县组织很少注意州政府职位的初选竞争，因为已经得到党组织认可的民主党候选人不存在严峻的对立面。组织更在乎地方上的竞争，特别是芝加哥市的。林登·拉鲁什（Lyndon LaRouche）邪教的支持者提交了副州长和州务卿的候选人名单。他们都有听起来顺耳的盎格鲁—撒克逊的姓名，费尔查尔德和哈特。民主党支持的副州长候选人是乔治·森格梅斯特（George Sangmeister）和奥瑞利亚·普琴斯基（Aurelia Pucinski）。森格梅斯特来自郊区的威尔县，是受人尊敬的资深州参议员。聪明的普琴斯基是库克县受人尊敬的书记官，他的父亲是国会议员，在 1966 年竞选参议院席位时输给了查尔斯·珀西。他们的中欧姓名意味着他们和库克县民主党组织的联系，而民主党组织在下州和郊区从来就不看好。前往投票点的投票人并没有意识到这些职位存在的争夺。由于不熟悉候选人，他们无知地弃权或是乱投选。我本应该组织对他们提名请愿的挑战，一个致命的错误。拉鲁什的候选人被提名为民主党的副州长和州务卿候选人。民主党的组织及其责任制度陷入瘫痪，而我个人没有及时观察到美国政治界的变迁，而这些变迁正是我这样一位改革派帮助启动的。

州长和副州长候选人像连体婴儿一样不可分割，投一票就相当于投两票。我既不能甩开拉鲁什提名的副州长，也不能毫无愧疚地要求投票人投他一票，一位反犹太人的邪教徒：一旦中选，他离州长办公室就近在咫尺。另外，我担心的是，他们出现在民主党选票上会浪费其他候选人得到的赞成所有民主党候选人的投票。因此，我辞退民主党的提名，组织了第三个党派，团结党。该党支持我竞选州长，小迈克·豪理特（Mike Howlett Jr.）作为副州长，简·斯波格尔（Jane Spirgel）为州务卿候选人。随后，我们都得到民主党中央委员会的拥护。

那是一次渺茫无望的努力。但是，包括华盛顿和伍瑞多利亚科在内的民主党，齐心合力展开了一场精力充沛、想象丰富的竞选运动。他们教育投票人全部投民主党候选人的票，然后，再越过党界，全投团结党的票。豪理特和斯波格尔都是充满活力，富有才华的竞选者。理查·丹尼斯（Richard Dennis）是公益心强的证券交易商，他相信伊州人民有权参与竞选州长的竞争，他捐献了 50 万美元。史蒂文森家族也拿出一些钱来（大约 10 万美元，按照我们的标准是一笔不小的数字），但是，团结党的候选人贫困无力，除了作为鲜为人知的团结党候选人，他们还在敦促投票人投民主党的票。等票数清点之后发现，普通的州级公职的民主党候选人都获选。团结党候选人，迈克·豪理特和我总共赢得 40% 的州长和副州长选票。

伊州民主党最有资历的领导敦促我在 2002 年竞选州长，同时保证，我在初选时不会有对手。1976 年，戴利市长力劝我竞选总统时，我没有抓住机会，2002 年，他再次敦促我参选我一直寻求的州长职位。但就我的人生而言，为时已晚。罗德·布拉戈耶维奇很快筹集到大量资金，获得州长提名并当选。他是公众的选择，不是民主党的选择。

　　一股强劲的政治潮水把一位国会议员冲离岗位的事很让他吃惊。在庆祝对手获胜的晚宴上，立法人应邀讲几句话。他起身后干巴巴地说："我想起我在镇里墓地看到的墓志铭。墓碑上写着：我预料到，但没有料到会这么快。"

第二十三章 中国和八仙过海

前车之覆，后者之鉴。

中国成语

有时候很难理解，一个故事究竟为什么或者怎样进入《黑皮书》的，多数情况下，他们看上去和政府、政治以及和平主题不相干。本书在时间和空间上的深度和广度，随着书作的进展，全球化的特征也日益增强。除了幽默、对人类精神和理性的信念以及对亵渎的厌恶，《黑皮书》并没有奇特之处。但每一页都隐含惊奇。最后的惊奇在中国，那是我在这个世界探险的终结点。

《黑皮书》原本没有记载这一章的引言。这些神仙起源于汉朝的道教。他们都是神灵，是连接道教阴阳两界的桥梁。道教的精神宇宙把灵魂赋予了众生万物。

根据中国的一个传说，八仙是拥有神奇技艺的八个天灵。他们几秒钟就能远行千里，仅凭稀薄的空气就可以做出想要的任何东西；他们可以任意翻江倒海，用法器战胜邪恶的敌人。一天，八仙正在前去给王母娘娘祝寿的路上，东海龙王向他们挑战，要与他们交战并一决胜负。东海龙王有许多随从，包括蛤精、乌龟精、鲤鱼精还有数目众多的螃蟹精、龙虾精以及海里的其他居民。经过激烈的法力争斗之后，八仙打败海龙王手下的队伍，安全抵达王母娘娘的寿宴。八仙中的每一位都有自己的法器，而且以不同方式实现长生不老。

张果老——一位老仙人。据说，在打仗时，他能骑着驴，把魔杖指向海龙王所在的方向。不需要的时候，他就把驴子像纸一样折叠起来装进自己的口袋。需要旅行时，他只要把纸驴展开，洒上水就能让驴子复活。

韩湘子——一位浪漫的仙人。他通过吹玩魔笛，麻痹海龙王的随从，使他们丧失战斗力。他会隐身术，并且只要稍稍吹动自己的头发，就能把自己变成其他人或动物。经过多年的自我修炼得道后，他乘坐仙鹤升天。

铁拐李——一位跛足仙人。他用铁拐杖刺伤海龙王。他跛足的经过是这样的：一次，他的灵魂离开肉体去和广袤的宇宙对话。临行前他说，如果他的灵魂在七天之后还不归还的话，就焚烧他的躯壳。不知怎么，他的弟子算错了日子，在第六天就把他的躯壳给烧了。第7天回到地球上时，他不得不钻进仅有的一个瘸腿叫花子的身体里。

吕洞宾——一位长胡子仙人。他右手挥动宝剑，左手把神剑的光辉引向海龙王和海龙王的部下。一天，他被装扮成老农的天官使者邀请去赴宴。开宴前，他喝了些酒后便昏昏欲睡。在梦里，他看到自己获得财富、名声和官位，最后成为大地上最有权势的人。但是，很多年以后，当他又老又弱的时候，他被剥夺所有的一切，变得一贫如洗。叹息之际，他苏醒过来。意识到现世的徒劳无功，他决定成为天官使者的弟子，最终被传授了长生不老的秘诀。

何仙姑—— 一位女仙人。八仙之中唯一的女性。她用荷花对付海龙王。她是长胡子仙人吕洞宾的未婚妻。得道成仙后，吕洞宾装扮成另外的模样考验她的忠贞。他把自己变成富有的英俊小生，用钱买来所有礼物向何仙姑求爱。她抵御了所有的诱惑。何仙姑的忠贞得到证实后，他恢复原形，并给她送上仙桃。吃了仙桃后，她和他一样得道升天。

曹国舅——一位神仙王子。他用法器云阳板攻击海龙王的部下鲤鱼精发射的珍珠炮弹。这位国舅寻找长生不老的秘方已经多年。最终，王母娘娘在他的面前现身并向他询问人生的秘密。他一言不发，手先指向天，然后再指向自己的心。就这样，他被纳入神仙的行列，驾云升天。后来，他又回到人间来试探人类的真诚。他把花瓶塞满钱。那些把钱财归还他的人因此得到价值千金的奖赏。

汉钟离——一位笨手笨脚的仙人。他用芭蕉扇和海龙王的龙虾精对抗。他的芭蕉扇上有一面魔镜，可以照见鬼怪的行踪并消灭他们。

通过品味自然成仙的隐士，他不需要饮食的滋养，只要纯净的空气就能生存。晚间，他钻进墙壁上悬挂的一个瓶子里休息，早上再从里面钻出来。

蓝采和——一位年轻的仙人。据说，他曾经是个男性神童。一天，他随着一个砍柴人进了一个洞穴。洞穴通向一个美丽的花园，花园旁边是一座壮观的宫殿。他在洞穴里过了几天，要离开时，他收到一篮子鲜花作为礼物。当他重现人间时，他发现，人间已经过去了几百年。花篮后来成为长生不老药和秘密武器永恒的源头。他用花做成炸弹攻击海龙王的随从。

1981 年离开参议院后，我回到东亚，但是其间有两次因为忙于州长的竞选事务而中断。世界的经济和政治重心正在转移。由于承担了众多与政策和商业相关的任务①，我开始了跨越太平洋的穿梭旅行。

提到东亚，在那些和我一样记得东亚的人当中，几乎没有人持怀疑态度。当 1953—1954 年我随海军陆战队在日本和朝鲜服役时，从远东地区的苏联到印度尼西亚和巴布亚新几内亚，这个幅员辽阔、丰富多彩的地区拥有 20 亿人口，经济却只有全球生产总值的 4%。当时的朝鲜满目疮痍、民不聊生、没有经济可言，外汇靠出口人的头发赚取。日本的经济陷入瘫痪状态。东南亚正在发生叛乱，而且一直延续到 20 世纪 70 年代中期。同年，"州长"乘坐的直升机在马来西亚游击队出没的森林上空坠落。在中国境内的民众，由于第二次世界大战和内战而贫困落后。中国不仅受到孤立，还受到西方的遏制，等待它的是"大跃进"和"文化大革命"，中国在这两次运动中牺牲了整整一代人。

美国当时掌控了全球生产总值的一半，黄金储备的一半。今天，东亚的掌控已经大幅度提高，为全球生产总值的 30%，超过美国日益缩减的 25% 的比例，而且东亚的发展如火如荼。消费开支正在以大约两倍于美国的速度增长，而且不像美国受债务的牵累。东亚的储蓄比例很高。2008 年年初，东亚就已拥有 3 万多亿美元的外汇储备，约占世界总额的 70%。

---

① 与政策相关的事务，我在过去以及现在承担的职责包括担任太平洋经济合作理事会美方会长、东亚金融市场开发项目联合主席、中西部美日协会会长及理事长，美韩智者理事会成员、韩国经济研究所顾问委员；获得过日本政府颁发的瑞宝重光章，中国人民大学荣誉教授的荣誉。

东亚的复苏在包括日本政府在内的各政府领导下得以实现。这些政府只是名义上的民主政府。"筷子经济体"的政府——源自中国的市场经济或是衍生品，包括日本，具有理性的权力，而且基本上使消费服从于储蓄、对人力和物质基础设施建设的投资、工业生产和出口的需要。日本的复兴在道格拉斯·麦克阿瑟将军领导下，通过和日本天皇达成的潜在联盟，在寡头的一党政体统治下 20 年实现。东亚不会受区域外在条件的震荡，现在，巨龙正在苏醒。

中国幅员辽阔、历史悠久，同时也是一个矛盾的综合体。孔子思想正随着中国的现代化得到振兴。在这片土地上，方言繁杂，少数民族众多，宗教信仰不同，经济差距日益增大。你可以乘坐加过压、配置了氧气的高速铁路，这是现代工程的奇迹，从中国西北的新疆维吾尔自治区穿越"世界屋脊"到达西藏，回到好几个世纪前，窥探神权的余火。那里的和尚仍然制作奶茶、咏唱藏经。中国有条不紊地解决自己的矛盾和冲突。它跨越许多海洋，从东到西、从过去到现在，建立一个理性的实践和政策综合体。它日益兴盛的任人唯贤的体制，平衡了市场和政府的诉求：有序地制定综合行政、结构和宏观经济多方因素的措施来维续经济发展，分配经济收益。执政党正在打击腐败的恶习，因为在中国的传统道德体系里，它有损政党的合法性。在顺应帝国传统，继续对中国民众的愿望和利益敏感关注的同时，中国正在尝试用投票的方式选举产生乡村一级的官员。

中国约 9％的年增长率看来有可能延续，尽管其附带产品，主要由食品和住房开销上的压力造成的通货膨胀，要求政府在宏观经济和行政方面采取行动，包括限制银行借贷，提高币值等。外国市场的疲软，尤其是美国的状况令人担忧，但主要的增长由公司的储蓄和投资生成，而这些公司直到 2007 年才开始分红，而且在越来越多地通过消费促进经济。出口贸易对经济增长的贡献已经减少。中国和世界的贸易通常存在逆差，只有和美国的贸易存在巨大的顺差。而中国的进出口正在以每年约 24％的比例增长。其商品出口从 1990 年的 530 亿美元上升到 2006 年的 8000 亿美元。其他的工业国和中国也存在贸易顺差，他们没有大豆可以出口。德国就是贸易顺差的一例；尽管欧元强势，德国官员对中国的汇率制度并没有不满意。

国会议员在美国贸易逆差问题上指责中国。但再出口产品占中国出口总产品的 60%，这些进口产品都要在中国增值之后才再次出口。中国最大的出口商是外国公司。尽管起点低，工资和消费支出都在迅速增长。生活水平每天不到 1 美元的人口比例已经从 1990 年的 33% 下降到 2005 年的 10%。随着中国资本和技术力度的升级，中国的生产力和利润率也在飙升。政府在科研领域的支出正在以每年 20% 的速度增长，教育开支的增长率大约是 45%。中国人做事有条不紊。他们眼光长远，不受政治和预算周期的影响，而这两个周期决定美国的政策，使美国政府资助的民用项目不那么有效。跨国公司把研究中心搬到中国，以便靠近来自大学的人才资源。

和国会的观念以及大众媒体所述不同的是，中国不是一个凶煞顽固的共产主义强权大国。它面临深重的挑战。收入和财富差距悬殊，而且正在扩大。环境的挑战更是恐怖。"铁饭碗"已经被打碎，但还没有一个严密无缝的保障网络和全社会范围的健康保险制度可以取代。各省和直辖市可能会难以控制。能源需要更有效的管理，但中国正在逐步应对挑战。理性将是中国接替美国成为世界强国中心的基础，而这个世界赋予军事力量的影响力较小，赋予经济活力和传统外交的影响力更大。

像中国的外交一样，中国的优先重点刚好和美国新成立时类似。中国寻求的是不干涉他国内政的威斯特伐利亚政策①。这一政策也不发动先发制人的或是宗教的战争。中国拥有世界人口的 1/5，漫长的国界线和海道需要巡护，除了由美国提供武器并被分裂派耸动的台湾有时会挑战中国外，中国时常要面对布什当局为了取得先发制人的核打击能力所做的努力，中国的军费开支只有美国的 1/8，尽管它正在实现军队现代化。它支持美国第二次世界大战后的世界秩序，包括联合国维和行动。它还支持世界各国共存的理念。中国对意识形态和宗教持怀疑态度，因为中国已经遭受过以上两方面的痛苦。他们解决或化解了不少领土争端（在中国南海以及和印度之间存在的争端还悬而未决），进行长期的战略性投资，在全球进行贸易往来，随着时间的推移，他们馈赠并收获帝国的福利，却没有让人觉得他们是帝国主义者。中国的外国直接投资每年在以约 40% 的比

---

① 威斯特代利亚和约是哈布斯堡王朝、波旁王朝等在德国明斯特市和奥斯纳布吕克市签订的一系列和约，1648 年确认，它标志三十年战争的结束，确立了国家主权平等原则。——译者注

例增长，而且投资领域由原先的物资扩展到能源、商品乃至服务领域。在向非洲输出资本的同时，中国还派遣了工程师和医生。在苏丹和朝鲜，中国悄然无声地从事自己的外交活动。而整个世界都在开辟进入中国大门的通道。

2004年9月，我在北京人民大会堂参加了为4000名宾客举行的国宴。赴宴的有部长、主席和总理、将军、党和国家领导人、省长和市长以及来自世界各地的大使。当天是中国的解放日，庆祝中国共产党1949年取得胜利。宴会厅看不到一位安保人员，既见不到金属探测器，也看不到枪械。入场只需出示一份邀请函，连护照都不要。2005年布什总统有军人仪仗队参加的就职庆典除了依靠纳税人的资助，还接受了公司财团和富人的捐赠。庆典于北京国宴4个月之后在华盛顿戒备森严的情况下进行。仪仗队通过的线路，宾夕法尼亚大道，也被封锁隔离，连马路上的下水井盖都被焊死。总统和副总统在防弹玻璃后面宣誓就职。

在包括生意人和国会议员在内的许多美国人看来，从美国内部观察外界以及从外界观察美国均为不自然的体验。他们趋向于把自己的价值观和方法强加给不接受的国家。欧洲和亚洲的历史使他们必须更适应共存。在东亚的"筷子经济体"里，尤其是中国，交易仍然以长期建立起来的关系、道德和信赖为基础。在美国，交易以合同为基础，可以推论为以怀疑为基础。白鲁恂（Lucian Pye），一位声望卓著的学者，把传统的中国称为"美德"之国。中国产生工程师和律师的人数比例差不多和美国相反。对财富排名在世界前1000名的公司的调查显示，除内聘律师的开销外，这些公司每年的律师咨询费为560亿美元，而且还在以20%的比例增长。中国很少在律师身上花钱，更不要提金色降落伞和期权回溯的福利。他们把节省下的经费用于投资，每年产生大约2.5万名工程师。

在东亚经过多年发展起来的关系带来《黑皮书》里我的第一次商业生涯，不过，我要赶紧向我的先辈，《黑皮书》的共同撰写人保证，经商从来不过是偶然的散心之举。我筹建公司，为美国和亚洲公司的越洋业务提供咨询服务。这些公司在20世纪80年代为进入美国市场的日本公司提供并购咨询；90年代，开始为亚洲机构提供替代性投资产品。

我们在中国的第一家合资公司没能成功。斯坦福大学的约翰·路易斯（John Lewis）教授是为国防部提供咨询的知名中国学者和专家。和他一起，我们筹建了华美电讯公司（Huamei Telecommunications Company）。我了解美国的出口管控法规，因为我起草过很多这类法规。我们向中国官员解释说，美国的出口控制法针对的是中国，不是中国境内的中外合资公司；在改写《出口管理法》时，我们在国会并没有预料到这一点。我们可以把美国开发的宽带网络转让给华美，中国境内的一家中外合资公司，建立中国的互联网。尽管外国投资通信公司在中国不合法，华美的中国合伙方是邮电部、电子工业部和国防科工委——中国人民解放军的下属机构。中国政府拥有华美 50% 的股份。如果你知道怎样绕过障碍，障碍就能生钱。而 AT&T 则是设备的主要供应商。该项目得到来自国家经济委员会（白宫）、国务院和商业部高级官员以及情报界的积极支持。美国要在即将成为世界最大通信市场的中国建设立足点，华美便是手段之一。而美国的有些政府机构也把华美看成情报资源，但我们从没有正式涉足情报业。华美在广州隆重推出并展示宽带网络原型。

在中国的障碍还有待克服的同时，这一拥有美国政府支持，旨在开发巨大的中国市场的良机却被国会议员破坏。华美因此成为美国政府给尝试在不熟悉的地区经商的美国人制造麻烦的标志。1995 年夺得众院控制权的共和党激动地抱怨说，华美把高科技转交给了中国军方，提高了中国的作战能力，原来对华美感兴趣的战略投资人也逃之夭夭。这些共和党人委托总审计局调查华美。调查报告的结论是，华美的通信设备神秘地失踪了。没有人咨询过我，而且就我所知，迄今为止也没有人咨询过我在华美的任何同事。我们原本可以给他们就华美项目以及美国政府所给予的支持提供说明，而且可以带领调查人员查看相关的设备。但是，该项目的优点并不是问题，问题是"黄祸"正在卷土重来。恐惧可以被煽动者轻易挑动和利用。美国再次冲自己的脚开了一枪。到 2008 年，中国的互联网用户已经超过美国，而且每年增长 30%。

2008 年年初，为了保证汉族居民在西藏的合法权益，中国政府采取了保护性措施。西方媒体将此歪曲为中国对和平抗议和自由主张的强暴镇压，中国也因此遭到西方的广泛谴责。奥运会前夕的准备阶段被当成抗议的平台。而同一时期，尼泊尔残酷镇压和平抗议的藏族人的行径却几乎完全被媒体忽略。中国人民，包括许多知识丰富的西方人，都对偏颇和耸人听闻的新闻报道再次出现感到震惊。除了缺少新闻诚信的问题外，抨击中国的报道会使中国政府难以停止激烈的反击，也难以让中国与达赖喇嘛展开讨论。在几乎所有的政府，达赖喇嘛本人以及藏传佛教权力机构都承认西藏是中国的一部分的情况下，上述讨论将给西藏争取更大程度的自治。我只去过西藏一次，和其他人一样，我从没见过，也未曾听说过中国对藏民遵守宗教习俗的限制。经济活动造成了宗教场所的损坏，汉族人显然已经进入西藏，而且抓住了中国刺激的经济发展所产生的大量机会。不过，中国正在逐渐提高贫困藏人的生活水平，而历史上，他们要背负着神权政治和原始农业经济的重压。

2005 年，我和里奥·莫拉梅德（Leo Melamed），芝加哥商品交易所前主席，组建了华美金融公司（Hua Mei Capital Company），帮助中美跨洋经商，相互合作。华美金融公司代表了中国投资美国金融服务部门的首次尝试。公司是提供并购、私募股权投资以及投资咨询服务的中介。公司在我们和我们的同事经过 1 年多的研究以及与中国朋友和高级官员讨论后组建。在中国，我们遵循中国方式，提出了以平等合作为基础的健全的商业提案，而且双方的交往关系以互信为本。除了给予中方收购重组后的公司 50% 的股份，我们还承诺，一旦中方同意，我们会提高美方战略投资者的估价。我们选择和 17 家证券公司讨论这一方案，除两家外，其他所有的公司都准备接受上述方案。我们赢得我们首选的公司——中国招商证券公司。这是一家管理完善、利润丰厚的公司，是 1870 年成立的招商集团（Merchants Group）的成员。

绕过美国律师伙伴，我为上述交易起草了一页长的文件，处理此类事情，已经是熟门熟路。和我的中国同事一起，我们在晚间通过越洋电话交流，完成了与中国招商证券公司的交易。我们提高了华美的估价，并且引进了美国一家具有广泛并购经验的战略投资伙伴。在美国方面，这笔交易比中国方面的要复杂得多，律师的咨询量大，费用高。

当我在 2008 年年初撰写《黑皮书》时，华美正在组建，但已经在中国给外国公司指路，同时引领中国人向世界拓展分支机构，在海外投资巨大的金融资源。与媒体报道的相反，中国公司在寻求外国投资商（和顾问）。华美为他们提供帮助，并且通过为公司开发跨越太平洋的业务提供服务盈利。我们跨越的是分割文化和习俗的海洋。我们的目标是在第三国开发商业纽带的同时共创商机，在中国由美国人运作，在美国由中国人运作，彼此尊敬信任，相互适应彼此的操作方式，使华美金融成为中美之间按上述方式合作的典范。通过自己这个范例，华美有可能鼓励美国人采纳大大不同于美国的方式。中国人在近两千年里学会了两三招。我们跨海运作遭遇的问题是美国自造的，而且没有必要。美国面临的挑战与其说来自中国，不如说来自美国自身——政治和财团的监管。中国是百年才有的一次机会。用斯德伯顿·罗伊（Stapleton Roy）的话说，只有在我们想要的情况下，它才会成为我们的敌人。

第二十四章　后记

奥古斯坦巅峰时期（Augustan Age），市民的守纪和道德观念薄弱。历史学家利威（Livy）早在公元前 4 年描述这一现象时写道，罗马已经发展到"既不能承受更多的罪恶，也无法拯救的地步"。

总体来说，《黑皮书》的机智和幽默在敌意的民意调查和金钱驱动的新美国政治生活中如无水之鱼。书中有关政治家和政治的笑话尖锐犀利。在我参政的年代，跨越党派分界治理的政治中心已不复存在，而史蒂文森家族成员熟悉的礼仪风范大多也随之飘散。投入联邦竞选活动的成百万投资随选举的周期飞涨。民意调查结果表明，美国新"民主"代表的更多是投资政治的人，不是平民的利益。多数美国人赞成提高在教育、医学研究、就业培训、可再生能源、联合国与维和方面的投资，削减投放在军队和伊拉克的开支。与此同时，用于医疗保险、社会保障和借贷服务的非全权性的开销也在增长。因此，财政控制的实施总是以牺牲环境、自然资源和社会服务为代价（包括医护保健、教育、公共传播以及对外的经济和人道援助），这些均为公众所向的，是美国在世界的安全和地位至关重要的开支。观念极端和宗教主旨主义分子煽动战争狂热，挑起对移民的不容，为保守的"价值体系"摇唇鼓舌。民意调查显示，公众继续支持的是美国的传统价值观，不是新共和党，美国的第一个宗教政党，宗教右翼推崇的价值观。

美国政府终止了人身保护令。高级官员试图使严刑拷打、绑架和未经许可的电子监控合法化。腐败不论在性质还是数量上都达到了《黑皮书》没有领教过的程度，且不论腐败植根于第一个镀金时代和库克县的旧事。华尔街丑闻和公司财团高管的薪酬穷奢极欲，已经达到哲学历史学家巴尔赞（Jacques Barzun）所定义的"自溺"程度——在多数发达和许多不那么发达，特别是东亚地区的国家来说，都是罕见的。美国的第一个镀金时代的强盗大亨们建立了重要的行业，采取的创业方式往往是残酷的，但他们经常通过捐赠回馈他们所在的社区和国家。

4700 年前，亚述古国①的一块石碑上铭刻着以下文字：

"我们地球在今后的日子里会退化；大家会看到世界加速消亡的迹象；贿赂和腐败会变得司空见惯；儿童不再遵从父母的训导；每个人都想写书，世界末日明显在临近。"

世界末日并没有来到，那么，美国的末日又是怎样的呢？根据著名的历史和哲学著作详述的标准和先例，美国显示出衰退的迹象。在《罗马帝国的兴衰史》里，爱德华·吉本指出，帝国从内部坍塌的原因在于法治和人民精神的崩溃，帝国不能由里及外地理解并对付挑战。对于吉本来说，罗马的衰败乃"贪大无节"之果：傲慢，帝国的过度扩张，基督教力图为上帝收罗灵魂、为教会争取臣民挑起血腥的"教会之争"，特别是康斯坦丁一世在位和之后的时期。1953—1954 年的冬季，我和海军陆战队的队友们奉命守卫在临津江畔。在寒冷缓慢的日子里，我阅读了巨著《历史研究》。在他的巨著中，阿诺德·汤因比详细地阐述了帝国和人类文明在历史长河里是否能持久取决于他们应对挑战能力的理论。在《伟大强国的兴衰》一书中，保罗·M. 肯尼迪（Paul M. Kennedy）把他们的衰败归因于帝国的无限扩张与日益膨胀的经济和政治开支，军备负担以及国际纠纷。在有关大不列颠历史的《帝国》一书中，尼亚尔·佛格森（Niall Ferguson）认为，"主要问题"是：一个政府的经济政策受其"民主原则"的制约。他写道："投资者不再坚信，已经负债的政府愿意削减开支并提高税收；他们也不确定，万一发生黄金外流，为了保持货币的可兑性，政府是否会有提高利率的政治意志，尽管那样做意味内部经济的紧缩。"英国衰退了，从最大的债权国沦为最大的负债国。凯文·菲利浦斯在《美国神权》里提出，在国家生命的后期，他们的经济已经进入"金融化"阶段，该阶段往往伴随军国主义和极度的奢侈。在《西方的衰亡》

---

① 位于低格里斯河的古代西亚奴隶制国家，公元前 9 世纪至前 7 世纪达到顶峰，成为真正的帝国。——译者注

里，奥司瓦德·斯本格勒（Oswald Spengler）描述了人类文明发展陆续经历的诞生、繁盛、成熟和衰亡的不同阶段。文明的动力发源于赋予文明生命的根本原则，可是，这些原则在文明发展的最后阶段被物质主义、军国主义以及意识形态的主旨取而代之。在《帝国岁月》里，蔡美儿提到容忍和包容精神的崩溃。根据以上书中引用的标准和先例，就国家和帝国的生命周期而言，美国已经经历了相当多的阶段。

2007 年 9 月，德国安联和德累斯顿银行的经济学家们公布了他们就 18 个国家的"财政及生态发展的可持续性调研报告"结果。调研参考使用的指标和欧盟"里斯本议程"里用来衡量各国经济竞争实力的相似。在这批国家里，美国排名 17。由于拥有严谨的财政管理，往来账户的盈余和丰富的能源资源，俄罗斯排名比较靠前。中国比美国更加具有"可持续性"。排名第 1 位的国家是瑞典。

在苏联解体，美国处于胜利巅峰时，著名的新保守派理论家，法兰西斯·福山（Francis Fukuyama）宣称"历史的结束"以及西方自由主义、自由市场的理想和民主的最终胜利。（现在他的想法有所不同。）小布什当局反映了胜利在望的情绪，但却被束缚在现实和幻想的矛盾之中。就自由、民主以及对所有人民都自由开放的市场提出威尔逊式理念的同时，布什政权也在寻求全球霸权或是"美国主导下的世界秩序"——建立美国新世纪——一个以军事力量、科技以及与其他最多不过是名义上的民主政权的合作为基础的世纪。

新保守主义的观念和现实自相矛盾。哈马斯在巴勒斯坦获胜，真主党在黎巴嫩得势；埃及的穆斯林兄弟会的影响也在日益加强。巴基斯坦不再稳定。伊朗的影响也在扩大。友好的逊尼派国家遭遇威胁。除了俄罗斯及东欧国家（the old Soviet bloc），撒哈拉以南的非洲共和国和阿尔巴尼亚之外，美国在所有其他地区的影响和权威都在减弱。深受尊敬，总部设在伦敦的国际战略研究所 2007 年的调查结果显示：最重要的国际发展之一是美国在世界的影响和权威继续下降。不论是西班牙、阿根廷、德国、韩国、玻利维亚、尼加拉瓜还是委内瑞拉，总统竞选人都通过和乔治·布什拉开距离在选举中获胜。英国首相布莱尔（Tony Blair）由于和布什走得太近而受影响，西班牙的阿斯纳尔也一样。据报道，在澳大利亚这样一个友好的国度，57% 的民众在 2005 年都认为乔治·布什的民主和伊斯兰教原教旨主义一样危险。2007 年，布什的盟友霍华德总理也在政坛一败涂地。

皮尤基金会在 16 国的民意调查结果表明，除 3 个国家之外，其他所有国家给予中国的评价都高于美国，尽管许多国家把美国和布什政府区别对待。在土耳其，据 2007 年的报道，9% 的人表示喜欢西半球的美国政府，但他们也对美国敬而远之。2005 年，拉丁美洲的各国政府不仅承认了中国的"完全市场经济地位"，而且拒绝了布什当局就美洲国家组织秘书长职位提出的候选人。在巴西召开的阿拉伯和南美国家政府大会上，他们拒绝了美国的观察员国身份，通过了巴勒斯坦在联合国和先前美国采取的"以土地换取和平"的模式解决争端。东亚各国领导人没有同意美国作为观察员参与年会。非洲的各国领导干脆在北京举行会议。

新自由经济意识在现实世界被经验否定。意识形态之间，宗教原教旨主义之间的争端导致冲突迭起。克莱德·普勒斯托维兹（Clyde Prestowitz）和凯文·菲利浦斯均为美国政府的长期观察员，他们都不是当代意义上被诋毁的自由派。新保守主义意识最尖锐的批评家中有些人其实是传统意义上的保守派。帕特里克·布坎南（Patrick Buchanan）抱怨国际冒险主义。新保守派和涣散的国会在财政方面的懈怠使前商业部部长彼得·皮特森（Peter Peterson）等共和党中的传统温和派都感到震惊。在《流氓国家》中，普勒斯托维兹描述了拖累新美国的"恶行"。恶行之一是美国为石油开战，却没有节省油耗。美国消耗的石油占全球石油总产量的一半，而美国人口却只有世界的 5%。其他工业国不仅减少了对进口石油的依赖，而且还通过节省消耗，提高币值以及开发可再生能源降低石油消费对经济造成的负担。他们敢于面对良药苦方，采取不甚完美但理智的补救政策和措施。美国众多的补救措施在 20 世纪 80 年代被废除或搁置。在就任参议院石油及天然气生产分委会主席时，我参与起草的燃油效率的规定在30 年后可能已经提高到本田汽车早已实现的标准，可是，除此以外，我们的政治能人提出过其他高招吗？很清楚，在创造必需的公共收入和推进公共交通的同时，我们并没有利用提高石油税收来降低能源的消耗和减少对进口能源的依赖。而院外活动家支持的项目，比如由政府资助把玉米转换化成乙醇的项目，则更容易被采纳，而这类项目既有损于纳税人，也有害于世界贫困人口的利益。因为对于后者，这类项目不仅导致粮食价格的上升，而且所获的能源仅够生产乙醇之用。

在拥有无限可能的全球经济里，美国撤退了。实现全球性有效竞争的根本——人才和物资流通的基础设施建设——被削弱。在撒播恐怖主义的同时，政府把资源挪到军备和国家安全的建设上。总统鼓励民众花钱，开心享受，穷兵黩武。召集公民参军，为国抗战的义务兵役制不复存在，过去曾鼓励美国人民节俭的严厉的山姆大叔也销声匿迹。就业的增长有气无力。在部分失业劳工完全脱离工作队伍的同时，多数美国人的真正工资收入都停滞下落，而最富有阶层的收入则日益增长。在投资银行家、律师和会计行业的收入飙涨的同时，科学研究以及真正的财富创造被承包给他国外邦。在竞争激烈的后工业和经济全球化时代，美国原有的相对竞争优势正在输给其他更加现实和理性的国家，他们都更像曾经的美国，而不是今天的美国。

在帝国和国家衰亡之际，其他国家却在兴起。欧洲在巩固扩张，谨慎地发展和制定自己的军事和外交政策，其经济实力和规模与美国相当。人均增长和效率早已可与美国媲美。医疗也实现了全民共享。贯穿大学的教育费用很少，或是免费。很快，欧洲就会形成一个巨大的金融市场，其资本规模已经超过美国。欧洲面临人口的挑战，包括如何吸引移民并使之成为正在老化的劳力的补充。欧洲的人口失业率高于美国，尽管就业人口已经赶上后者。

"老式"欧洲人已经创造了一个拥有社会保障网络、反对无缘由战争的非宗教的人性化国家群体。美国的军费开支占国内生产总值（GDP）的4%，并且还在增长，而欧洲的军费只占2%。他们的财政和货币政策按照全球标准也是小心谨慎的。土耳其和中欧都在向欧洲看齐。那是他们的市场、资本以及安全所在。俄罗斯将提供石油和天然气。除了对能源的过度依赖以及日益减少的人口外，俄罗斯正在摆脱本国新自由主义教条和美国信徒的肆虐，收回祖先的遗产，从包括新中国在内的东亚吸取经验。俄罗斯不会让本国的石油和天然气资源由跨国石油公司任意摆布。来自油气资源的财富将是俄罗斯主权和安全的来源。而且，俄罗斯为饥饿世界生产粮食的潜力也是惊人的。

欧洲的扩张和巩固由于欧洲提出的《欧盟宪法条约》遭否决而蒙上阴影，不过《欧盟宪法条约》有可能经过再次讨论通过。欧洲有可能会犹犹豫豫地从新美国手里接过引领世界的缰绳，像一位观察员所说的那样"让世界退回到未来"，因为它别无选择。在中央银行以及基金管理人威胁要把资金从疲软的美元储蓄里撤出的同时，俄罗斯像东亚和阿拉伯国家一样，为免受美元以及受美国影响的国际货币基金组织起伏颠簸的危害，仔细地考虑建立新货币体制以及新货币。俄罗斯和中国均加入了拥有高额储蓄和国家财富基金的务实的国家主体。

美国人在全世界宣讲民主。布什总统声称，民主造就了他同样赞赏的和平与自由。在政治上，他传播的是机会主义的信息。实际上，他重蹈了列宁主义的覆辙，因为他们都在意识形态的遮掩下寻求帝国之实。在《黑皮书》所述的旧美帝国时代，不论有多少缺陷，那时的民主从来不是实现目标的手段。民主自身就是目的，民主是人们通过政治得到智慧的明示并依此做出理性决定的过程。艾德莱二世说，"与其中选而不配，不如落选"。老式的美国凭着善意和对人类观点的尊重来推广民主。从伍德罗·威尔逊到约翰·F.肯尼迪，美国总统备受世人的欢迎。民主传遍世界靠的是老式美国第一个切实可行的榜样。

《黑皮书》反映的不是空幻的理念，所述的政治兼有务实和理想的特征。它体现了理性的政治，诞生于启蒙主义，蕴含智慧、宽容及尊重实证和科学的价值观。《黑皮书》认为，要想成功实现民主，人民必须以了解真相为基础——再说一遍，"全部的真相"——并且得到真相的保护，使他们在民主运动中不被蠢人和权欲熏心的惑众之徒伤害。新型的保守理念信徒对实证和人类的观点没有表示任何尊重，他们信守的价值观不是《黑皮书》所述的一类；在一个多元速变的世界里，他们的生活没有反映"基层"体验，更没有从军的经历，而要取得"强制性"的结果，军队的经验必不可少。和新型保守理念如出一辙的不是现世的欧洲、东亚或是《黑皮书》里描述的美国世纪，而是它在伊斯兰世界所激发的宗教原教旨主义。

对于挑战，对于重建帝国和另一个镀金时代，对于无缘由战争，美国人如何应对？参议员讨论社会保障、移民、阻止唯意识形态论者被提名到司法部门和联合国问题。但是，对于我们的社会价值观、利益以及政府基本原则等意识形态的挑战，我们应该如何应对？挑战来自内部。战争是容易的，而和平是艰难的。

根据民意调查，美国人民在2005年就开始察觉到布什的错误。共和党在2006年的大选中失利。可是，《黑皮书》描述的民主党人又在哪里？除了支持总统外，国会从来没有能够理性而且全方位地制定政策。可是，精通世界、富有胆略的总统候选人又在何方？标志性的权威民主党领袖又在哪里？那位继 1952 年和 1956 年落选后任命民主党国家主席和顾问委员会，为民主党及等待艾森豪威尔空缺的党派成员制定并表明政策的人在哪里？他在失利中获胜。

制度已经更改。标志性领袖已经消失。民主党全国委员会已经成为一个募捐企业。自行任命组成的顾问组反映了时下流行的正统观念。这些顾问组头目来自华尔街的可能大于普通民众和现实世界。我们从总统候选人那里听到的是宗教誓言、夸夸其谈的希望、团结、经验和变化。民主党是现实主义政党。哈里·杜鲁门是一位斗士。民主党拥有美国议程。约翰·肯尼迪根据艾德莱二世的"新美国"设想提出了"新边疆"规划。在他接手政府时，林顿·约翰逊提出了"伟大社会"的构想，构想蕴含了扩大自由和克服贫困的目标。1973 年，生活贫困的美国人口减少了一半。可是在新时代里，人们并不清楚民主党的信仰和主张。对于部分民主党而言，"获胜就是一切"。那是尼克松式的路线。谁具有为了正义而不顾一切的勇气？谁又能在需要时敢于失败？

在《黑皮书》所述的旧式美国政治生活中，一切都围绕着掌控。牢记并接受这一政治现实——一个既正确又有效的法则。不论政治现实和媒体为自身的便捷所假设的政治哲学光谱的哪一段相吻合，即使这一吻合意味着被人贴上自由派的标签，或是成为院外活动集团的攻击对象，当然最好是能够明确陈述《黑皮书》里的旧政，应对挑战，恢复使美国强大的政治价值体系，确保世界上第一个成功的民主体制的延续。

旧政要求回归理性，把意念和迷信丢给共和党人。美国要通过理性恢复其在世界上的权威和安全。实现这一目标，美国必须采取的措施是，支持联合国以及联合国为实现和平和战略性军备控制和发展所建立的各种脆弱机构，在把发动战争作为最后的一个防御性措施的同时，消除恐怖主义根源，首先是解决巴勒斯坦争端；通过恢复并重整"二战"以后美国领导之下建立的国际秩序，美国展现了为和平而奋斗的胆识。理性恢复了这个国家的公民权威和自由。《黑皮书》里的旧政恢复了社会契约，应对了竞争型经济的发展需要。美国捍卫了全球的共同权益和气氛，通过了《京都议定书》和《全面禁止核试验条约》，加入了国际刑事法庭，支持一个开放的、非歧视性的世界贸易体系，限制了军备和核武器的增长。美国打击财团腐败、垄断和剥削的堡垒，寻求缩短世界贫富差距。

　　　　作为小小宇宙飞船上的乘客，我们一同在太空里翱翔，依赖飞船
　　上稀薄的空气和土壤资源，为了安全而倾心于它的保险及和平，精心
　　关照、维修我们这个弱小的飞船，我应该说，这个飞船才免遭销声匿
　　迹的厄运。我们不可能维持这样的世界：一半幸运，另一半悲惨；一
　　半信心十足，另一半消沉无望；一半被人类古老的敌人奴役，另一半
　　享受过去梦想不到的资源的解放。面对如此巨大的冲突，任何飞船或
　　是船员都无法安全航行；全人类的存亡都要靠这些冲突的解决。

　　　　　　　　　　　　　　　　　　　　　　　　　　　　艾德莱二世

　　或许造成美国背离过去体制的变化已经根深蒂固，今天的政治无力应
对？不能应对自身的麻木迟钝，美国更不可能恢复斯本格勒提及的根本原
则。内部的腐败可能削弱了美国对外来挑战的反应力度，美国也许落入既
不能承受自身的邪恶，又不能接受补救的矛盾状态。而这样的可能性，
《黑皮书》并没有详尽审视。克里夫兰、布莱恩、拉佛莱特、西奥多·罗
斯福——美国第一个镀金时代的进步领袖们都属于理性主义者，是挚守信
念、坚定不移的志士，他们敢于和上司及产业利益抗衡（通常会在后来
赢得上司的支持）。1888 年，年轻的威廉·詹宁斯·布莱恩写信给格罗
弗·克里夫兰时说，"我宁愿和你一起为信念献身，也不愿为一个除了附
庸组织的胃口而没有其他原则的党派而成功"。由于抵制对产业有利的关
税，克里夫兰在竞选中败给哈里森。其后的总统是威尔逊。再后是富兰克
林·罗斯福。真理能够判定，为之献身值得。

　　田纳西州的老艾伯特·高尔是一位讲原则的参议员。1970 年，他因
支持民权而落选。在我安慰他时，他回答说："依剑而生者亦将葬身于
剑"，他反映了老派民主党人的风范。他已经不在人世。政党向"有组织
的胃口"堕落的程度已经超出威廉·詹宁斯·布莱恩的想象，他是一位被
美国历史遗忘了的人物。《黑皮书》传授的是有关理性、公平竞争、把生
活作为学习和体验的过程、人类精神和人类大家庭的经验教训，它厌恶极
端主义和教条。美国是个象征，而美国的价值观近年来在其他国家得到了
更好的示范，并且远离美国参议院，一个我曾经服务并且引以为自豪的
地方。

　　对于新的政治生活，史蒂文森家族的新一代并没有显示多少兴趣，这
是可以理解的。史蒂文森家族培育出的人才涉及多种行业，其中有教师、

教务管理、医生、牧场主、通信专家和正在成为中国专家的投资银行家。他们都是好公民，但不是政治家或律师。不过，他们正在培养新的一代。孙辈不能像他们的先辈一样和父母一起驱车前往白宫大门口驻足观望，或是在美国国会山东面高大的栗树浓荫覆盖的草坪上漫步。宾夕法尼亚大街路障重重，仅剩的那点草坪也被圈阻在墙壁之后。

2005 年年初，在祖父母的引导下，小凯蒂、安娜和艾德莱五世在地下走廊和金属探测网里辗转周旋之后到达国会。经过长时间的搜寻和众人友好的帮助，他们终于在一个走廊里发现了艾德莱一世的大理石半身塑像。塑像原先位于通往参议院议会厅正门的显要位置，后来转移到走廊里。就美国参议员究竟是什么样的问题，旁人好像听到他们饶有兴趣的讨论。他们在学习历史，而且计划学习中文。他们游历世界的旅行已经开始。

《黑皮书》涵盖美国世纪，一个理性的时代。这个时代成了美国人民的指路明灯。在 2009 年，它又一次指引了美国总统的步伐。

常青树

　　　所有伟大的运动，每一群体所体验的每一强烈的冲动，都会堕落或被歪曲，地球的大气层对各国人民的崇高志向好像具有杀伤效用。一个民族展示的广泛而人性的同情会轻易蜕变为歇斯底里的情绪。善战的精神会趋向残酷；自由导致放任；收敛走向独裁。种族的自尊会膨胀为狂暴的傲慢；对上帝的恐惧产生自大和迷信；面对令人悲哀的规律，几乎无一幸免，无论初始的成果多么辉煌，人类最佳的辛劳都以可悲的结局告终；如同植物，从发芽结蕾到美丽绽放，从繁盛到萎缩凋零。只有在我们反思腐朽将带来新生，热情重新激起的波澜会取代先前余波的规律时，恰如橡树果得到橡树败叶的滋养，希望才会强盛起来，而人类的沉浮及命运的变迁不过是永恒的生命之树不断变化的繁叶，与此同时，在常青的大树之下，更伟大的革命正在连续不断地发生。

温斯顿·丘吉尔
《他的机智和智慧》

第 二 部

学校采用的《读物》通过引用历史、《圣经》故事和文学书卷里英勇爱国的宣言来活跃学生的思想，教育并把知识传授给学生（正如本书在关于教育那一章里描述的那样）。政治家，尤其是林肯，还有艾德莱一世，均得益于上述教育方式，并且被当时特有的交流现实塑造。他们利用在学校里学到的技能继续接受教育，完善作为市民和政治家的自我发展，并在演说时加以运用。与此同时，他们不懈地收集风趣智慧的碎片——《黑皮书》因此产生。第二部分搜集的内容包括许多支持者寄发，用于鼓舞、激励、有时甚至安慰的摘录。除了给予勉励和安慰之外，他们还成为智慧的源泉。由于主题多样，数量繁多，这些摘录不易妥帖地列入第一部与政治、法律、宗教、经济以及政府相关的章节里。这一部分以"幽默故事和笑话"开始，以"禁酒与解禁"的章节结束。《黑皮书》不以逻辑自诩。

　　一两历史值一斤逻辑。

　　　　　　　　奥利弗·温德尔·霍姆斯（Oliver Wendell Holmes）

第一章　幽默故事和笑话

肯塔基山区的一个男孩这样描述他的家人："父亲因为杀死屠夫而被关入监狱，我的母亲和屠夫一起离家出走，一个姐姐在养育院，另一个在精神病院，我哥哥在哈佛。""他是学什么专业的？""喔，他不在学习；他生出来就有两个头，在瓶子里装着。"

林肯说起一个用草叉保护自己不被公猪进攻而杀死了猪的人。当猪的主人愤怒地质问，为什么他不用草叉的钝头防卫时，那个人回答说，那公猪并没有用它的尾巴进攻。

别人和林肯提起一位享有盛誉的历史学家时说："我们这一代人是否有任何人比他更深地潜入到知识的渊源里。"林肯回答说："有，或者上来时会更加干枯。"

一个被判死刑的人把他的一只脚放在通向绞架的第一个台阶上。发现台阶不稳，他把脚缩回来后问道，"这台阶安全吗？"

一个著名牧师的女儿正在用蜡笔和铅笔忙着画画，她的母亲问她在画谁的像。"上帝的"，她回答说。"可是，没人知道他长得什么样"，她母亲埋怨她。"等我画完他们就知道了。"小女孩说。

牧师邂逅一位正忙着清除田里的石块的教民。"哟，杰斯，你和上帝一定会把田地清理得非常好。"杰斯回答说："你一定看到过上帝独自一人清理时的样子。"

一位神父正试图说服他的募捐委员们为教会购买新的吊灯。委员会有人反对："首先，我不知道怎么拼写这个字；其次，教会里没有人知道怎么拉这个乐器；最后，我们需要更多的灯。"

在战争中，一个新英格兰的小男孩祷告说："上帝祝福妈妈和爸爸，我的哥哥和姐姐，保佑我们的国王！还有，嗯，上帝，好好照顾你自己，因为如果你出了什么事的话，我们可就全完了。"

一个小男孩询问妈妈他们是否都来自尘土。"是，"妈妈说，"《圣经》那样说的。""而且我们都要回到尘土里去吗?""是，你说的对。""那好，"小男孩说，"我刚刚往床下看了看，有个人在那里，可是我不明白他正在来还是正要离开。"

一个年老的贵格教友已经就寝。他听到楼下有声响。起身后，他取下墙上的滑膛枪，蹑手蹑脚地走下楼梯。果然，一个破门而入的盗贼正在抢劫家中的银器。贵格教友对盗贼说："我的朋友，无论怎样我都不会伤害你，可你刚好站在了我要射击的地方。"

一个小男孩把《圣经》的引言全搅乱了说："谎言是对上帝的羞辱，但是在有麻烦时却是非常及时的帮助。"

一个传道教教父担心会众里一位女士的名声。一个星期天的早上，在布道之后，他招呼她说："喔，琼斯太太，我为你祈祷，昨晚迟睡了三个小时。"她回答说："为什么，牧师，如果你拿起电话，我会立刻赶到。"

在一次激烈的神学辩论中，院长斯威夫特发了火，他问一位陌生人："你站在哪一边？你是无神论者还是自然神论者?""喔，都不是，先生，"他答道，"我是牙医。"

一个被判死刑的人最后一次礼貌但急切地求救。"尊敬的州长，"他写道："他们正准备星期五把我处以绞刑，而今天是星期二。希望很快收到你的回复。"

一个囚犯对他的狱友说："我要学习并改进自己，而当你还是一个普通小偷的时候，那时我会是一个挪用公款的人。"

一个年轻人问 S. 帕克斯·凯德曼（S. Parkes Cadman）医生，"我作为基督徒能够每星期靠 15 美元在纽约过上好日子吗？""我的孩子，你只能做到这一点。"

为了诽谤神学家西德尼·史密斯的职业，他的对手宣称，"假如我有一个蠢儿子，我会让他成为牧师"。史密斯的回答是，"你父亲持有不同的观点"。

正在为主日讲道的牧师把目光从讲坛上抬起时惊恐地发现，他的儿子正在阳台上用豌豆枪射击坐在长凳上的教友。在他设法镇定思绪的时候，他的毛头小子喊道："爸，你只管讲道。我会让他们保持清醒。"

疲倦地从教堂回到家里后，妻子担忧地询问牧师，他是否尝试说服教众救济穷人是富有教民的责任的道理。"那么，"他的妻子问，"你把他们说服了吗？""我只成功一半，"牧师回答，"我说服了穷人。"

在今天的美国，新教教会由传统的人组成。每星期一次，他们都要听一位传统小鬼给他们宣讲，让他们变得更加传统。

大主教把一位年轻牧师派遣到阿拉斯加北部苔原的一个偏僻岗位任职。在他离开 6 个月之后，大主教仍然没有听到年轻牧师的任何消息，他决定去阿拉斯加找寻他的踪影，了解他的情况。他雇了一个狗拉雪橇，在苔原走了多日后，最终在北部的一个河岸上的窝棚里碰到一位年轻的父亲。他问牧师他是否安然无恙，牧师回答说，要不是因为有马丁尼和念珠，他老早就疯了。后来他问大主教，他自己是否也想来一杯马丁尼。大主教点头同意。年轻的牧师朝隔壁的房间喊道："给大主教拿一杯马丁尼来，念珠。"

当他的朋友听到迈克就要弃世而去，而且知道他的生活曾经过分逍遥之后，朋友们担心，他死之后不知会发生什么糟糕的事情。所以，他们前去拜访迈克并把他即将去世的消息告诉他。"是，"他说，"我知道我已经踏上了不归路。"所以他们说："那么，迈克，你知道你的生活方式。我们在猜想，你是否允许教父前来和你谈谈。"教父过来和迈克进行了交谈，最后他说，"迈克，你知道你的未来是怎样的。以前你曾陷入过深渊，你难道不想拥抱上帝，摒弃魔鬼吗？"迈克回答说："教父，我会高高兴兴地接受上帝，但是你不要让我摒弃魔鬼。在我目前的处境里，我不想和任何人过不去。"

惠林顿公爵正在爱尔兰打猎的时候，一位村姑突然臀部中了一枪。她是驱赶猎物的人之一。一位侍从跑上前去，让她不要吼叫："马上停止嚎叫，你这愚蠢的姑娘，想想你今天享受到的最高荣誉，不管怎么遥远，你接触到了滑铁卢英勇的征服者。"

《像伦斯讲述的那样》(*As Told by Luns*)
荷兰外交大臣

除非你在谈论她的年龄或体重，否则，永远不要低估一个女人。

妇女俱乐部：W. C. 费尔兹（W. C. Fields）说，他批准女子俱乐部是因为其他所有的办法都失灵了。

当你走到一个岔路口时，沿着岔路走下去。

尤吉·贝拉（Yogi Berra）

一个爱尔兰男孩和一个女孩在海边互换了游泳衣。之后，小女孩跑到她母亲那里并喊着说，她终于知道天主教和基督教之间原来存在着那么大的差异。

前往赛马场的赌徒说："我希望我收支平衡，我需要钱。"

一个人和另一个人一样好——爱尔兰人的回答："是，但有时候，比另一个好过很多很多。"

两个爱尔兰人在暴雪中迷路。他们又冷又累，灰心丧气，耐心已经到了极限。突然，一个圣伯纳德狗出现在雪原中，狗脖子上系着常见的白兰地木桶……"信念，"当中的一位感慨地说，"看，什么在往这边来？——人类最好的朋友。""真是，"另一位回答说，"看看它带了什么来——一只狗。"

有人问杜鲁门总统，"总统先生，你家乡的人说'母鸡生蛋'还是'母鸡下蛋'？"总统犹豫了片刻后答道："我们那里的人既不说'母鸡生蛋'，也不说'母鸡下蛋'；他们只把鸡拎起来看看。"

艾德莱的参议院邻座，埃德蒙·莫斯基说起缅因州的一个三岔路口。在那个路口，游客会发现指向两个方向的路标，而且两个路标都标着"波特兰"的字样。他和靠着锄头站在一边的农工打招呼并问他："去波特兰，我走任何一条都一样？"对方简明地回答："对我来说，那不同。"

在肯塔基州，有一桩非常可怕的家庭纠纷。艾德莱一世恳求两个家庭不计前嫌，重归于好。纠纷中的一方回答说："和好！上次会面时，双方弄得不可开交，后来靠 10 个警察才把大家拉开。"

新泽西州的国会议员曾经带了两位州里的公民去拜见林肯总统。为了给总统留下深刻印象，介绍的时候，他把两位描述为新泽西州南部"最有分量的人"。他们离开后，林肯对自己的助手说："我在想，他们两个人走开的时候，新泽西州的另一头有没有翘起来。"

一位女士向警察抱怨说，她的戒指被人偷了。别人问她，最后一次注意到戒指是什么时候，她答道："哎，静想一下，应该是在我和史蒂文森州长握手之前。"

一个在雷雨中迷路的游客在漆黑的森林中跌跌撞撞地前行，只有刺眼的闪电给他照路。天空仿佛被雷电撕裂了一样。最后一个闪电和雷鸣比其他的都更可怕，他被吓得跪了下去。平常，他不是一个祈祷的人。他的祈求简短切题。"哦，上帝，"他喘着气说，"假如对你都一样的话，就请你给我们多一点闪电，少一点雷鸣。"

一个遇到麻烦的人问搬运工，火车上是否能找到牧师。搬运工回答说，整个圣母大学的运动员都在车上，而且有好几位牧师——但是他们想知道他想要进攻型还是防守型的牧师。

一个骑摩托的人在高速公路上辗过一头猪后，他设法让发怒的农民安静下来。"别担心，我会赔你的猪。""你赔它！"农民喊道："不可能，你不够肥。"

这个冲突让我想起远在老家的一个农民。别人问，要是他看到两辆火车从相反的方向面对面地疾速相撞时，他会采取什么行动。"我会跑过去把我的弟兄乔治叫来，"农民说，"因为他从来没见过火车相撞。"

一匹 8 岁的马第一次参赛。对它获胜的可能性，场上的赌注是100:1。可是，这匹马却以超出其他马 20 个身长的速度获胜。别人问他为什么没有早些让马参赛时，马主人说："我是想让它比赛，可是直到昨天我才抓住它。"

新墨西哥州的一位印第安人用烟火信号弹给他的情人发送了"爱你"的信号，突然，一个原子弹爆炸，烟雾弥漫天空好些英里。"天哪，"印第安人羡慕地喊道，"但愿那是我说的话。"

萧伯纳对奥斯卡·王尔德（Oscar Wilde）讽刺地说："请带个朋友来看根据我的剧本排演的首场话剧——如果你有朋友的话。"王尔德对萧伯纳说："那我就来看第二场——如果你还有第二场的话。"

卡尔·马克思的夫人，在漫长凄凉的生命尽头时说："要是马克思创造了一些资本，而不只是撰写那么长的《资本论》，那该多好！"

伊州早期的一个定居者听说，一个印第安人拥有超常的记忆力。他决定测试这位名人的记忆力。他问这个印第安人，在 1852 年 8 月 12 日早上，他早餐吃的是什么。那个印第安人毫不犹豫地回答说，"鸡蛋。"那个白人低声嘟囔埋怨印第安人的背信弃义。"鸡蛋，是啊。"20 年以后，他邂逅了同样的印第安人。出于礼貌，他用传统的见面语和印第安人打招呼，"怎么做的？"印第安人回答说："炒的。"

看着一位受伤的印第安人背部还插着一枝箭时，有人问，他是否痛苦不堪，他回答说："没那么厉害，除了我笑的时候。"

一个男的从房顶上摔下去。别人问他，那一摔是不是很伤他。"那一摔倒没有伤着我，可停下的时候差点没要我的命。"

"长官，我这是在哪里？""你在主街和第四街的拐角处。""别给我那么多细节——我只想知道我在哪个城市。"

正在街上逛的一只鸡和一头猪来到火腿和鸡蛋的摊位前。鸡说："瞧我们的合作为世界所做的贡献，很棒是不是？"猪回答说，"是，可对你来说，那不过是一点点贡献，对我，则是全身心的投入。"

两恶择一的教训：他的一位朋友一直在阅读报纸上有关几个致命事故的报道，"拉斯特思，假如你必须在'非一则二'的中间选择，你更愿选择哪一种处境？撞车还是爆炸？""喔，撞车，"拉斯特思说。"为什么？""哎，伙计，要是你撞车，那儿还有你，可要是发生爆炸，你会在哪儿？"

艾德莱一世

第二章 名声·伟大

如果一个人寻求的是伟大，让他忘却伟大去寻求真理，他将真理和伟大兼得。

霍勒斯·曼（Horace Mann）

在《黑皮书》里，名声和伟大之间并没有什么关联，前者有时会被一些更应被遗忘的人得到。有时候，名声和臭名之间差别并不大。在《黑皮书》里，伟大是有价值的，而且要通过美德赢取，和名声不一样。

名声像河水，把轻浮的东西撑起并使其膨胀，把重要的、实在的东西淹灭。

弗朗西斯·培根

一个从来不知道名声是什么滋味的人是幸福的——享有名声是炼狱，渴望名声是地狱。

布洼尔·利顿（Bulwyer Litton）

名声证明人们容易受骗。

爱默生

名声：崇高心灵的最后的弱点。

米尔顿（Milton）

恺撒辉煌倚胜利，
盛名不以功奠基。
失利不减庞贝功，
风云传奇虎添翼。
命运肆意巧计动，
伏虎降龙智从愚。

罗切斯特公爵（Lord Rochester）
18 世纪［摘自 J. C. 马斯特曼（J. C. Masterman）］，牛津大学副校长
献给艾德莱二世的祝词，1957 年 5 月 24 日

对名声的渴求远高于对美德的渴望。

尤维纳尔（Juvenal）

太阳之子朝着太阳行走了一会儿，
在浓烈的空气中留下荣誉的标记。

史蒂芬·斯本德（Stephen Spender）

和幸福相比，名声算得上什么？

霍勒斯·沃波尔（Horace Walpole）

名声只是缓慢的腐败过程。腐败过程也终将离去。

西奥多·提尔顿（Theodore Tilton）

他生活在名声里，而名声已在美德的事业中死亡。

莎士比亚
《泰特斯·安特洛尼克斯》

最伟大的人是以最为坚强的信念选择正道之人，
抗拒本体内外最难忍受的诱惑之人，
笑承最沉重的负担之人，
在风暴中最冷静之人，
在威胁和嘲讽中最无畏之人，

对真理、美德和上帝的信赖最坚定之人。

　　　　　　　　　　　　　　　　　　　　　　　小塞内加

忍耐比冲撞更为伟大，拖垮敌对的命运，不畏惧困难，在无望的时候坚守信念，洁身自好，急流勇退——谁能说上述的行为不是最伟大之举？

　　　　　　　　　　　　　　　　　　萨克雷（Thackery）
　　　　　　　　　　　　　　　　　　　《弗吉尼亚人》

伊拉斯姆斯说，伟人需远观，正如看挂毯一样。

没有人需要在乎权力或是拼命争取。
只要你智慧并且善良，权力会追随你去，
尽管你可能从来没有渴望过权力。

　　　　　　　　　　　　　　　　　　　艾尔弗莱德国王

北卡罗来纳州参议员塞布龙·B. 万斯说，他自己的名声至少能在一代人中传送，因为在北卡罗来纳州，脸上长有雀斑的男孩中的一半，2/3 的"摇乐"（yaller）狗，都为了纪念他而取了他的名字。

　　　　　　　　　　　　　　　　　　　　艾德莱一世

第三章　朋友

在《黑皮书》里，"人的一生中最美好的部分是他的朋友"。朋友是一辈子的事情。与劝告和激励的言语相比，朋友更是快乐时光里的轻松之源，悲痛哀泣时的安慰之本，任何时候都坚韧不拔的根基。

对于友情，我不愿轻薄待之，更愿以最坚定的勇气处之。当友情真挚时，他们既非玻璃纽带，也非霜花雾霭，而是我们所认识的最牢固的东西。

爱默生

怀疑朋友比被朋友欺骗更令人耻辱。

拉·罗什福科（La Rochefoucauld）
《箴言集》

告诉我，你们这些明了万物，明察秋毫的人们，
我上哪里能够找到一个真正坚定的朋友。
在我身陷水深火热之际，胆敢与我同在，
表达最丰富的友情和关爱。

一个人有了权势，就有了朋友。

亨利·亚当斯

我想起你，因为今天是圣诞，我祝你明天幸福——因为明天是圣诞节后的一天，我祝你一年到头都幸福。我不可能每天告诉你我的祝愿，但那

没有关系，因为我的心愿和祝福会一如既往地守候在那里。欢乐和幸福任何时候降临在你身上，都会让我快乐。

亨利·范·戴克（Henry Van Dyke）

教堂、壁炉、乡村小径和港湾，
往日的愉悦已逝去，
另外的朋友无法代替，即使我愿意，
一天之内，我已经苍老无疑。

乔治·桑塔亚那（George Santayana）
致一位友人的悼词

第四章　衰老

智者永远年轻，他们的心在生活中得到哺育，在耀眼的昼光下得到滋养。

萨斯理（Southley）

应该尽情地生活，苏醒的每一刻都应探究知识和教训，绝不应无端消耗在娱乐之中。

幽默一再浮现，很少在《黑皮书》里被长久地压抑。

对于一个人来说，那些在 20 岁时糊涂不清，50 岁时才明白的事理，多数情况下，都难以言表。所有道理可以凝练如下：随着年龄的增长，他所累积的，不是有关公式和字形的知识，而是与人物、地点和行为相关的知识——一种不是靠文字，而是靠触觉、视觉、听觉、胜利、失败、失眠、忠诚、热爱获得的知识，靠自己和他人的切身体验和情感，也许还凭借一点信念以及对你无法看见的事务的尊敬。

艾德莱二世

奥利弗·温德尔·霍姆斯大法官差不多 90 岁的时候，几个同仁决定弄明白，他对街头的一个人究竟有什么样的影响。所以，他们其中的几位，利用午饭休息时间来到坐在公园椅子上穿着工装的人面前。他们问他知不知道奥利弗·温德尔·霍姆斯是谁。"霍姆斯，那当然，他就是那个总是和最高法院的朽老头们唱反调的那个小伙子。"

"假如你问，我怎么知道我的青春已经消耗，

我的激情，它已经站起来走了。

当我想起青春曾去过的地方，有时候，我会咧嘴一笑。"

奥格登·纳什

一个绅士在百岁生日时接受采访。为他贺岁之后，记者问，"你认为是什么让你活这么久？"思考片刻后，百岁老人一边掐着手指数，一边回答说："我一不抽烟；二不喝酒；三不暴食；而且我每天早上 6 点钟起床。"听到此，记者应答他说："我有个叔叔和你一样，可他只活到 80 岁。你说那是为什么？"老人答道："他坚持的时间还不够长。"

一个老年人在给一位年轻的女士讲述他给她找寻礼物的困难。"喔，"她说，"我想，最好的礼物总是一种你自己能生产的东西，比如金钱。"

在百岁老人生日当天，一群小孩被领去看望这位寿星族长。一个年轻人开口问道："太爷爷，你还能记得你吻的第一个女孩吗？"老人喊答说："强尼，你根本就弄不清楚。我连最后一个都不记得。"

早起之后我刷洗理智，捡起报纸我阅读讣告，

若是上面没有我的名，我知道我还没有去世，

这样在丰盛的早餐后，我重回床上继续睡觉。

要是你们想要得到老人和贤人所应有的深邃智慧，那你们就不能指望我。因为我的智慧是一位肯塔基山里人拥有的那种。因为他有智慧，别人找他出来。一个年轻人问他，"齐克叔叔，既然你从没上过学，什么都谈不上，你是怎么变得这么智慧的？"老人答道："孩子，那是因为我有良好的判断。好的判断来自经验。而经验——喔，则来自糟糕的判断。"

一个男士在 65 岁生日那天去他的医生那里体检。他告诉医生，他什么毛病都没有，而且他身体状态良好。给他检查后，医生没有查出任何问题。在祝贺患者的好身体后，医生接着问了他的家史。患者说，他父亲 85 岁，不过比他本人更健康，从没有少做一天的工作。另外，他还有一

个 105 岁的爷爷，比他和他父亲的身体都好。"实际上，"他说，"我爷爷就要结婚了。"医生问道，"他为什么要结婚？"这位 65 岁的男士答道："谁说他要结婚的？"

莫扎特到了我的年龄已经死了 10 年。

汤姆·里若（Tom Lehrer）

假如一个人优雅地顺应老年，不把老年拖延到夜半舞会和公开场合，老年生活并不是那么不舒服的事情。

霍勒斯·沃波尔

我们坚守古老的道路，然后再审视我们自身，发现了正直的道路后，我们就随着正直的道路前行。

佛朗西斯·培根
摘自《圣经》

一位女士告诉西塞罗，她 30 岁，西塞罗听后回答说："那一定是真的，因为这 20 多年来我听到的一直是 30 岁。"

在赞美了一位年轻漂亮的女士后，奥利弗·温德尔·霍姆斯转身朝着大法官布兰迪斯叹息道，"哦！要是能让我返回到 70 岁，我什么都可以放弃"。

第五章　激励和规劝

诸如此类的时候，总会孕育绝望和失败主义。但在我们中间，不论怎样，总有那么几位深信，一个人的内心具有迎接和克服此时此刻最大挑战的能力。要想避免失败，我们须愿意了解真相，而且勇敢地、实事求是地采取行动。在我们最终了解了真相并仍然具有勇气时，我们便不必绝望。

阿尔伯特·爱因斯坦（Albert Einstein）

《黑皮书》里的风趣、智慧和奇思妙想包括许多与公平竞争、良心、真理、人类精神和生命意义相关的一类话题。有些能给读者（或听者）提供支持和鼓励。它们很少用来给演讲或文章添彩。有几个片断艾德莱二世和三世曾用在一年一度的圣诞祝词里。总体来说，这些集萃庆祝生活和挑战，体现开阔长远的视野。藏在《黑皮书》里的这些精华，是逆境中提供抚慰的温柔的源泉，是凯旋时敲响的谦卑淡定的警钟。在今天的政治氛围里，有些听上去可能牵强做作，但总的来说，来自选民和世界各地的支持者，是他们给予忧虑和全心投入的美国人的激励和规劝。

一个人，可能像我一样，渴望更柔和的火焰，喘息和静思的机会。但是对于艺术家来说，在激烈的战斗中找寻到的那种宁静，超越任何别样的宁静……据说，伟大的思想来到这个世界时，像鸽子一样柔然。也许在那个时候，如果我们能够仔细聆听，在帝国和国家的喧嚣声中，我们会听到翅羽的渐簌，听到生命和希望的轻唤。一些人会说，这一希望存活在民族魂中；另一些人说，它生活在个体的心里。我宁肯相信，希望唤醒。这些个体的行为和成果每天都在突破前沿以及历史上最残酷的影响。结果，在那里，每一个个体在自己痛苦和欢乐的基础上建立起真理的灯塔——灯塔随时受到威胁，其光芒既会遥射四方，也会在瞬间消逝。

阿尔伯特·加缪（Albert Camus）

上帝让每个人在信任和宁静之间选择。做你想做的选择。你永远不能两者兼有。

爱默生

在原来只长了一穗玉米或一根草的地盘上，所有能够生产两穗玉米或两根草的人，都比一大堆的政治家更值得人类的敬重，因为他们为国家提供的根本性的服务更多。

乔纳森·斯威夫特

让我成为世界的公民，人类的朋友。

伊拉斯姆斯（Erasmus）

我真正关心的不是别人怎么想，而是我必须怎么做。这一原则在现实和理想的生活中实施起来同样艰难，但可能是伟大和渺小之间的所有区别。由于总是存在那些认为他们对你的职责的了解比你更清楚的人，因此，这一原则的实施更不容易。在这个世界里，按照世界的观点生活容易；在独处的状态下，按照自己的观点也不难；而伟人则是一位不独处却能恬静怡然地保持独立的人。

爱默生

我们在真诚和善意的大道上相遇，所以，双方都不会被利用，反之，大家都享有向一切开放的兄弟友情和爱意。

威廉·潘（William Penn）

没有一缕阳光曾被浪费，而阳光唤醒的绿叶需要时间发芽抽枝，种植手并不总能活着看到收获。所有值得做的工作，都在信念中完成。

艾伯特·施韦泽
《童年的回忆》

凡人并不具备统领成就的天资，但通过更加努力地工作，我们将有资格获得成功。

阿狄森
（摘自他在牛津大学向艾德莱二世表示敬意的集会上的演讲）

在喧嚣和躁乱中，你务必沉着冷静地前行，请记住，静寂里可以找到安宁。与所有人平和相处，只要不是屈服。平静明白地说出真相；倾听别人的声音，即便是毫无趣味、无知无识者的闲谈；他们同样有故事要讲。你是宇宙之子，和树木星星一样宝贵；你有权到这个世界潇洒一场。因此，不论你认为上帝是什么，请接受他；无论在这躁乱的生活中你付出了怎样的辛劳，拥有怎样的抱负，保持灵魂的安宁。不论有多少欺瞒、劳苦和破碎的梦，这仍然是一个美好的世界。

摘自《渴望之物》（*Desiderata*）
老圣保罗教堂，巴尔的摩，1692 年

采用一切办法，
通过一切方式，
在一切可能的地方，
在一切可能的时间，
对所有可能的人，
做一切你能做的善事。

约翰·韦斯利（John Wesley）

我不能赞美禁闭在修道院内飘忽不定的美德。除了未经实践检验，没有生命力外，这类美德从没有冲出去寻找过对手，却偷偷逃离竞赛场地——在那里，永恒的花环必须在尘嚣和热浪中通过竞争获取。

米尔顿

让我们开发土地资源，呼唤大地的力量，建立所有的机构后，弄清楚我们是否能够在我们这个时代，通过我们这一代人，履行一件值得记忆的事情。

丹尼尔·韦伯斯特

决心而非悔憾构成未来之厦。

勿在旧日暗影中摸索，

让灵魂的喜悦照耀希望之路，驱散黑暗。

然而那颗漫游于宇宙的心，现在必须控制它自身，

因为威猛的原子能并没有人类灵魂那么强盛；

比任何等式更加简单的是永远正确的文字：

己所不欲，勿施于人。

詹姆斯·绍特沃（James T. Shotwell）
《道》

要是可以任选生活的年代，那首选的必定是革命年代，不是吗？在那样的年代里，新旧能够并存且相互比照，恐惧和希望可以挖掘出人类所有的潜能，过去的荣耀可以被新生的成果替代。只要一个人明白如何驾驭，我们的这个年代像所有年代一样精彩出色。

爱默生

让邪恶得势的必要条件是，好人什么都不做。

埃德蒙·伯克

我们通过我们的所得维持生活；我们通过我们的所作所为创造生活。

温斯顿·丘吉尔

如果对一切平凡的人类生活具有敏锐的视觉和触觉，我们便能听到草叶的生长，松鼠的心跳，而且，当藏匿在寂静的另一边的号叫在耳边响起时，咆哮声会把我们杀戮。

乔治·艾略特（George Eliot）
《米德镇的春天》

大家不要厌倦善举义行，因为假如我们不丧失信心，

当适当的季节来临的时候，我们将会大有收获。

《加拉太书》

蠢人死上千次，勇士牺牲一回。

在没有远见的地方，人民自然消亡。

除了恐惧自身，人们不必惧怕任何东西。

弗朗西斯·培根

不知道

你的命运会降落在哪一片天空；

也不知道

你的命运会漂流在哪一片海洋；

我只知道

你的命运必将宏大不凡。

理查德·霍维（Richard Hovey）

唯一限制我们实现明天的是我们对今天的怀疑。让我们保持坚定积极的信念向前推进。

富兰克林·D. 罗斯福
去世前不久说的话

需要担心的不是生命终将走到尽头，反之，该担心的是，生命从没有开始。

大主教纽曼

我思考得最多的酸楚是——热爱伟大的一切，努力争取伟大，可还是失败。

乔治·艾略特

安德鲁·杰克逊（Andrew Jackson）的母亲给安德鲁的忠告

1781 年，时年 14 岁的安德鲁·杰克逊加入美国陆军；被捕后，他被扔进监狱。他在那里染上麻疹。他的母亲，伊丽莎白·哈钦森·杰克逊，通过安排使他得以释放回家。经过母亲的悉心护理，他得以康复。

响应紧急呼吁，她离开安德鲁的身边，前去查尔斯顿护理有病的邻居，他们被困在英国的海上医院里。这一慈善的差事夺取了她的生命。她因染上黄热病去世。以下几乎成了她给儿子的遗言：

"安德鲁，如果我见不到你，希望你记住并珍视我已经和你说过的一些事情。在这个世界上，你得走出自己的路来。要想走出自己的路来，你就必须有朋友。只有以诚相待才能结交朋友，只有坚定不移，才能保持友谊。你一定要记住，长远来看，值得交往的朋友，将指望从你这里得到他们给予你的同样的支持和帮助。忘记自己的义务或是忘恩负义，是根本的冒犯——不是什么小瑕疵，而是一种确实的罪过，犯有此罪的人迟早会受到惩罚。在私人事务方面，你应该始终礼貌在先，但永远不要奴颜婢膝。他人对你的尊重程度远不及你的自尊。只要你能够不屈服于欺役，尽量避免争吵。但要永远保持你男性的尊严。永远不要为攻击、伤害或是毁誉的目的诉讼。对于一种满足真正的男子汉感觉的愤怒，法律不能提供任何补救——永远不要伤害别人的感情。永远不要听凭感觉肆意发怒。假如你必须证明自己的感觉，或维护自己的荣誉，千万冷静处之。如果最初有气，那就等到你的怒气冷却之后再进行。"

1815 年 3 月 15 日，杰克逊将军在新奥尔良对他的军人家庭的三位成员说了以下的话："绅士们，我希望她活着看到今天。从没有像她一样的女士。她像鸽子一样柔弱，像狮子一样勇猛。她的遗言一直是我的人生准则。"

他只听信勇气的忠告——从不接受恐惧的耳语。

保持头脑的冷静，保持热情的心，保持坚挺的脊梁，保持脚踏实地。

啊，让我们拥有
在我们流血时不唠叨的领袖！
一位乐居高位，悄然无语的行事者！
一位在民族陷于黑暗之中时
坚定孤独地散发着光辉的引路之人！

史蒂芬·菲利浦斯（Stephen Phillips）

（英国诗人）

和有限的几位共商事宜，

和一位朋友亲密，

与所有人公平相处，

不说任何人的詈言恶语。

信念，意味着相信不可信之人事，否则，就不能称其为美德。希望意味着事情无望时仍然在希望，否则，那也不是什么美德。而慈善则意味着宽恕不可宽恕之人事，否则，那同样不能称为美德。

G. K. 切思特顿

人生的唯一指南是他的良心；而保护人们对他的记忆的唯一屏障是他行动的真诚和正确。

温斯顿·丘吉尔

你有信念，我有作品；把你作品以外的信念展示给我，我将通过作品展示你我的信念。

亨利·詹姆斯

有人于此，其待我以横逆，则君子必自反也：我必不仁也，必无礼也，此物奚宜至哉？其自反而仁矣，自反而有礼矣，其横逆由是也，君子必自反也：我必不忠。自反而忠矣，其横道由是也，君子曰："此亦妄人也已矣。如此，则与禽兽奚择哉？于禽兽又何难焉？"是故君子有终身之忧，无一朝之患也。

孟子

愉快的心境像良药一样有益，破落的灵魂会使躯体枯竭。

不要指望在一天内获胜，要准备用上几个月，甚至几年的时间。仗，要一点一点地打，阵地，要一寸一寸地争。你会一次次地失地，也会一次次地夺回，但不能因此而放弃。下定决心，永远不要让你的退避超过你进击的距离。

怀特·迈尔威尔（Whyte Melville）

要想得到智慧贤德者的尊敬，一个人不可能不在同时招引愚蠢邪恶者的嫉妒和恶意，而后者恰好是前者的证明。

本杰明·富兰克林（Benjamin Franklin）

摘自给他妹妹的一封信

后者因他人对前者的攻击感到担忧

拯救人类的三大必要条件是：明白什么是他应该相信的；明白什么是他应该渴望的；明白什么是他应该做的。

圣·托马斯·阿奎那（St. Thomas Aquinas）

当别人警告有人要暗杀他时，艾米尼亚诺·萨帕塔（Emiliano Zapata），墨西哥的文盲革命者说："那样的话，就让命运来裁定吧，而且那样也许更好，因为有些人会在厄运中找到真正永恒的力量。我想起本尼多·华瑞兹、亚伯拉罕·林肯和耶稣基督。死神只杀死小人而已。"

我对星辰的热爱超过我对黑夜的恐惧。

萨拉·威廉（Sarah William）

（美国诗人）

最终，世界上最重要的莫过于你内心的完整，除此以外，其他一切都无关紧要。

爱默生

没有人是单独无援的孤岛，

每人都是大陆主体的一隅；

即便大海冲走的只有一培土，

整个陆地都会有感应，

那缺损的感觉如同海角，

如同你的朋友或家园的失离；

任何人的逝去都意味着我体的消减，

因为我与人类本是一体。

约翰·邓恩（John Donne）

信念是我们希望之物的本质；是没有显形的物质的证据。

《希伯来书》

我到这个世界来是拯救而不是谴责它。

耶稣

（根据《黑皮书》）

想哭你就哭吧，但不要抱怨。你的道路选择了你。而且你该说谢谢。

达格·哈马舍尔德（Dag Hammarskjold）

在去世之前说的话

我向你们致敬。我已经无法给你们任何你们没有的一切，但是仍然有许多我不能给予，而你可以自取的东西。除非我们的心能够在今天找到安宁，天堂不会在我们这里降临——接受天堂吧——未来的和平都藏匿在现今——接受和平吧——世界的忧郁不过是幻影，而在幻影的背后，在我们触及的地方是欢乐——接受欢乐吧——所以，在圣诞的时候，我以祷告向你们问候——为你们的现在和永远，白昼将破晓，黑影将逃逸。

弗朗西斯·乔万尼（Fra. Giovanni）

1513 年

这个世界回音众多，原声寥寥无几。

歌德

地狱里最热的地方留给面临道德危机时选择中立的人。

但丁（Dante）

在有耐心和谦卑的地方，既没有愤怒，也没有忧虑。

圣弗朗西斯

与其诅咒黑暗，不如点亮明烛。

中国谚语

（摘自艾德莱二世在埃莉诺·罗斯福夫人的纪念会上的讲话）

惊人之举能在激动的片刻完成，而原则上的努力只有一点点地不断进行。

古尔本（Goulburn）

把未来的结构，
建在坚定的决心，
而不是遗憾之上；
莫让泪水滴落在
涂改过的笔记里。
翻开新的一页，
张开你的笑脸，
哦，当你见到
留存给你我的
雪白新页，
请你们开颜。

有关（登山）运动，我至少知道，这一运动所需的刚好是那些我感觉我们今天都需要的能力：耐力和耐心，对现实的牢固把握，精细但想象丰富的计划，明确意识到危险，同时也明白以下的事实：命运由我们来主宰，而最安全的登山者是那位从不怀疑自己有克服所有困难的能力的人。

达格·哈马舍尔德
摘自 1953 年 4 月在联合国时的采访

人们只有通过一再追寻不可能实现的美梦，才能实现可能成真的梦想。

马克斯·韦伯

财富里蕴含的福祉不会经久不衰；
记忆中的欢乐却永远不会消逝；
他们像山，像溪，像大海；
在过去、现在和将来永远存在。

在胜利的前夜，

在犹豫的平原上，

白花花一片铺躺着正在歇息和死亡的

上百万数不清的遗骨。

英格索尔（Ingersoll）

对我们所有人的挑战是去证明，即使在浓重无情的火焰之下，一个自由的社会都能够保持自由人道和创造性的特点；即使在抵御强大的外国专制的时候，这个自由社会也能抗击社会上的贫困，不公和不容；甚至在它召唤它的公民为之做出牺牲的关头，也能够让人们瞥见安宁和希望。

艾德莱二世

未来将是更美好的明天。

乔治·布什

第六章　战争与和平

加拿大前总理莱斯特·皮尔逊主动提供的一个拉丁谚语："如果你要和平，那你就要为和平做准备。"

联合国前秘书长吴丹（U. Thant）主动提供了以下几个缅甸谚语：
"团结在和平之前到来。"
"恐惧者不能感受到和平。"
"哪儿有爱，哪儿就有和平。"

……如果一个国家自以为拥有海上霸权并以此为荣，我不认为，对于这个国家或是世界上的任何国家来说是一种优势；而我希望即将来临——我也认为，即将加快步伐来临的是以下的时刻——我们将发现，法律和正义会引导委员会，也将指导世界基督教国家的政策。

约翰·布莱特（John Bright）
议会下院，1865 年

两个正在纷争的国王：查理五世和他的堂兄弗朗西斯一世。查理以不令人羡慕的坦诚总结了两人所处的境地："我和我堂兄完全同意：我们都想得到米兰。"

为了谁先饮水的事，狮子和牛在饮水坑旁争吵。饮水坑周边有许多空间供他们俩同时饮用，可是他们仍然在为先后顺序争论不休，而且准备通过打斗决定。突然，他们抬头看到头顶上方飞旋着的秃鹰，秃鹰正等着狮子和牛决战后收拾残局。为此，他们决定一起饮水。

《伊索寓言》

……一个好将军不需要天才，也不需要任何伟大的品质；相反，没有以下的这些最美好和最高尚的品质——他也能成为更好的将军。爱、诗意、温柔、哲理以及探索性的怀疑。他应该局限于并坚信，他的所作所为极其重要，否则，他永远不会有坚持到底的耐心，而且只有到那时，他才会成为一个勇猛无畏的将军。上帝保佑，他千万不要具有人道之心，体味到爱意和同情，伫立思考，判断事情的对错……

托尔斯泰（Tolstoy）

《战争与和平》

在第二次世界大战中，在太平洋海域的海军部长弗兰克·诺克斯和他的助手艾德莱二世面前，道格拉斯·麦克阿瑟将军把中国士兵的死比拟为鸽子之死：悄然无声，毫不挣扎地把翅膀收起后死去。

在所有的政党、派系、教派或是朋党里，最无知的却不是最暴力的；因为一只蜜蜂并不比傻瓜更加忙碌。

亚历山大·蒲柏

至于战争，我把它叫作屠杀
假如你拿起刀并且刺进去，
你把刀明白地平放在眼前；
向前，让战刀穿过那家伙的胸膛，
我不用继续描述，除了我的口头证明外，
政府不会因此承担任何责任，
而上帝会把账单给你送去。

詹姆斯·拉索·罗威尔

《比格楼文集》，1846 年

我们到底还是把握了这个民族不得不学习的所有真理里最艰难的教训：无论侵略行径，无论社会或经济灾害殃及的他国人民离我们有多遥远，我们自己迟早会感受到灾难的影响。

萨默·威尔斯

人类是一个大家庭。男人相互是兄弟。所有的战争都是内战。所有的杀戮都是同族互残——正如诗人欧文说的那样："我就是你杀死的敌人，我的朋友。"

艾德莱二世

现在的世界太危险，除了真理没有其他东西能言，现在的世界太小，除了兄弟关系之外，不能容纳其他任何东西。

A. P. 戴维斯（A. P. Davies）

当冬天一个接着一个地过去，亚述军队在美索不达米亚的工事仍然不见完工时，犹大国紧张的政治局势一定有所缓和。因为希西家国王好像已被说服去信任埃及，当危险临近，有采取行动的借口，但还不到迫在眉睫，真要采取行动的关头，政府寻求谈判时不再带着坚定的爱国真情——一种危险在即时，即便最自私和最错误的政治家都会迸发出的情感，而是无视原则，带着急于显示他们在搞阴谋方面惯有的聪明才智和激情欲望。

有关《以赛亚书》

第七章　人性

　　《黑皮书》里对人性的评论不容易归类。评论通常幽默，大多具有普遍的适用性。我把对人性的评论和造就人性的环境分别归类——"生存环境"——是下一章的内容。同样，人性和人类环境之间的分界十分细微。

　　一个死心塌地的乐观主义者不幸从摩天大楼的顶端摔了下去。他的朋友们猜测，给这样的一个灭顶之灾罩上喜气的光环，他究竟会说些什么，而他居然能不负众望。在坠落途经四楼时，别人听到他嘟囔道："到目前为止都还好。"

　　他是一个自我造就的人才，而他崇拜的是他的创造者——他自己。

　　放心好了，一旦一个人知道，他在两个星期内就要被处以绞刑，那会让他出奇地聚精会神。

约翰逊博士

　　为了达到自己的目的，魔鬼也会援引《圣经》。指望邪恶的灵魂提供圣洁的证词，莫过于期待恶棍拥有微笑的内心。

莎士比亚
《威尼斯商人》

　　我们根据动机判断我们自己，但他人则根据我们的行动判断我们。

德怀特·莫罗（Dwight Morrow）

一个机会主义者在发现自己掉进热水里后，决定他需要洗个澡。

他越是高声谈论他的信誉，我们越是要加速清点银匙的数目。

爱默生

柏拉图给人的定义："人，"他说，"是一个没有羽毛的两腿动物。"过了一会儿，他的一位追随者呈递上一只拔了毛的公鸡给他检查。"那样的话，"柏拉图思考之后说，"智者就要重新考虑。"

每个人都说那做不成，
可他却咧着嘴回答：
你怎么知道做不成？
至少，要是你还没有试过？
而且他马上着手开始做。
他下决心处理这件做不成的事，
最终发现他做不成！

我宁愿通不过沃瑟曼考试，也不阅读埃德加·格斯特的诗。

多萝西·帕克（Dorothy Parker）

"看起来，当时看上去好像该出现的情况，现在并没有出现。"

费利克斯·富兰克福特（Felix Frankfurter）大法官
解释他改变立场时的讲话

一个农场主饲养的猪全被大水冲走了。"约翰逊的猪怎么样啦？"农场主问。"他的也没了，"别人告诉他说。"那拉尔森的呢？""都没了。""哼，"农场主心情好了起来，说，"不像我想的那么糟糕。"

所有明智的人都按顺序在一边排上了队。而所有的蠢人都站到了另一边。"感谢上帝，先生，这些该死的蠢人都做对了。"

惠灵顿公爵

先生，你的惊愕为的是一桩你并没有感觉到，而且还没有发生的灾难。

克罗斯韦尔·鲍思援引约翰逊博士的话

大千世界，景观无限，
侧目赞许，匆匆向前。
摄魂气象，至死未见。

马修·阿诺德（Matthew Arnold）

我们当中的最坏者身上，蓄存着诸多的佳善，
我们当中的最好者身上，蕴含如此多的不良，
我们当中的任何人都不宜对他人随意评判。

自以为是乃内心愧疚的标记。

他是一个"充满病痛和冤屈，以自我为中心的笨蛋，成天抱怨这个世界没有尽力使他幸福"。

乔治·伯纳德·肖

以水甲虫做个比喻：
他在水面上滑行，
轻松、优雅、迅疾，
可他若停下来考虑，
他滑行的方式，
那他定会下沉水底。

希莱尔·贝洛克（Hillaire Belloc）

同床异梦。

中国谚语

你可以让猪的尾巴卷曲，但并不能增加猪的重量。
临死前皈依宗教的麻烦是，有时候病人并不死。

没有哭过的年轻人粗鲁。不肯笑的老人愚蠢。

痴狂在于，当你已经忘记了你的目标时，你还在加倍努力。

乔治·桑塔亚那

一个罗马人因为没有鞋子而可怜自己——直到他看到一位没了脚的人。

一个坚定不移的智者是一位政治家，而一个执意不变的蠢人则是灾难。

向卑微者披露的许多事情并没有被伟人们了解。

如果你拥有自己的信念，而且能够尝试信任我，那就请你不要宣泄你的疑虑，因为我自己已经有足够的疑虑。

歌德

皇冠不能治愈头痛。

本杰明·富兰克林

一个把脑袋埋在沙里的人提供的是诱人的靶子。

艾德莱二世

一个专家如同后宫里的太监——一个知晓万物，却什么也做不了的人。

迪安·艾奇逊（Dean Acheson）

任何找心理分析家咨询的人都需要检查一下，看他们的脑袋是否正常。

山姆·戈德温（Sam Goldwyn）

把用来提高个人修养的时间节省下来后，他全都用在忽略他的职责上了。

只要一个人没有疯，那他就能被治愈虚荣以外的一切蠢行。

卢梭（Rousseau）

如果一个人以确信无疑开始，那他必将以怀疑告终；可是，要是他愿意从怀疑开始，他将会以确信告终。

弗朗西斯·培根

一个能够正确了解过去的人不会趋向忧郁，也不会消沉无望地看待当今。

莫考利（Macauley）

生命开始得如此迟晚，简直让人吃惊。恐怕我要在死亡之后才能诞生。

消极主义者变机会为难题；乐观主义者变难题为机会。

我永远不会成为那种把我作为成员来接受的俱乐部的成员。

格劳乔·马克斯（Groucho Marx）

低估美国大众口味的人从来没有破产过。

H. L. 门肯

有人告诉罗阿诺克的约翰·兰多夫说，有个人一直在谴责他。"谴责我，"兰多夫诧异地说，"那就怪了，我从来没有帮过他的忙。"

这个世界只有三样东西会发出嘶嘶声：鹅，蛇和人。

参议员本·蒂尔曼（Ben "Pitchfork" Tillman）

第八章　人文环境

人类是唯一能笑会哭的动物，因为他也是唯一面对现状和理想的冲突而无所适从的一种动物。

赫兹利特（Hazlitt）

和前面有关人性的一章不同的是，本章记录的是描述人类生存处境或环境，形式松散的箴言和逸闻。章节的开头是来自艾德莱一世的故事。这个故事意味着，在《黑皮书》的编写过程中，人类环境在物质方面的改善。尽管上门巡诊的家庭医生如今大部分已经不存在，医疗行业显示的常见的商业化标记已不容置疑，人类的生存环境得益于良好的医疗行业和更加先进的医疗科学。

在19世纪50年代的"繁华时代"，和艾德莱一世一同住在伊州迈特莫沙老酒店的是除了"正式场合"，被大家熟悉地称为"医师"的约翰。"穿11码的鞋""身高6英尺6英寸的约翰，身上没有一点赘肉。他有一个稍微显长的脖子，而他巨大的喉结好像一直在忙碌，让他的脖子明显处于一个有利的位置。他有硕大的脑门，而且五官长得有点夸张，铁灰色的卷发文雅地垂落在微微前倾的肩膀上，即便把脚放在他的原生的石楠上，他也会让麦格雷戈驻足。"

他声称自己是"真正的老弗吉尼亚人"的儿子，是"第一批家族"之一的后裔，他"周身确实弥漫着老派绅士的侠义气度。世上不可能有人邀请到一个能以更优雅的方式分享烈酒或啤酒"的绅士来。

不过，"医师"的智力成就并不是最高级的那种。他沿着文学的花径走了一程。他从来没有说过他在当地的居所，也没有提供授予他学位的医学院的名称。正如他声称的那样，他属于癫痫科……他郑重地宣称那是唯一一所允许行医者从所有医学院博采众长，拒绝其他恶习的学校。在行医过程中，他极其蔑视他所称的"书面药方"，而且经常吹嘘他的办公室从没有开过任何"药方"。他绝对倾向自己配制药品，而且利用研钵和研杵，他在办公室就可以配制出足量的药物。……在开药时，他的慷慨精神也和其他方面一样清晰地展现……此事他明显自信地宣称过多次：没有一个病人抱怨他给的药物存在剂量不足的问题。

考虑到这样一位声名卓著的行医者的行业经验，有一个奇特的现实：他的病人，不论年龄还是性别，都患有同样的疾病。许多次他巡诊归来，骑在他那个体瘦毛长的老马身上，马鞍上搭放着一个容量如蒲式耳大小的药包。在我不经意地询问他病人的情况时，他总是用深奥的口吻给我一个囊括一切的回答："神经系统有一点错乱"…… 他一直不能饶恕林肯在一次政治演讲中给予他的回应，因为他不明智地打断了林肯。"好了，好了，医师，"林肯幽默地说，"我除了不能接受你的药之外，其他什么都可以接受。"

他是个单身汉，在我们撰写他的故事的时候，他生命的"五月"已经衰竭为斑驳黄叶。不过，他仍然像他曾经多次跟我担保过的那样，是对立教派的热情赞赏者……他时常会进行他定名的"深层交谈"，诸如志同道合者亲密谈心时习惯的一类。

"一次，坐在我的办公室里，在教堂的院落已显睡意，他也正处在他坦白地承认有点'思念'的意境中时，他不经意地表达了超出灵魂界限的思想。当我认真地询问，'医师，根据你作为医疗人员的判断，人类灵魂的目的地在哪儿？'夜半严肃的时辰加上同样严肃的询问一下让他陷入深思。首先，仔细地把烟草从右挪到左边后，他缓慢地，深思熟虑地一字字答道：'史蒂文森兄弟，太阳系是我极少反思的一个星系。'"

是人类进入太阳系的时候了。

乔治·布什

我们所有的人都知道，在我们称为"地球"的这个微小的太空飞船上，时空都不复存在。我们会让地球爆炸。我们会消除我们的滋养品所依赖的浅薄的土层，污染我们呼吸的稀薄的空气。世界存在末日可能来临的危险，主要是因为现代的科学工具让我们所有的人都成了邻居。

艾德莱二世

1965 年，他在发表以上讲话三个星期后去世

对于一个民族来说，没有任何灾难比它和自己的历史断然决裂来得更加惨重。

格拉德斯通（Gladstone）

历史显示，伟大的经济和社会力量会像潮水一样淹没社群，而这些社群只能浑浑噩噩地感觉到正在降临的一切。

约翰·斯图亚特·穆勒（John Stuart Mill）

对于这个圆形地球来说，人的飞行速度实在太快。他很快会在追尾撞击中赶上他自己，而人永远不会知道，从后面撞他的是他自己。

詹姆斯·瑟伯（James Thurber）

这个世界并不值得尊敬；
它永远平凡，受折磨，混乱而且迷惑不清；
可是它也掺杂了美丽和爱情，勇气和欢笑的亮点，
并且在荆棘中挣扎着走向光明。

乔治·桑塔亚那

这个世界的麻烦是，在坏人开始讨厌做坏人之前，好人已经腻烦了做好人。

在两个世界之间徘徊，一个是已经死亡的，另一个是即将诞生但软弱无力的世界。

马修·阿诺德

《多佛海滩》

人是这样形成的：每个人都去从事另一个人取得成功的事业，不论他

自己有没有能力去做出那样的事情。

　　　　　　　　　　　　　　　　　　　　　　　　　歌德

这是懂得每一样东西的价格，但不清楚任何东西的价值的年代。

　　　　　　　　　　　　　　　　　　　　奥斯卡·王尔德

　　在那个时候，虚伪踏进俄罗斯的大地。最大的不幸，所有罪恶的根源，是对个人观点的价值失去信心。人们想象的是，遵循自己的道德感已经过时，而且，他们都在齐声高唱同一首歌，按照他人的观点生活，这样的观念被强加在所有人的身上。在那样的地方，闪光的语言威力突现。

　　　　　　　　　鲍里斯·帕斯捷尔纳克（Boris Pasternak）
　　　　　　　　　　　　　　　　　　　　《日瓦格医生》

　　啊，什么时候众人的福祉，
　　才能成为每个人的心意，
　　普世的安宁，
　　像光柱一样照射大地，
　　像天堂之爱跨越海洋，
　　穿越金色年代的每一寸时光？

　　　　　　　　　　　　　　　　　　丁尼生（Tennyson）

两个世纪前，当一位伟人出现时，人们寻找的是上帝的旨意：
今天，我们寻找的是他的媒体代理。

　　　　　　　　　丹尼尔·布尔斯廷（Daniel Boorstin）

为人的不完美而争执，其实是在找上帝的茬子。

　　　　　　　　　　　　　　　　　　　托马斯·伯克

事情变化越大，事情越是保持不变。

　　　　　　　　　　　　　　　　　　　　　法国谚语

考古学家已经发现史前动物和文明人之间缺失的环节的证据：我们就是。

南美社会学家

仔细观察乌龟。为了前行，它必须伸出它的脖子。

本杰明·富兰克林

那些寻宝的人必须在夜间单独行动，而且在他们找到珍宝之后，他们必须留下一点血迹。

洛伦·艾斯利（Loren Eiseley）
科学家，援引一位来自比米尼岛的妇女的话

现代世界的各类酸性物质正在吞噬传统文化的根基。
那些忘记过去的人注定要吃两遍苦。

乔治·桑塔亚那

医治物质主义毛病的妙方，是让所有人都拥有足够的物质并且有节余。当人们肯定他们拥有所需的东西时，他们才会停止考虑这些东西。

亨利·福特

我不知道，考虑伟人的缺陷给其他人带来什么样的安慰，可是当我看到人性不能完美无缺的时候，我总会感到屈辱。

S. 蒙田（S. Montague）

每种文明都建立在一系列的承诺上……如果这些承诺经常被破坏，无论这个文明下的人们多么富有或多么聪明，文明都将死亡。希望和信仰倚仗这些承诺。如果希望和信仰消失了，那么一切都消失了。

赫伯特·阿咖（Herbert Agar）

凡是人们无法使之变得更好的东西，时间这一最伟大的改革家，将会使之变得更坏。

生命不过是一座桥；你要做的是穿越它，而不是在桥上搭建你的住房。

耶稣的训导

希腊人的幸福定义：在生活中充分展示活力会让这些活力更加发扬光大。

财富的福祉不会经久，
欢乐的记忆永远新鲜；
像山，像溪，像海洋，
不论是过去，如今还是未来，
记忆永远年轻。

詹姆斯·蒙哥马利（James Montgomery）

因为他的著名作品《堂吉诃德》，法国驻西班牙大使祝贺赛万提斯（Cervantes）。赛万提斯悄声说："要不是因为宗教裁判所，我会把书写得更加有趣。"

人能够永远比他所能企及的看得更远——梦想的比他所能取得的要更多。

保存文明社会的活力靠的是普遍的感觉：崇高的目标值得追求。

A. N. 怀特海德

冷战时期的苏联："在美国，人剥削人；在共产主义国家，刚好相反。"

第九章　祷告词和谚语

上帝让我成为和平的使者；在有仇恨的地方，让我种下关爱；在有伤害的地方，让我种下饶恕；在怀疑的地方，让我种下信念；在失望的地方，让我种下希望；在黑暗的地方，让我种下光明；在伤心的地方，让我种下快乐。

哦，神圣的主，请允许我寻求安慰他人多过接受他人的安慰；去理解他人多过让他人理解；去关爱他人多过被他人关爱；因为在给予中我们得到；在宽恕中，我们被宽恕；在死亡中，我们复活并获得永生。

> 阿西西的圣弗朗西斯
> （艾德莱二世去世后，在他的床边发现）

《黑皮书》里呈现的是基督教有关美德、奉献、和平以及关爱的宗旨。祷告提供的是安慰和道德指南。他们很少反映仪式，没有不容忍或原教旨主义。《黑皮书》里含有来自外国和古代资料里的祷告，好像是要强调道德和不合谐音的普遍性，正如在所有事情上一样。尽管上帝无所不在，信念从来不会固守教条，更不要说变成救世的性质。《黑皮书》里呈现的宗教，大部分以祷告和经文的形式出现，由于广为人知而没有在此辑录。

在国会的第一次祷告

> 尊敬的 J. 杜什牧师（J. Ducke）
> 1777 年 12 月 17 日

哦，上帝，我们的圣父，崇高雄伟的王中之王，主中之主。您坐镇王位，俯瞰地球上的所有臣民，以无上的权力和控制，统领所有王国，帝国以及政府；我们请求您仁慈地俯视美国各州，因为他们从压迫者的棍棒下逃逸，投身到您的怀抱，寻求得到您柔韧的保护，并且期待永远只依靠您。

他们为了他们正义的事业向您呼吁。他们仰仗只有您才能给予的支持和激励。因此，接受他们吧，圣父，让他们得到您的爱抚。赋予他们智慧的忠告和战斗的勇气。击败我们残酷对手的险恶诡计。让他们信服他们事业的不义，另外，如果他们因血腥的目的而丧生，哦，就让您那准确无误的正义之声，在他们的心中回响，在作战的那天，迫使他们气馁的手放下战争武器。

哦，智慧的上帝，指引这一尊贵大会里的所有议员。让他们在最好、最稳固的基础上解决问题；愿血腥的气味迅速消散，愿秩序、和谐及和平有效地恢复，真理和正义的宗教和虔诚将在民众中兴盛。保存他们身体的安康，心灵的强健。把您认为对他们合意的世间祝福，泼洒在他们和他们所代表的成千上万的民众身上；在未来的世界里，给他们冠以永久的荣耀。所有一切，我们都以耶稣基督、您的儿子、我们的救世主的名义来祈求。

　　哦，上帝，
　　请让我宁静地接受
　　不能改变的一切。
　　请给我勇气去改变，
　　可以改变的一切。
　　请给我智慧，让我
　　把甲乙分辨清晰。

雷茵霍尔德·尼布尔（Reinhold Niebhur）

祷告取得的东西比世界梦想到的更多……所以，在这个圆形的世界，上帝的脚旁，到处是金链栅栏。

丁尼生

　　上帝，请给我一缕光线，
　　哪怕只有萤火那么一点。
　　星火将在夜色里游走，
　　引我穿过生命的流年。

此生此梦只持续一天，
梦里会有万桩事牵绊，
众多的事一笑弹指间，
其他的踏上石头小径，
蹦蹦跳跳地继续向前。

阿兹特克首领的祷告

倾听黎明的劝告！
留意今天！
因为它是生命，是生命中的真正生命！
在它短暂的途中，铺满了
你生存中的现实和真理：
成长的祝福，
行动的荣耀，
美丽的灿烂，
因为昨天不过是一场梦，
明天不过是一个憧憬，
很好地度过今天将会使
每一个昨天成为幸福的梦，
每一个明天成为希望的远景。
因此，好好地留意今天！
这才是黎明时的响亮问候！

《黎明的问候》（ Salutation of the Dawn ）
梵文，大约公元前 1200 年

哦，上帝，一直支持我们吧，直到影子拉长，夜晚来临，繁忙的世界陷入静寂，生活的热浪已经消停，而我们的工作也已静息。那时候，仁慈的您，请应允我们安全的宅地，神圣的静息，和平最终降临。

《公祷书》

哪里有耐心和谦卑，哪里就不会有怒气和烦恼。

圣弗郎西斯

上帝，感谢您赐予我们住所；赐予我们爱和团聚；赐予我们今天的和平；赐予我们盼望明天的希望；给予我们健康、工作、食物，还有明媚的天空——为我们在世界各地的朋友，让我们的生活快乐。

赋予我们坚持不懈的恩惠和力量。赋予我们勇气，欢乐以及宁静的心；让我们获得朋友；对敌人仁慈。如果可能，请为我们所有纯真的努力祝福。如果可能，请赋予我们面对未来的力量，让我们在危险中勇敢无畏，在动荡中坚定不移，在愤怒时保持冷静，在命运的颠簸中，一直到死亡的大门口，相互忠诚，相互关爱。

罗伯特·路易斯·史蒂文森

我（一个穆斯林）祈求的是和东方人（基督教）同样的祈祷：
愿真主的和平与你相守不弃，
不论你在哪儿或是去哪里，
愿真主美丽的棕榈生长茂密；
从劳作的白昼到静息的夜晚，
善慈的真主用爱为大家祝福。
所以和东方人一样我手捂着心，
愿真主的和平与你相守不弃。

我（一个基督徒）请求上帝赐予我力量，这样我能够争取……
我弄得很虚弱，这样我可能学会谦卑地遵守，
我祈求上帝赐予我健康，这样我可以做更伟大的事情……
我祈求上帝赐予我残疾，这样我可以做更好的事情。
我祈求财富，这样我可以快乐……
我被赐予贫困，那样我可以变得明智。
我祈求权力，那样我可以得到人们的称颂……
我祈求所有的东西，那样我可以享受生活……
我祈求的一样都没有得到——可我得到了我所希望的一切。
差不多和我无关，我没有说出的祷告得到应验。

同盟国无名士兵——残疾人的信条

他已经向你展示，哦，兄弟，什么是好的；还有上帝要求你的，不外乎行端人正，热爱仁慈，谦卑地和上帝同行。

《弥迦书》第六章第 8 节

历史是上帝的脚步穿行时间的印记。在他和我们先辈的交往中，我们能指望找到他和我们相处时所遵循的规律。

金斯利（Kingsley）

赐福：
上帝保佑你，
在忙碌的白昼，
在夜晚孤独的时候；
尽管风暴可能正在你道路的上方聚积，
相信上帝保护你的威力。
愿上帝引导你；愿他的智慧
穿云破雾，照亮你的心灵。
带领你，用他神圣的火炬，
一直到永远的目标。
愿上帝祝福你！
在下面的这个地球上，
在上面的世界里，
丰富的遗产将赋予你
他永恒的爱意。

让我们坦承我们众多的罪过，请求他给予我们更大的勇气，更纯洁的爱国精神，更坚定的意志和决心。愿上帝改变我们敌人的心，祝愿他加快结束战争的步履。

罗伯特·李
1863 年 8 月 13 日
《当天的命令》（*Orders of the Day*）

上帝他自己，世间万物之父和万物的造就者，比太阳和天空更久远，比时间、永恒以及万物更伟大，任何法典制定者都说不出，任何人都叫不出，任何眼睛都看不见。但是，我们，因为不能理解他的精华，需要帮助——通过他的声音、名字和图像，那些金箔、银箔和象牙，植物和江河，山峰和急流，渴望得到有关他的知识；在我们软弱的时候，我们把世界所有美丽的东西都用他的名字命名——正如我们对待尘世的爱人一样。对于他们，最美好的景观将是心爱者的面貌，但是，为了回忆的缘故，即使他们见到一个竖琴，一个长矛，也许一把椅子，抑或一个跑场，或者是这个世界能够唤醒对心上人眷念的任何物件。为什么我要继续检验画像并给予判断？让人们知道何为圣物。让他们知道：那就是一切。如果一个希腊人因菲狄亚斯的艺术感动而回忆起上帝，一个埃及人因为敬仰动物而记起上帝；另一位由于河流，还有一位因为火……我不会因为他们的心散而动怒；只要让他们知道，让他们去爱，让他们记住。

马克西姆斯的论文

别忘记招待陌生人，因为那样做的时候，有些人已经不经意地款待了天使。

《希伯来书》第十三篇第二节

在 20 世纪 50 年代中期，亚拉巴马州的一位众议员祈祷："为上帝燃烧。"

从美国东南部来的一个老年黑人布道师从不担心教堂会出现空位。每次布道，他都用以下的祈祷开始：

"哦，上帝，今天早上，请把鹰眼和猫头鹰的智慧赐予你的仆人；让他的灵魂和福音电话在天空相连；让天堂的太阳照亮他的眉目；让他的心，充满对民众的热爱；给他的想象擦上松节油，让他的嘴唇抹上"负鼠"，用有力量的榔头敲散他的筋骨；用你语言的闪电触击他的脑髓；让他的臂膀永远摆动，把他灌满荣耀的炸药；在他的周身涂上救恩的煤油，并把他用火点燃。"

此时，太阳刚好在升起

他后来说，

"他的烛光照耀在我的头上，

借着他的光，我穿越黑暗。"

班扬 （Bunyan）

不要凭借微薄的感觉评判上帝，

因为他的慈恩而信赖他，

在眉头紧锁的天意之后，

他藏匿了一张欢笑的脸。

威廉·考珀 （William Cowper）

第十章　婚姻·浪漫

有关婚姻、浪漫和家庭，本章和谈论爱的第十二章不同，并没有从《黑皮书》里摘录任何严肃的资料——因此，我认为，也没有必要就此得出任何结论。

一个年轻人想娶他心仪的女子为妻。他走到女孩父亲的面前请求他的恩准。女孩的父亲信不过他。他说，"我对你供养我女儿的能力表示怀疑——连我本人都难做到。"追求他女儿的年轻小伙子提出了一个精彩的建议："那我们就只有把资源汇集在一起来供养她。"

年轻的新郎官说，每次家庭收支快要平衡的时候，他的妻子都要把支出量加大。

一个男士要求法官批准他离婚，原因是，他妻子说话太多。法官问，她说的都是什么。可怜的男士想了一会儿后说："嗯，法官。她没说什么。"

最让女士不开心的莫过于，她得知一个人要结婚，而她根本不知道那个人居然老早就有了相好。

听到自己的丈母娘要去家里探望，而别人想听听他的意见时，这个丈夫回答说："我拒绝回答，因为那有可能导致我被赶出家门。"

有人问农场劳工琼斯，对患病的妻子，他有什么感觉时，他说："看上去莎蒂病情的好转好像慢得离奇。天呀，我难道不希望她赶紧好起来——或者其他什么的。"

一天晚上，在华盛顿一个烛光映照的饭店里，一个服务生冲到餐桌边说："夫人，你先生刚刚滑到桌子下面去了。""不，"那位女士答道，"他刚刚走进门来。"

复杂的情感：你看着你的丈母娘把你崭新的凯迪拉克开下了悬崖。

一位英国主教从他教区村庄牧师那里收到一个字条："哦，上帝，我遗憾地通知你我妻子的死讯。这个周末，你能给我派个替补的来吗？"

拉里："他们把一个在爱情上走运的人叫什么？"布莱德回答说："单身。"

一个农民和他的妻子一起去野餐。妻子拎着盛满食物的篮子，走了4英里路才到公园的大门口。此时，农民接过妻子手里的篮子说："我想我最好把篮子拎着，亲爱的，我们可能会走散。"

一个年轻农民提议："跟我结婚吧，我会把房子和牛棚里里外外漆刷一新；我会给你装上电线通电。我还会给你买上崭新的烤炉和冰箱——你会嫁给我吗？"她说："亲爱的，让我们暂且把这个问题放在一边：你先把所有的事做完之后再来问我。"

她是一位很棒的第一夫人。当她对我说"行，我同意嫁给你"时，我是一个幸运的人。我珍爱她，而且对于她为美国人民所做的工作，我感到骄傲。就像我爱我的兄弟一样。

乔治·布什
2003 年 9 月 9 日，在佛罗里达州的杰克逊维尔

今晚劳拉能来这里，我感到高兴。在我的书里，她是一位很棒的第一夫人。而且我很爱她，我希望她也很爱我，因为我把她拽出了得克萨斯州。

乔治·布什
2003 年 7 月 18 日，得克萨斯州达拉斯

第十一章　青年·儿童

我爱那些小人儿；这不是一件不起眼的事，那些刚从上帝那儿来的清新生命，那样钟爱我们。

查尔斯·狄更斯（Charles Dickens）

狄更斯有关儿童的动人评论，表达了人类的普遍情愫，《黑皮书》里对儿童表达的亲情，并没有受到这类清醒意识的影响。里面的评论明显具有幽默的特点，而且经常在说明一个要点。

他的弟弟一出生，小威利就赶紧把消息到处传播。他告诉他的朋友琼尼说："我们有了一个新婴儿，花了100美元。"琼尼回答说："咿，只换来一个婴儿，太贵了。"威利同意琼尼的话："不过，想想他们能持续那么长的时间。"

童子军向团长汇报当天的好成绩。第一个男孩说："我帮助一个女士在第四大街和主街那儿过了马路。"第二个男孩汇报说："我帮助一位女士在第四大街和主街那儿过了马路。"第三个男孩意识到他已经发誓要说真话："当然，那是同一位老年妇女。她不想过马路，所以，总共花费了我们三个人的力气才帮她过了马路。"

青春是一种美好的状态。可惜青春浪费在年轻人身上了。

乔治·伯纳德·肖

奥斯卡·海默斯坦讲了一个男婴的故事。这个男婴除了不会说话，各方面都完美。两岁时，他的父母开始担心。3 岁时，他们匆忙把孩子送到儿童心理医生那里去治疗，结果毫无用处。6 岁时，他仍然不会说话。可是，一天早上，他正和父母一起吃早餐，男孩终于突然脱口说出："这可真他妈一点都不好。"两位父母高兴得欢呼雀跃："儿子，"他们兴奋地感叹说，"你能说话了！你说出了一句完整的话。可是你告诉我们，你怎么会一直到现在才开口说话？""因为，"他答道，"到现在为止，一切都好得没话可说。"

一个法学院的学生在考卷的结尾写道："海斯教授，我知道这个考卷没有达到我的标准。遗憾我这次没有考好。可是我一夜都没有睡觉。早上六点钟，我的妻子生下了一个六磅重的女婴。我感到失望。我希望的是个男孩。我希望以你的名字给他命名。"

在高中的储藏室偷听到的："嗯，他对我还手的时候我们才打起来。"

老师询问正在学习十字军东征历史的孩子："谁是萨拉丁？谁是狮心理查得？弗雷德里克·巴巴罗萨又发生了什么事？"前面的问题没有人回答。至于巴巴罗萨，一个学生迫切地说："哦，他上星期因为抽烟被停学。"

一家人要搬到纽约去，睡觉前，小女儿在老房子里做最后一次祈祷："祝福爸爸。祝福妈妈。祝福佛莱迪。现在，亲爱的上帝，我得说再见了。我们要搬到纽约去。"

罗伯特·塔夫特被艾森豪威尔总统任命为美国驻爱尔兰大使。他让他的小女儿报名入学。上学的第一天，她被要求站起来介绍自己。她回答说："我的曾祖父是美国总统。我的祖父是美国参议员。我的父亲是美国大使。我的名字叫玛瑟，而且我是个女童子军。"

艾德莱三世演讲开场时经常讲述的故事

以福利改革为名，克林顿总统签署了废除未成年儿童救济计划的法律。在救济结束前，享受救济福利的母亲有 5 年的时间寻找工作。150 万名儿童因此陷入更恶劣的贫困之中，而 5 年的福利也已经被耗尽。

第十二章　爱

有关浪漫的爱情，《黑皮书》极少记载。而书中谈到的，是对人性和生命的爱。

在未来的某一天，在我们已经主宰风、海浪、潮水和引力后，我们将会为上帝驾驭爱的能量；而且那时候，在世界的历史中，人类将第二次发现火。

皮埃尔·泰亚尔·德·夏尔丹（Pierre Teilhard de Chardin）

没有建立在爱的基础之上的东西不会持久。因为单有爱就不会削减，爱的光彩照耀四方；结束不和，扑灭仇恨的火焰，恢复世界和平，让离散的人团聚，申述冤屈，帮助所有，不伤一人；而且，任何呼唤爱来帮助的人，将会找到和平及安全，并且不用担心外来的不幸。

摘自《霍若德罗法案》（*Act of Horodlo*）

公元 1413 年

爱是生命能量的纯粹形式。

帕斯捷尔纳克

爱不是去盯视对方，而是共同盯着同一个方向。

圣埃克苏佩里（Saint-Exupery）

把你的爱给那些不那么爱你的人，但把你的眼泪留给我。

托马斯·摩尔（Thomas Moore）

难怪你爱他，他和你一样疯狂。

尼采（Nietsche）

她叮嘱我不要把爱太当真。

当叶子在树上生长，

而我只有二十加一，

她并不能顺随我意。

摘自《莎莉花园》

爱尔兰歌曲

我所生活的地方是我爱的地方，不只是呼吸的地方。

索斯韦尔（Southwell）

第十三章　禁酒和解禁

一个医生劝说他的病人戒酒。后来，见到他醉醺醺的样子，他责备病人说："我告诉过你，如果你的眼睛想看得见，耳朵想听得见，你就必须戒酒。""医生，我一直在喝的比我近来看到和听到的都要好得多，我已经决定继续喝酒。"

在《黑皮书》中反映的早年，禁酒是许多人竭力虔心的目标，因此，也是政治上敏感的话题。随着时间的流逝，放纵成了幽默的主题——人们也更加宽容。

来自艾德莱一世的故事：

刚开始的时候，阿尔弗雷德·埃润顿是一个巡讲布道师，他后来成了巡回法院律师、政治家和受人敬重的法官，走的是一条那时大家都已熟悉的途径。他成了一位知名的律师，而且长着一副迷人的相貌，"更好的是，他还拥有一个韦伯斯特式的大脑门，不需要任何官印来证实他为人的信誉"。除了司法职责外，关于在得克萨斯度过的那段早期生活，埃润顿撰写了妙趣横生的散记，包括有关保罗·登顿的一篇。登顿是一位早期的卫理派巡回布道人。他曾在一个著名的带有喷泉的景点布道，据说，所有参加的人都被许诺有"大量的好酒"款待。

在接下去的宣教中，一个"亡命之徒"要求说："登顿先生，你许诺的酒在哪里？"……"在那里！"登顿用雷鸣般的声音回应，他的指头纹丝不动地指着两个向外喷涌的泉眼，"在那里！"，他兴奋地大声重复，"那里是永恒的上帝为他所有的孩子酿造的酒泉。上帝不会在毒气弥漫，令人作呕的腐蚀的气味中，在烟雾腾腾的火堆上，用蒸馏罐慢腾腾地在天

堂配制生命的精髓——纯净的凉水；上帝的酿酒场在绿色的沼泽，那里有
红鹿漫游，儿童嬉戏，青草浓密的幽谷；在泉水潺潺，小溪轻叹的最最隐
蔽的山峡，在裸露的花岗岩熠熠闪烁的高峰：雨云蓄积，雷暴轰泻；在遥
远的海域，飓风狂哮如乐，巨浪滚滚如万民同歌，横扫上帝的行进，他在
那里酿造生命之泉，健身之源。不论在哪里，它都是生命和美的事物——
在露珠里闪耀；在夏季的细雨中飞歌；它是晶莹剔透的宝石，直到所有的
树木都化成活生生的珠宝；它给太阳戴上金色的面罩，或是给夜半的月亮
披上白纱；它在冰川里游戏；在寒冷的世界，把它雪白色的帷幕轻柔地铺
展；把众多的彩结编织成锦缎，用大地的雨滴做经线，天堂的光线当纬
线，再用折射的神秘之手为织锦添上纵横交错的彩格……它美丽依然，那
蒙福的生命之水。水边没有漂浮有毒的气泡；水沫不会带来屠杀或是疯
狂；容器没有血迹浸渍；苍白的寡妇和饥饿的孤儿没有把滚烫的泪水洒落
在它的深处；在这个永远悲哀的世界，也没有醉汉的鬼魂从坟墓中爬出，
厉声将它诅咒。美丽、纯净、蒙福、辉煌。说吧，我的朋友，你会用甘泉
交换烈酒，魔鬼的饮料吗？可怜那干渴的亡命之徒。"

艾德莱一世的另一个故事：

有一个名叫邓肯的人，在内战前曾经竞选过立法机构的职位。那时
候，禁酒的问题给很多有从政理想的人带来太多的麻烦。在麦克莱恩县法
院的一次演讲中，他被一位非常喜欢打破砂锅问到底的人打断。而且你越
是不想回答的时候，他越是要问：

"邓肯先生，你赞成缅因州的法律吗（该法规定在该州禁酒）？"

"好的，好的，我很快会谈到这个问题。"

躲过这个问题，邓肯转而讨论关税、西部河流的改善以及在所有公共
开销上遵守严谨的财政原则的必要性话题。我们的候选人正要结束演讲
时，同样头痛的询问又传进他不情愿的耳朵里，"邓肯先生，你赞成缅因
州的法律吗？"

"哦，好的。"演讲人感叹地说，在语气和方式上都表明了非常感激
的态度："我相当高兴你提醒我注意这个问题；我知道我差点忘了。我的
公民朋友有权了解我对所有公共问题的观点，我没有什么可隐瞒的。我看
不上那些企图回避此类重要问题的候选人。我已经把我对关税、就内部改
善的总体系统以及我过去所提供的服务方面的一些事情的观点完全阐明

了；而且，现在，我感谢你给予的关心，我会——"

"邓肯先生，你赞成缅因州的法律吗？"同样的问题又一次从这个不识时务的问话者的嘴里蹦了出来。

完全意识到自己的尴尬处境——而且清楚，对于这个危险的问题，投票人的赞成和反对意见均等——候选人一下子振作起来，准备回答这个他一直担心的问题，他大胆地回答：赞成，先生。我赞成这个法律，但是我永远反对执行这个法律！

一个支持禁酒的女演说家在结束演说的时候说："我宁愿通奸，也不喝一杯啤酒。"观众里面传来的声音是："谁不是呢？"

　　　　　　　　　　　　　　　布鲁克斯·海斯（Brooks Hayes）

一个醉汉整个晚上都在给旅馆的总机打电话，问酒吧什么时候开门，最后，总机告诉他，如果他喝醉了，酒吧是不会让他进店的。他喊道："我不要进去，我要出去。"

根据传说，温斯顿·丘吉尔在他的村舍接见了一组支持禁酒运动的女士。他们都担心他的身体和道德的健全。"首相先生，"他们的发言人说，"要是把你过去五年里喝掉的白兰地倒进这个屋子里，那会漫到这里。"她手指墙壁半高的地方让丘吉尔看，首相看着她，然后又盯着她的眼睛说："啊，夫人"，他满怀向往地说，"我喝得这么少，还有那么多要喝。"

1945—1946 年，我们曾和艾思特夫人——艾思特公爵来自弗吉尼亚州的辣太太一起度周末。他们家的著名庄园位于伦敦郊外的克莱乌顿小城。丘吉尔的周末别墅也在那里。据传，艾思特夫人在一次聚会上走到丘吉尔跟前对他说："你醉了。"丘吉尔说："夫人，您真丑。不过，我到早上就会清醒过来。"

一位爱尔兰人出席了一个特别吵闹的守灵仪式。他酒喝得太多失去知觉后，被朋友放在棺材里。醒来惊奇地发现自己所处的境地后，他自言自语道："要是我还活着，那我为什么会在棺材里——要是我死了，那我为什么这么想上厕所？"

致　　谢

在我们这个历时一个半世纪的联合创作中，为我们提供过帮助的人数目众多。没有杰西·菲尔以及他的门徒大卫·戴维斯，那就不会有亚伯拉罕·林肯总统——或者《黑皮书》。在《黑皮书》跨越的岁月里，对《黑皮书》有恩者数不胜数。在艾德莱二世担任公职及其以外的年代里，卡罗尔·埃文斯（Carol Evans）为协助他提供了忠诚的服务。菲利斯·古斯塔夫森（Phyllis Gustafson）先后为他和我服务了30年，直到她去世为止。她把她微薄的积蓄捐献给了一个邻居和史蒂文森家族所钟爱的事业。卡罗尔和菲利斯两人从未成家，一直忠心耿耿，兢兢业业，但都很少得到认可，两人都是《黑皮书》的卫士。在为《黑皮书》的出版提供帮助——组织和编辑的过程中，芭芭拉（Barbara Ascher）对原先混乱无序的作品做了整理，提供了冷静客观的视角。原先，乔伊·约翰森（Joy Johanns-en）在慷慨地为本书提供编辑服务，病况使她不得不伤心地中断她的努力。在我忙着编写的时候，玛丽·纯博把《黑皮书》从我的手里拯救了出去，并且提供了珍贵的编辑建议和必要的鼓励。奥地利国际研究中心主任弗朗西斯·毛特讷－马考夫（Frances Mautner-Markhof），在这几年的许多疲惫关头给了我鼓励，加强了本书的历史性观点，使与吉本、斯本格勒和克劳塞维茨相关的模糊记忆明朗清晰起来。格雷格·库斯（Greg Koos），麦克莱恩县的历史博物馆馆长，就我们家族和家族在该县的根基贡献了珍贵的回忆。特里·斯蒂芬（Terry Stephan）不只是能干的文学代理。除提供明智的编辑性评论外，由于对制作历史记录，从而保留历史教训的明显兴趣，她还是鼓励的源泉。南茜是《黑皮书》里的角色之一，我的伙伴，我们大家庭的母亲。她的忠贞和几近终生的支持，即便在她本人也忙于写作的同时，致使我的这一努力成为可能。此外，她还是艾德莱二世晚年的助手。在《黑皮书》由我多年的同仁赵玥翻译成中文、中国社会科学出版社编辑初审之后，张文芝又对书稿进行再校，为中文文本的畅达精准奉献她精湛的专业技能。我感谢她们的努力，使本书的出版成为可能。

在收集《黑皮书》趣事和智慧的片段过程中，我偶遇埃德蒙·富勒撰写，皇冠出版社（Crown Publishers）1942 年发行的《轶闻大全》（*The-saurus of Anecdotes*），书里有艾德莱二世的题词。书中包括一些记录在《黑皮书》里的趣闻——其中许多是林肯的故事。趣闻的出处有时难以确定。富勒先生在书的序言里写有以下一段话，这段话鼓励我把手头的工作坚持到底：

> 趣闻逸事是证明要点的故事——他们是工具——是确立论点，让人信服的高手。

他们是所有思维的根源。其古老的形式是人尽皆知的"寓言"。耶稣基督通过他们来传教布道。预言家、所有古老宗教的圣贤之人以及智慧的传播都运用简单有效的寓言。因此，说明要点的故事被编撰来承载深刻的教训。所以，希腊奴隶伊索明智地说出他的寓言。今天，真正的逸事仍然是寓言的对照。时间已经把轶闻缩短，而且，我们的气质特性已经使逸闻更有趣味。

所有的故事都有事情要证明。需要记住的是，许多笑话是逸闻，但不是所有的逸闻都有趣。

如果我们最后不能表达一个美国家庭对《黑皮书》所述的美国的感激之情，我会使与我合作的各位失望。为它服务是我们的特权——而且通过这一谦卑的方式，我们能够常思不忘。

附录 1 史蒂文森家族简史

    史蒂文森家族里第一位移居美洲大陆的祖先是威廉·史蒂文森。他于 1748 年离开北爱尔兰并在宾夕法尼亚州定居,成家后迁徙北卡罗来纳州。在那里,他以出众的口才成为著名的基督教传道士。詹姆斯是威廉五个子女中的一位,与南茜·布雷瓦德成亲。南茜是美国革命战争英雄的后裔。詹姆斯和南茜一同翻山越岭,来到肯塔基的克里斯田县定居。他们的第六个孩子,约翰·特讷·史蒂文森,在 1852 年带着家人和儿子艾德莱·史蒂文森,牵着马来到伊利诺伊州的布鲁明顿市。通过在学校教书,艾德莱筹集到足够的资金前往肯塔基州的丹威尔中心学院就学。他在那里爱上了乐蒂莎·格林。她是丹威尔中心学院院长路易斯·沃纳·格林牧师的女儿。格林家族是美国革命战争中一个声名显赫的家族。许多年之后,他们俩结婚成家,史蒂文森家族和这一显赫家族结合。格林家族的前辈包括乔舒亚·福莱教授。他和彼得·杰斐逊——托马斯·杰斐逊的父亲一起,合作规划了现在的弗吉尼亚州。在 18 世纪抵抗法国和印第安人的战争中,乔舒亚·福莱是弗吉尼亚民兵指挥官。在反击法国军队的行军途中,他从马背上摔落丧生。他的副手和亲戚,22 岁的中尉乔治·华盛顿接替他成为指挥官。后来,华盛顿领导抗击英帝国的革命并且成为美国的第一任总统。

    艾德莱一世后来成为律师和检察官,而且是共和党领地内的一个活跃的民主党人。他分别在 1874 年和 1878 年被选入美国众议院。1885 年,格罗弗·克里夫兰指定他为美国邮政总署署长第一副手。在职期间,他因为解除 4 万名共和党人的邮政局长职务并以同样数目的民主党人取而代之的举动,深受民主党人的感谢。1892 年,他被提名为克里夫兰的副总统候选人并获选。1900 年,他成为民主党总统候选人威廉·詹宁斯的副总统候选人。但他们在竞选中失利。

　　史蒂文森家族是穿越肯塔基和北卡罗来纳州坎伯兰德来山口自东向西移民支流的一部分。他们多数为民主党以及长老会教友。杰西·菲尔则是来自新英格兰和纽约州的另一支流的一部分，他们多为共和党以及贵格派教友。他在1828年徒步西行，途中在俄亥俄州停留两年，学习法律并通过考试获得律师执业资格。他在1832年抵达布鲁明顿市。除了从事律师业务，他还投资买卖土地，创建城市，种植树木，出版报纸并在布鲁明顿附近建立伊利诺伊州的第一所公立大学。在《黑皮书》里，菲尔是一位模范公民，他的一生都奉献给了国家和社区。他在赚钱之后又全部反馈给他所在的社区。他活跃于政坛，是伊州共和党早期的书记。他提议了后来在亚伯拉罕·林肯和史蒂芬·A. 道格拉斯之间展开的举世闻名的辩论。这些辩论使林肯成为全国选民瞩目的中心。后来，他劝说林肯竞选总统。根据菲尔的建议，林肯撰写了简短的"个人履历简要"。那份描述了他平实生活的简历被附在另一封信后寄发给菲尔。菲尔利用这份简历推动了林肯当选总统的进程。

　　艾德莱的儿子路易斯和杰西·菲尔的孙女海伦·戴维斯结婚。路易斯·史蒂文森在1894年的血腥战争中分别在日本和中国担任记者，提供新闻报道，他是史蒂文森家族里第一位到访中国的人。他管理过伊州的农用家产，作为秘书在华盛顿为他的父亲工作，他还活跃在伊州的政界，担任过伊州州务卿。

　　年轻的艾德莱二世是一位律师。20世纪30年代，他在富兰克林·罗斯福的政府里任过官职，在第二次世界大战中担任过海军部长特别助理。他是联合国的创始人之一，是伊利诺伊州的改革派州长，分别在1952年和1957年当选为民主党总统候选人。在两届竞选运动中，他为约翰·肯尼迪的"新边疆"和林顿·约翰逊的"伟大社会"规划打下基础。他开启了战略性的军备控制过程，通过对世界和平以及新型美国的远景展望震撼了世界。不论在当地，还是在贫民窟里，抑或在市场、教会或学校里，艾德莱二世永远在研究这个世界。他于1965年去世，当时，他是美国驻联合国的代表。他的儿子，艾德莱三世撰写《黑皮书》的热情由他激发。可能没有一个美国家庭能像史蒂文森家族一样积极参与政治并拥有同样久远的政治影响。

附录2 史蒂文森家族年谱

18 世纪

1725 威廉·（小加布里埃尔）·史蒂文森在北爱尔兰的安特瑞姆的艾尔斯特城诞生。

1730 玛丽·迈克莱兰，威廉未来的妻子诞生。

1735 萨拉·亚当斯在弗吉尼亚州纽肯特出生。

1736 乔舒华·福莱与玛丽·米库·希尔成婚。（乔舒华·福莱，1699年出生在英国萨姆赛特库如克那城；玛丽·米库·希尔，乔舒华·福莱的妻子1716年在弗吉尼亚埃塞克思县出生。）

1737 5月7日，约翰·福莱在弗吉尼亚州埃塞克县出生。

1748 威廉·史蒂文森家离开北爱尔兰，移民美洲。（家族里的第一代美洲移民）

1754 （1）威廉和妻子玛丽一同迁徙到克里肯塔基的斯奇安县定居；
　　 （2）5月31日，乔舒华·福莱从马背上摔下，受伤后在阿勒甘尼康伯兰德城去世。

1760 威廉和玛丽搬迁北卡罗来纳州的依瑞多县。

1764 约翰·福莱与萨拉·亚当斯结合。

1767 2月6日，琵奇·沃克，约翰·福莱未来的妻子在弗吉尼亚艾尔玛儿县的卡叟希尔城出生。

1768 3月10日，詹姆斯·贝尔·史蒂文森在北卡罗纳州殖民地的若旺县出生。

1772 玛丽·米库·希尔，乔舒华的妻子去世。

1786　约翰和琵奇·福莱的第二个孩子，托马斯·沃克·福莱出生。

1788　伊丽莎白·史密斯，托马斯·沃克未来的妻子诞生。

1793　12 月 26 日，詹姆斯与南茜·布雷瓦德成婚。南茜是美国革命英雄
　　　的后代。

19 世纪

1805　7 月 11 日，托马斯·沃克·福莱与伊丽莎白·史密斯在莫瑟成婚。

1806　路易斯·沃纳·格林和玛丽·劳伦斯·福莱在同一年出生。

1808　（1）詹姆斯和玛丽·史蒂文森的儿子，约翰·特讷·史蒂文森
　　　　　诞生。

　　　（2）杰西·威尔敦·菲尔诞生。

1809　（1）5 月 1 日，史蒂文森在北卡罗纳州伊瑞德尔县的斯德兹威尔
　　　　　去世。

　　　（2）伊丽莎白·尤英，约翰·特讷·史蒂文森的妻子出生。

1819　赫斯特·沃伦·布朗，杰西未来的妻子出生。

1832　约翰·特讷·史蒂文森与伊丽莎白·尤英成婚。

1835　10 月 23 日，艾德莱·史蒂文森一世，艾德莱三世的太爷在肯塔基
　　　的克里斯提恩县诞生。

1837　（1）托马斯·沃克·福莱去世。

　　　（2）威廉·戴维斯，艾丽莎·菲尔未来的丈夫诞生。

1840　托马斯·福莱的妻子，伊丽莎白·福莱去世。

1841　10 月 11 日，南茜·布雷瓦德，詹姆斯·史蒂文森的妻子在肯塔基
　　　的克里斯提恩县逝世。

1843　（1）路易斯·沃纳·格林与玛丽·劳伦斯成婚。

　　　（2）他们的女儿乐蒂莎，艾德莱一世的妻子，艾德莱三世的太婆
　　　　　诞生。

1850　詹姆斯·贝尔·史蒂文森于 6 月 20 日在肯塔基的克里斯提恩县逝世。

1857　约翰·特讷·史蒂文森，史蒂文森一世的父亲去世。

1863　威廉·戴维斯与艾丽莎，杰西的女儿成婚。

1864　艾德莱一世成为伊利诺伊州总统选举代表候选人。

1866　艾德莱一世与乐蒂莎·芭波·格林成婚。

1868　（1）8 月 15 日，路易斯·格林·史蒂文森，艾德莱三世的祖父出生。

　　　（2）海伦·伊丽莎白·戴维斯，艾德莱三世的外祖母诞生。

1875　艾德莱一世正式就职美国众议院议员（1875—1877 年）。

1878　艾德莱一世再次当选为美国众议院议员。

1879　艾德莱一世第二次正式进入美国众议院席位（1879—1881 年）。

1885　（1）艾德莱一世通过律师资格考试后进入律师行业。

　　　（2）玛丽·劳伦斯·福莱，路易斯·沃纳·格林的第二个妻子，
　　　　　乐蒂莎的母亲去世。

1887　杰西·威尔敦·菲尔，艾德莱三世的高祖去世。

1893　（1）艾德莱一世被选为美国副总统（1893—1897 年）。

　　　（2）路易斯·格林·史蒂文森与海伦·伊丽莎白·戴维斯成婚。

1897　伊丽莎白·戴维斯·史蒂文森，艾德莱二世的姐姐，艾德莱三世的
　　　姑妈出生。

1899　约翰·特讷·史蒂文森的妻子，艾德莱一世的母亲，伊丽莎白·尤
　　　英·史蒂文森去世。

20 世纪

1900　（1）2 月 5 日，艾德莱二世，路易斯和海伦的儿子在加利福尼亚州
　　　　　洛杉矶市出生。

　　　（2）艾丽莎·菲尔·戴维斯，菲尔的女儿去世。

　　　（3）艾德莱一世第二次竞选美国副总统失败。

1906　赫斯特·沃伦·菲尔，杰西·菲尔的妻子去世。

1907　艾伦·沃勒·波顿，艾德莱二世未来的妻子诞生。

1911　艾丽莎·戴维斯的丈夫，威廉·戴维斯去世。

1914　（1）6 月 14 日，艾德莱一世在伊州芝加哥市去世。

　　　（2）路易斯·格林·史蒂文森参加伊州州务卿职位的竞选。最后，
　　　　　由于伊州最高法院发现他的对手在竞选中犯有舞弊行为，路

易斯被直接任命为伊州第 23 位州务卿（1914—1917 年）。

1922　艾德莱二世在普林斯顿获得文学及历史专业的学士学位后毕业。

1926　（1）艾德莱二世获得伊州西北大学法学学位。

　　　（2）艾德莱二世通过法律资格考试并在芝加哥开业。

1928　艾德莱二世和艾伦·沃勒·波顿在伊州的芝加哥成婚。

1929　4 月 5 日，路易斯·格林·史蒂文森，艾德莱三世的祖父去世，享年 60 岁。

1930　艾德莱三世，艾德莱二世和艾伦的第一个孩子出世。

1935　海伦·伊丽莎白·史蒂文森，艾德莱三世的祖母去世。

1932　波顿·史蒂文森，艾德莱三世的大弟弟出生。

1934　南茜·安德森，艾德莱三世未来的妻子在肯塔基出生。

1936　约翰·菲尔·史蒂文森，艾德莱三世的小弟弟在伊州出生。

1941　艾德莱二世成为美国海军部长特别助理（1941—1944 年）。

1945　艾德莱二世在英国伦敦作为美国代表参加联合国（当时还称为国际联盟）筹备委员会的工作。艾德莱三世也因此前往伦敦在哈罗公学读书。

1948　艾德莱二世以历史上最多的选票击败对手——在任的州长德威特·H. 格林，当选为伊州州长（1948—1953 年）。

1949　艾德莱二世和艾伦·波顿离婚。

1952　（1）艾德莱二世被提名为民主党总统候选人，但在大选中输给艾森豪威尔。

　　　（2）艾德莱三世被任命为美国海军陆战队中尉，在朝鲜服役到 1954 年。

1955　艾德莱三世和南茜·安德森在肯塔基的路易斯维尔市举行婚礼。

1956　艾德莱二世被提名为民主党总统候选人并第二次输给艾森豪威尔。

1957　艾德莱三世获得哈佛大学法学位。

1961　艾德莱二世被肯尼迪总统任命为美国驻联合国大使（1961—1965 年）。

1962　在古巴导弹危机之际，艾德莱·史蒂文森提出美国通过从土耳其撤出导弹部署来换取苏联从古巴拆除导弹的建议。该建议帮助化解了潜在的灾难性战争。

1964　艾德莱三世被选为伊州参议院代表（1965—1967 年）。

1965　（1）7 月 14 日，艾德莱二世，艾德莱三世的父亲在英国伦敦去世，享年 65 岁。

　　　（2）伊州 55 号公路被命名为史蒂文森高速公路。

1966　艾德莱三世被选为伊州财政厅长。

1967　艾德莱三世正式就任财政厅长职位（1967—1970 年）。

1970　艾德莱三世赢得并接替埃弗里特·德克森去世留下的参议院空缺席位。

1971　作为情报搜集和生产分委会主席，艾德莱三世对恐怖主义进行了第一次的深入调研。调研结果促使他在 1971 年提出全面的反恐怖主义议案。

1972　艾伦·波顿·史蒂文森，艾德莱三世的母亲在印第安纳去世。

1974　艾德莱三世再次被选举为联邦参议员。他一直服务到任期结束（1975—1981 年）。

1975　艾德莱三世随美国国会第一个代表团前去中国访问。他第一次在北京见到邓小平。

1979　5 月 24 日，艾德莱三世提出史蒂文森—威德乐科技开发议案。议案的主要目的在于促使联邦政府为科技的推广转让提供预算开支。

1980　史蒂文森—威德乐议案，是第 96 届议会通过执行的第一个科技转让法案。法案于 10 月 21 日由吉米·卡特签署批准成为法律。

1982　艾德莱三世参加竞选伊利诺伊州州长职位，与共和党对手詹姆斯·R. 汤姆逊的选票相差无几。可是，当伊州最高法院以一票之差否决了重新计票的请求时，他的竞选因此失利。

1986　艾德莱又一次与汤姆逊竞争州长职位时再次失利。

1989　艾德莱三世及数位合伙人共同创建 SC&M 国际公司，一个金融中介机构。该机构组建了华美电讯公司。与中国政府合作，这家合资公司在广州开发并展示了中国的第一个宽带网络。

21 世纪

2004　艾德莱三世参与创立中西部美中协会并担任协会主席。

2005　艾德莱三世参与创建华美金融，一家中美金融中介机构并任联合董事长。

2008　（1）艾德莱三世帮助组建史蒂文森民主中心并担任中心理事长。

（2）《黑皮书》的英文版完稿并印刷出版。

索　引